KB270515

마력의 한국 바이닐

마력의 한국 바이닐

국산 LP 이야기와
대중음악의 자취

윤준호

일러두기

추천의 글 1

　《라이선스LP 연대기》란 공저를 통해 깊고도 광활한 저자의 음반 내공을 익히 경험했었다.

　과연 그의 첫 단독 저서가 어떤 모습으로 탄생할지를 기대했던 이유이다. 4년의 기다림 끝에 선물처럼 다가온 저자의 첫 단독 저서 《마력의 한국 바이닐》은 짧지 않은 기다림이 알토란 같은 시간이었음을 증명한다.

　전작이 라이선스 팝송 LP의 방대한 역사에 집중했다면, 이 책은 팝송은 기본이고 가요와 클래식 그리고 저자가 가장 애정한다는 빽판에 이르기까지 60년대부터 아날로그 LP의 끝자락인 90년대 중반까지 국내에서 제작된 'Made In Korea LP' 전반에 걸쳐 경계를 넘어서는 자유로움이 넘실거린다.

　음반 수집이라는 광활하고 거친 정보의 바다에서 좋은 음악과 소장 가치 있는 음반에 대한 흥미진진한 저자의 이야기는 우리에게 친절한 길라잡이가 되어 준다.

최규성
(한국대중가요연구소 대표, 《대중가요 LP가이드북》,
《빽판의 전성시대》, 《걸그룹의 조상들》 저자)

'아날로그 감성', 'LP 감성'…. 흔히 LP를 이야기할 때 표현하는 문장이다. 하지만 LP를 계속 들어왔고, 모으고 있는 사람에게 오히려 이런 표현은 어색하다. LP는 청자 혹은 구매자의 '기억'이고, 음악인의 '기록'이다. 기억은 컬렉션의 단계로 들어가기 전 음악을 듣는 행위와 음반을 사는 행위가 일치할 때 더 또렷하다. 따라서 음반을 꺼내거나, 바늘을 올려놓는 순간 음반을 구매했던 장소와 시간 혹은, 그 음악과 얽혀있는 또 다른 인물을 소환한다. 기록은 한국 사회의 특수한 상황과 마주하며 원래 기록한 이의 의도와 달리 시간에 따라 변모하는 경우가 더러 있었다.

이미 공동 집필한 《라이선스LP 연대기》로 천덕꾸러기 신세였던 국내 LP에 관해 새로운 화두를 던졌던 저자 윤준호가 이번에는 《마력의 한국 바이닐》을 통해 당시의 상황 때문에 누락 되거나 변모할 수밖에 없었던 우리 음반을 더 깊이 파고든다.

책을 읽는 누구라도 나처럼 LP장에 있는 오래된 라이선스LP나, '빽판'을 다시 꺼내 볼 것 같다. 그리고 음반과 얽힌 나만의 기억을 소환하며 흐뭇해 할 것 같다. 음반은 분명 그런 매력이 있고, 《마력의 한국 바이닐》의 충실하고 꼼꼼한 연구 결과는 그 매력을 끄집어내는 확실한 마중물이다.

송명하
(대중음악평론가, 《파라노이드》 편집장)

서문

LP의 시대가 다시 돌아왔다. 1990년대 중반부터 쇠퇴했던 LP는 21세기에 들어와 화려하게 부활하여 중장년층에게는 추억을, 스트리밍에 익숙한 MZ에게는 새로운 문화 트렌드로 자리매김하고 있다.

큼직한 판형의 존재감과 감각적인 커버 디자인에 이끌려 턴테이블 없이도 소장용 아트워크처럼 LP를 구입하는 이들이 적지 않다. 디지털에 길들여진 세대에게 아날로그가 선사하는 감성, 그리고 LP라는 물리적 매체가 주는 소유의 기쁨은 그 자체로 특별할 것이다.

어쩌면 이것이야말로 뉴트로 시대에도 생명력을 유지한 채 LP가 여전히 사랑받는 이유일지 모른다. 새로운 수집문화가 자리잡고 관련 산업이 되살아나는 모습은 오랜 세월 LP를 사랑해온 필자에게 반가움과 동시에 각별한 의미로 다가온다.

음악은 언제나 우리의 일상과 함께 해왔다.

오늘날 스마트폰 하나로 전 세계 음악을 실시간으로 감상할 수 있는 시대에 살고 있지만, 문득 낡은 전축 너머로 흘러나오던 소리와 그때 느꼈던 감성이 그리워질 때가 있다.

필자의 음반 수집은 1984년 겨울, 중학교 2학년 시절 청계천의 한 레코드점에서 처음으로 '빽판'을 구입하면서 시작되었다. 그땐 음악을 들을 수 있다는 사실만으로도 충분히 행복했지만, 마음 한구석에는 늘 '원판(原版)'이라 불리던 오리지널 앨범에 대한 막연한 동경이 있었다.

1998년, 도쿄 체류 중 지인의 소개로 방문한 니시 신주쿠(西新宿), 나카노(中野)의 중고 음반점. 그곳에서 나는 전혀 예상치 못한 장면들과 마주했다. 매장 안에는 오래된 한국 가요와 라이선스 LP들이 일본, 유럽의 희귀 음반들과 나란히 진열되어 있었고, 그중 일부는 고가의 매물로 취급되고 있었다.

국내에서는 '낡은 것', '시대에 뒤처진 유물' 정도로 여겼던 국산 음반들이 바다 건너 일본에서 수집가들의 관심과 존중을 받고 있다는 사실은 솔직히 낯설고도 놀라웠다.

얼마 뒤, 한국 록 음악에 대한 정제된 비평이 실린 일본의 음악 전문서를 접하게 된 것은 그야말로 충격의 연속이었다. 자국은 물론 이웃 나라의 음악까지도 집요하게 탐구하고 성실하게 기록하는 그들의 태도는 감탄과 부러움을 넘어, 내 안에 묘한 도전의식을 불러일으켰다.

그들보다 훨씬 가까운 곁에 한국 음반이 있었음에도 정작 외면해온 나의 편협함이 부끄러웠고, 이제라도 국산 LP의 특별함과 그 안에 담긴 시대의 결을 제대로 들여다보아야겠다는 생각이 마음속에 자리하게 되었다.

아날로그 음반이 전성기를 누리던 시절, 음반 산업은 대중문화 전반에 막대한 영향을 끼쳤다. 특히 1960년대부터 1990년대 중반까지 국내에서 제작된 LP들은 각 시대의 사회·정치·문화적 흐름을 고스란히 담아내고 있다.

국내 라이선스 음반을 해외 오리지널반과 비교해 보면 수록곡의 삭제나 왜곡된 커버 아트 등 나름의 '변형'을 발견할 수 있다. 이는 당대 한국 사회에서 문화적 제약으로 작용하던 '사전검열'의 실태를 드러내는 중요한 물증이 된다. 비공식 유통의 한계를 지녔던 빽판 역시, 청자들의 음악에 대한 갈증과 자발적인 소비 욕구를 보여주는 또 하나의 문화적 풍경이었다.

필자가 전작(윤준호 외 2인, 《라이선스 LP 연대기》, 2021년)에서 음반을 백과사전식 포괄적 시각에서 조망했다면, 본서는 대한민국 바이닐이 담고 있는 감성과 이야기, 그중에서도 국산 아날로그 음반 전성기 LP에 천착하여 이야기를 풀어가고자 한다.

책에 소개된 음반은 대중적으로 널리 사랑받은 명반부터 필자의 개인적 취향이 반영된 작품들까지 아우르고 있다. 특히 라이선스반과 빽판은 '왜곡'과 '변형'이라는 두 가지 키워드에 중점을 두어 선정했다.

작성 과정에서 특정 아티스트가 반복적으로 언급되었을지도 모른다. 그러나 이는 편향된 의도가 아니라, 전하고자 하는 맥락 속에서 자연스럽게 이루어진 선택임을 너그러이 이해해 주기를 바란다.

이 책은 팝과 가요, 정식반과 빽판, 대중성과 개인성을 넘나들며 필자의 기억과 경험·취향이 응축된 음반 애호가의 감성 기록이자 시대를 담은 문화 아카이브를 지향한다.

부디, 대한민국 대중음악의 한 시대를 풍미했던 국산 LP의 고유한 감성과 매력이 이 책을 통해 더 많은 이들에게 전해지기를 희망한다.

이 책이 세상에 나올 수 있도록 도와주신 모든 분들께 깊은 감사의 마음을 전한다.

'그래서음악' 최우진 대표님과 왕세은 대리님, 추천사를 써주신 '한국대중가요연구소' 최규성 선생님과 '파라노이드' 송명하 편집장님, 사진 작업에 소중한 조언을 더해주신 최진호 님, '송박프로젝트'의 송경호 실장님과 박진희 실장님, 그리고 든든한 나의 음악 동지, 류석원 작가님, 김경준 님, 신찬호 님, 박재형 님께 진심으로 감사드린다.

무엇보다, 책이 완성되는 순간까지 따뜻한 조언으로 지지해준 아내 송영선에게 고마움을 전한다.

윤준호

용어설명

그루브(Groove): LP 음반에 새겨진 소리골. '마이크로그루브(Microgroove)'의 줄임말이다.

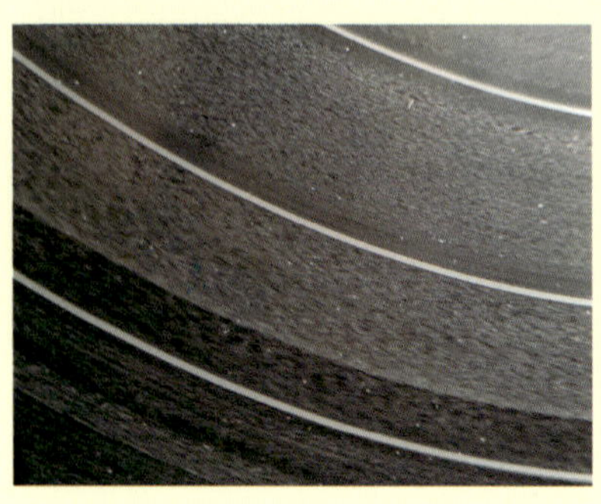

레이블(Label): 레코드판 중앙에 부착된 동그란 종이. 곡명, 아티스트명, 제작사 등의 정보를 담고 있다. '라벨'이라고도 하며 흔히 음반을 기획·제작·유통하는 레코드회사를 지칭하는 용어로 사용되고 있다.

데드왁스(Dead Wax): LP의 마지막 수록곡이 끝난 지점부터 레이블 가장자리까지 이르는 무음 구간.

이너슬리브(Inner Sleeve): LP 음반을 먼지, 정전기, 스크래치 등으로부터 보호하기 위해 사용되는 내부 포장재이다. 과거 국산 음반에서는 종이 재질이 일반적이었으며, 종이 안쪽에 속비닐을 덧댄 형태도 종종 사용되었다. 1970년대 후반부터는 비닐 소재로 점차 일원화되었다.

레코드(Records) : 소리를 물리적으로 기록하고 재생할 수 있도록 만든 원반형 저장 매체. 바이닐(Vinyl) 혹은 왁스(Wax)로 불리기도 한다.

· LP(Long Play): 1948년, 미국 컬럼비아 레코드(Columbia Records)가 개발한 아날로그 음반 포맷으로, 12인치 크기에 분당 33⅓ 회전으로 재생된다. 현재까지 대표적인 아날로그 레코드의 표준으로 자리하고 있다.

· 싱글(Single): 1949년, 미국 RCA 레코드사에서 개발한 음반 포맷으로 일반적으로 각 면에 한 곡씩 수록되는 것이 특징이다. 주로 7인치 크기에 분당 45회전으로 재생되며 1970년대부터는 12인치 크기의 싱글도 등장해 음질과 음압을 높였고 현재는 DJ용 아날로그 포맷으로 널리 활용되고 있다.

마스터링(Mastering): 음반 제작의 최종 단계 중 하나로, 각 곡의 음량과 음질을 조정하여 이어폰, 스피커, 자동차 오디오 등 다양한 재생 환경에서도 균형 잡힌 사운드를 구현할 수 있도록 다듬는 과정이다. LP 시대의 마스터링은 단순한 음향 보정에 그치지 않고, 마스터 디스크에 소리를 새기는 물리적 공정까지 포함한 개념이었다.

매트릭스 넘버(Matrix Number): LP 음반의 데드왁스 구간에 새겨진 고유 식별 번호로, 해당 음반의 제작 이력, 스탬퍼 정보, 마스터링 회사 및 엔지니어의 이니셜 등을 파악할 수 있는 단서가 된다. 국내반에는 주로 카탈로그 넘버가 각인되어 있다.

스탬퍼(Stamper): 마스터 디스크로부터 전기도금 과정을 거쳐 제작된 니켈 금형으로, 쉽게 말해 음반을 찍어내는 '틀'에 해당한다. 고온에서 녹인 비닐(PVC)을 스탬퍼에 압착하면 그 표면에 새겨진 소리의 홈이 그대로 전사되어 한 장의 음반이 완성된다. 일반적으로 하나의 스탬퍼로 약 500-1,000장의 LP를 찍어낼 수 있다.

스파인(Spine): 음반 커버의 측면 가장자리로 보통 아티스트의 이름, 앨범 제목, 카탈로그 넘버, 제작사 등의 정보가 인쇄되어 있다. 보관 시 음반을 식별하는 데 중요한 역할을 한다.

스플릿 앨범(Split Album): 두 명 이상의 가수가 음반 수록 면을 양분하여 각자의 음악을 수록한 음반.

오비(Obi): 음반 커버에 둘러진 종이 띠. 일본 전통 복식에서 허리띠를 의미하는 '오비(帯)'에서 유래한 명칭이다. 일본 음반을 상징하는 특징 중 하나로 여겨지며, 그 유무에 따라 음반의 희소성과 가치가 달라지기도 한다. 일부 국내 음반에서도 오비가 부착된 사례를 찾아볼 수 있다.

인서트(Insert): 음반 패키지 내부에 포함된 부속물로, 2-4페이지 해설지부터 포스터, 소책자에 이르기까지 다양한 형태가 있다.

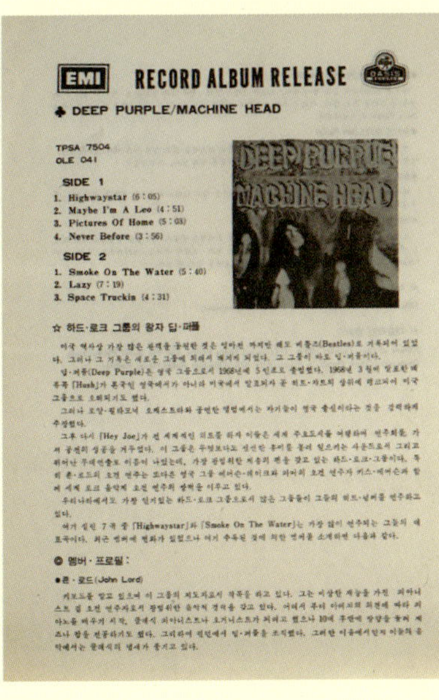

EMI **RECORD ALBUM RELEASE** OASIS

♣ DEEP PURPLE/MACHINE HEAD

TPSA 7504
OLE 041

SIDE 1
1. Highwaystar (6 : 05)
2. Maybe I'm A Leo (4 : 51)
3. Pictures Of Home (5 : 03)
4. Never Before (3 : 56)

SIDE 2
1. Smoke On The Water (5 : 40)
2. Lazy (7 : 19)
3. Space Truckin (4 : 31)

☆ 하드·로크 그룹의 황자 딥·퍼플

하이프 스티커(Hype Sticker): LP 비닐 포장 위에 부착된 스티커로, 아티스트 정보나 대표곡 등 음반의 핵심 정보를 간략히 담고 있다.

카탈로그 넘버(Catalog Number): 해당 음반의 고유 식별 번호. 대부분 영문·숫자로 구성되며 음반사마다 고유의 규칙을 정하고 있다.

커버(Cover)

· **싱글 커버(Single Cover)**: LP 한 장을 수납할 수 있는 가장 일반적인 형태의 커버이다.

· **게이트폴드 커버(Gatefold Cover)**: 양쪽으로 펼쳐지는 구조의 커버로, 디자인적 완성도나 시각적 효과를 높이기 위해 제작되는 경우가 많다.

목차

제3부 한국에서 기획·발매된 해외 뮤지션의 음반

제9부 부틀렉을 복제한 빽판

제10부 밴드 음악과 경음악

1. 국내 음반 산업의 발전을 견인한 라이선스 음반

1970년대 초, 국내에 정식 라이선스 음반이 본격 보급되기 전까지 음반 시장은 복제 음반 중심으로 운영되고 있었다. 당시 문화공보부에 정식 등록된 음반사는 10여 곳에 불과했으며 등록업체의 명의를 빌려 제작·유통을 이어가던 기획사만 해도 50여 곳에 달했다. 이들 업체는 가요 음반과 함께 팝송 복제 음반을 동시에 제작하곤 했다.

팝송 복제 음반은 문화공보부 장관의 허가와 국세청 세금 납부만 이행되면 해외 원작자의 동의 없이도 제작·유통이 가능했다. 국제 저작권 협회에 가입하기 전이었던 한국의 상황에서는 사실상 불법과 다름없는 구조였지만, '세금 납부'라는 형식을 통해 합법성을 확보하는 편법이 관행처럼 굳어져 있었다. 이들 복제 음반은 국내법상 요건을 충족했다는 의미로, 납세필증(일명 수입인지)이 부착된 채 시중에 유통되었다.

그러나 1970년 12월 21일 국회를 통과하여 개정된 <음반에 관한 법률>(1971년 1월 22일 공포, 이하 '음반법')에 따라 팝송 복제 음반 시장이 위기를 맞는다. 이 법은 무분별한 복제를 제한하고 해외 음반사와의 정식 계약을 통한 수입 유통을 장려함으로써 본격적인 라이선스 음반 시대의 서막을 열게 했다.

이에 발맞춰 국내 음반사들 가운데 일부는 해외 주요 음반사들과 라이선스 계약을 체결하며 합법적인 유통 체계를 갖추기 시작했다. 그 선두에 선 곳은 성음제작소(성음)로 1969년 영국 데카(Decca), 네덜란드 필립스

납세필증이 부착된 복제 음반

(Philips)와 최초의 계약을 체결했다. 이어 지구레코드는 1971년 11월 미국 RCA와 오아시스레코드는 1973년 12월 영국 EMI와 각각 계약을 맺으며 국제 음반 유통 시대의 문을 활짝 열었다.

라이선스 계약을 통해 다양한 해외 음악이 본격적으로 국내에 소개되었을 뿐 아니라, 당시로선 선진적이던 프레스 기술도 함께 도입되었다. 초기에는 해외 음반사에서 제공한 스탬퍼를 수입해 음질 면에서 오리지널에 근접한 수준의 LP를 제작할 수 있었다. 이후 국내 음반사들이 자체 커팅 기술을 습득하면서 전 과정의 국산화를 이루게 되었다. 덕분에 음반 품질 향상은 물론 대량 제작 체계의 확립과 산업 규모 확장에도 결정적인 전기를 마련해주었다.

"지난해 4월부터 영국의 데카와 네덜란드의 필립스와 라이선스 계약을 체결하고 스탬퍼를 수입하여 디스크를 제작해온 성음제작소는 그 동안 119종의 디스크를 출시했다"
(1972년 12월 21일자 동아일보 4면 기사)

"라이선스 디스크의 제작원가는 로열티를 제외하고 국내 가요판의 1.5배 내지 2배나 되는데, 이는 음질을 보장하기 위해 양질의 원료를 사용하는데다 자켓도 외국제 못지않게 고급으로 만들었기 때문이다"
(1975년 5월 13일 매일경제 6면 기사)

라이선스 음반의 도입은 단순한 해외 대중음악의 유입에 그치지 않았다. 국내 음악 산업 전반의 질적 향상을 촉진했고 한국 대중음악의 다양성 확장에도 적잖은 기여를 했다.

1970년대 초반까지 열악했던 음반 제작 환경은 점차 개선되었고 기술력과 자본의 지속적인 투입으로 고음질·고사양의 음반 제작이 가능해졌다. 이러한 변화는 1980년대에 들어 더욱 가속화되었으며, 이는 가요 제작 현장에도 직·간접적인 영향을 미쳤다. 그 대표적인 사례로 지구레코드는 1984년 국내 최초로 디지털 녹음 기술을 도입한 조용필 6집을 발매하며 고음질 가요 음반의 새로운 기준을 제시했다.

창작과 연주에 몰두하던 뮤지션들은 보다 정교하고 풍부한 사운드를 구현하기 위해 기술적 실험을 거듭했고 이러한 분위기는 곧 대중음악 전반의 수준 향상으로 이어졌다. 1980년대 중·후반 이후, 다양한 장르에서 실험적이고 창의적인 시도가 활발히 이루어졌으며 이를 토대로 신세대 아티스트들이 부상할 수 있었다.

돌이켜 보면, 1980-90년대 라이선스 음반의 전성기는 오늘날 한국 대중음악의 주역이 된 뮤지션들의 성장기와 궤를 같이했다. 단순한 시대적 우연이 아닌, 한국 대중음악이 세계 무대에 뿌리내릴 수 있었던 중요한 계기였으며, 라이선스 음반은 문화 수입을 넘어 국내 음악 산업의 구조적 성장과 예술적 발전을 이끈 핵심 동력이었다.

2. 팝송 보급과 함께 성장한 빽판 시장

오랫동안 '빽판'이라는 말은 불법 복제 음반을 지칭하는 대명사처럼 사용되어왔다. 이 시장은 일부 음반 업자들과 레코드 공장의 퇴직 기술자들에 의해 주도되었고 국내에서 팝송에 대한 수요가 폭발적으로 증가함에 따라 자연스레 빽판 시장도 활기를 띠기 시작했다.

빽판의 제작 방식은 크게 두 가지로 나뉠 수 있다.

첫째, '원판'이라 불리는 수입 음반의 소리골을 그대로 본떠 복제하는 방식이다.

대량 생산을 위해서는 음반 표면에 전기 도금 처리를 거쳐 '스탬퍼'라 불리는 금속 틀을 만들어야 했다. 이 과정에서 레이블 종이가 스탬퍼에 들러붙는 것을 방지하기 위해 레이블에 먼저 니스칠을 하는 작업이 선행되었다. 완성된 스탬퍼는 압착기를 개조한 프레스기로 찍어내어 음반을 만들어냈고 이렇게 제작된 음반은 업자들에게 공급되었다.

니스 처리된 레이블

　복제용 원판은 '공급책'을 통해 조달되었는데, 미군부대 PX에서 유출된 음반이나 개인 수집가 소장품 등이 주요 경로였다.

　둘째, '레커 작업'을 통한 방식이다. 이는 음반 표면에 소릿골을 직접 새겨 마스터반을 제작하는 방법으로, 주로 중소 음반사의 장비를 빌려 작업이 이루어졌다. 주로 여러 곡을 하나의 음반에 수록한 '옴니버스 빽판'을 만들 때 사용된 방식이었다.

　휴대용 녹음기가 대중화되던 시절, 방송국은 최신 팝송 소개 시 곡 중간에 DJ 멘트를 삽입해 불법 녹음을 막으려 했지만, 그럼에도 이런 방송 음원을 활용한 불법 옴니버스 음반은 끊임없이 제작·유통되었다.

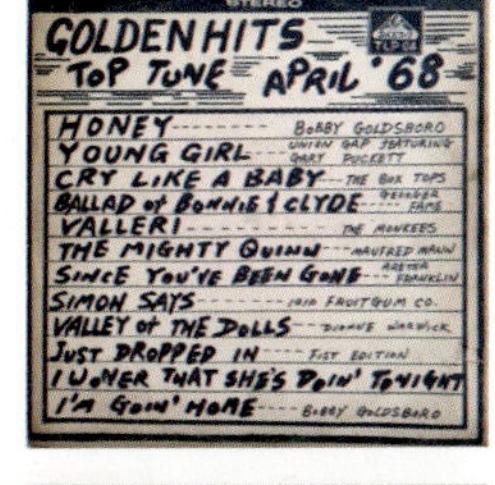
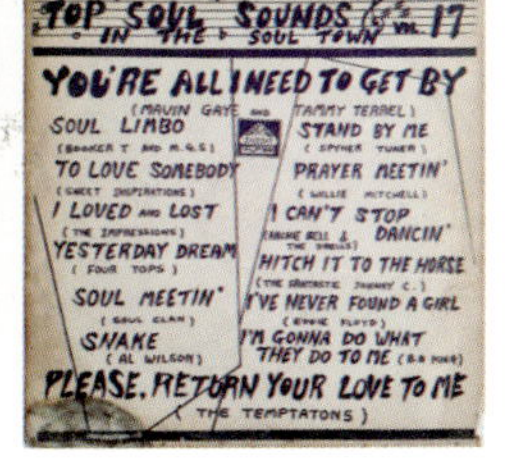

1960년대 유통되었던 옴니버스 빽판

　빽판의 품질에 대한 평가는 엇갈린다. 재활용 플라스틱을 혼합해 만든 대부분의 음반은 음질이 일정하지 않았고 프레스 과정에서 이물질이 섞이거나 과열로 인해 소릿골이 손상되는 경우도 있었다. 커버 역시 원판의 이미지를 흑백 혹은 단색으로 복사한 마분지로 제작되었고 이렇게 완성된 음반은 조합과정을 거쳐 시장에 유통되었다.

무엇보다 정식 라이선스 음반에 수록되지 못한 금지곡이나 희귀곡을 저렴한 가격에 접할 수 있다는 점이 빽판의 가장 큰 매력이었다. 덕분에 음악다방이나 학교 방송반처럼 다양한 레퍼토리가 필요한 곳에서는 빽판이 큰 역할을 했다.

또 하나의 강점은 유통 속도였다. 원판만 확보되면 곧바로 제작과 출고가 가능했기 때문에 라이선스 음반보다 먼저 시장에 등장하는 경우도 적지 않았다. 신속한 대응력은 정식 유통망에서 벗어난 빽판만의 무기였다.

가장 결정적인 매력은 가격이었다. 1980년대 중반 기준으로 라이선스 음반은 2,500원에서 3,500원, 1989년 이후 메이저 직배사 음반은 5,000원에 판매되었다. 반면 빽판은 1984년 기준 600~800원 선으로 훨씬 저렴했으며, 주로 청계천 8가와 세운상가 일대의 음반점에서 거래되었다. 변두리 동네 음반점에서는 1,000원 안팎에 판매되기도 했다.

빽판 제작은 생각보다 훨씬 정교하고 복잡한 과정이었다. 단순한 불법 복제라기보다 음반 선별부터 스탬퍼 제작, 프레스, 인쇄까지 일정 수준의 전문성이 요구되는 일이었다. 실제로 이 시기 빽판 제작에 관여했던 기술자가 메이저 음반사로 스카우트되는 등 전문 인력이 부족했던 국내 음반 업계에서는 이들이 나름의 영향력을 행

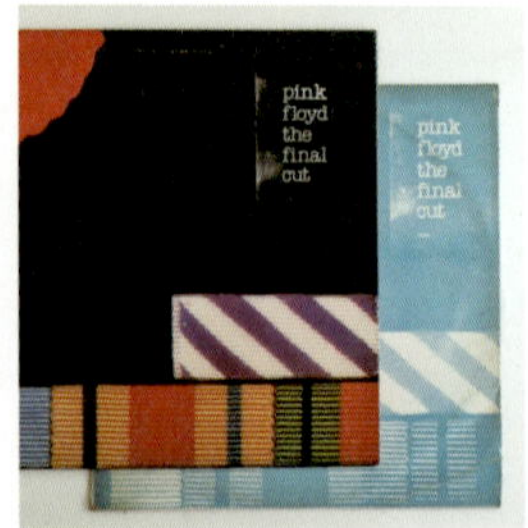

실제 빽판 제조에 사용된 원판과 그 결과물

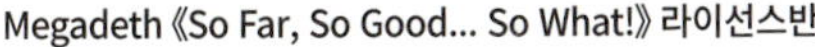
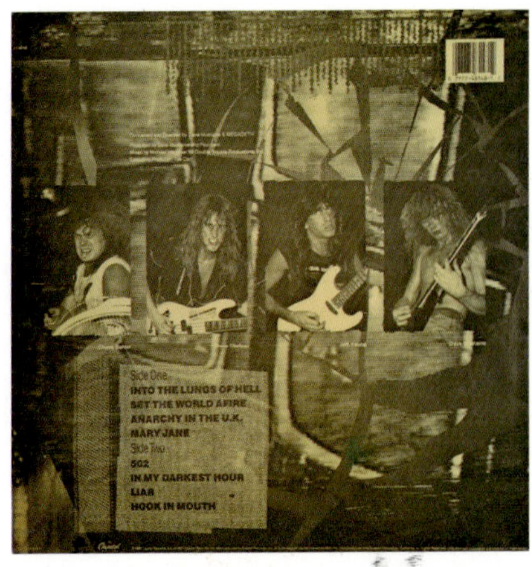

Megadeth 《So Far, So Good... So What!》 라이선스반　　　Megadeth 《So Far, So Good... So What!》 컬러 빽판

사하기도 했다. 그런 이유로 메이저 음반사와 빽판 업계가 은근한 공생관계를 유지해 왔다는 이야기도 있다. 음반사가 빽판 단속에 적극적으로 나서지 않았던 배경이 여기에 있다는 것이다.

컬러 인쇄 기술이 적용된 이후에는 라이선스 음반과 빽판의 구분이 어려워지자 커버 뒷면을 단색으로 인쇄하는 식으로 차별화하려는 시도도 있었다.

1989년, 외국 음반사들의 자본이 유입되며 '직배 시대'가 열리고 동시에 정부 차원의 강도 높은 단속이 시작되면서 빽판 시장은 급격히 위축된다. 주요 제작자와 공급책, 유통업자가 줄줄이 구속되고 CD 중심의 음반 시장으로 재편되면서 아날로그 빽판의 시대는 자연스럽게 저물어갔다.

제1부

대한민국에
존재했던
비틀스라는
이름

대한민국 최초의 비틀스 음반

복사반도 예외는 없다

해산 이후에도 전설은 계속되다

비틀스가 밴드로 완성되어가던 시간

포토샵에 버금가는 손기술

HOLLYWOOD BOWL
2301 N. Highland Ave.
HOLLYWOOD   CALIFORNIA
AUG.
23   THE BEATLES
1964   SAT. EVE. AUG. 23, 8.00 P.M
PRICE $4.00
NO REFUNDS   NO EXCHANGES
HOLLYWOOD BOWL
2301 N. Highland Ave.
HOLLYWOOD   CALIFORNIA
AUG.   SAT. EVE. AUG. 29, 8.00 P.M
BOX
29

The Beatles : Top Tune Show Vol.7
- 그녀 손목 잡고 싶어

1964년 / 미미레코드 / ML-1017

Side A

1. I Want To Hold Your Hand – The Beatles
2. Um Um Um Um Um – Major Lance
3. She Loves You – The Beatles
4. J.A.V.A – Al Hirt
5. I Saw Her Standing There – The Beatles
6. I'll Get You – The Beatles
7. Wonderful Summer – Robin Ward
8. Out Of Limits – The Marketts

Side B

1. Washington Square – Village Stompers
2. You Don't Have To Be Baby To Cry – Caravelles
3. I Can't Stop Loving You – Leo Diamond & His Orchestra
4. Kansas City – Trini Lopez
5. Somewhere – The Tymes
6. Daisy Petal Pickin – Jimmy Gilmmer
7. Hound Dog – Elvis Presley

해방 이후, 주한미군의 주둔과 함께 미국 문화가 본격적으로 유입되면서, 한국 사회의 문화적 지형은 점차 서구화되기 시작했다. 특히 1957년 주한미군방송(AFKN)의 개국은 이러한 변화에 결정적인 불씨를 지폈다. 이어 1963년 동아방송의 출범과 함께, 이듬해인 1964년에는 국내 최초의 팝송 전문 프로그램인 '탑튠쇼(Top Tune Show)'가 전파를 타며 팝 음악은 대중의 일상 속으로 깊숙이 침투했다.

방송의 파급력은 실로 대단했다. 탑튠쇼의 성공은 경쟁 방송사들에게도 적잖이 영향을 미쳤고, 명동과 을지로 일대 음악다방에서 활동하던 DJ들을 영입해 유사한 음악 프로그램이 잇달아 편성되었다.

이러한 변화는 곧바로 음반 산업에도 반영되었다. 음반사들은 탑튠쇼의 인기에 힘입어 같은 이름을 단 시리즈 음반을 기획·제작하며, 대중음악 시장에 새

《Top Tune Show Vol.15》

《Top Tune Show Vol.24》

《Top Tune Show Vol.25》

로운 활로를 열어가기 시작했다.

당시 전 세계를 휩쓴 비틀스(The Beatles) 열풍은 한국도 예외가 아니었다. 미미레코드는 일곱 번째 시리즈 앨범인 《Top Tune Show Vol.7》에 방송을 통해 소개된 비틀스의 곡들을 수록하며 시대의 흐름에 발 빠르게 반응했다. 이 앨범은 한국에서 제작된 최초의 비틀스 관련 음반으로, 당시 신문에 기사화될 만큼 큰 화제를 불러일으켰다.

李昌煥(男) 李惠卿(女)에

「비틀즈」熱登場

○…美英「레코드」판次제 딸러「비틀즈」의 愛唱曲을「톱튠쇼」라는 이름아래 市中에 내놓았는데, LP 12吋로 된 音盤에는「그녀의 손목을 잡고싶어」「그녀는」「그녀가 서 있는것을 보았네」등「비틀즈」의 노래가「엘비스·프레스리」의「하운드·독」과 함께실려있다. 우리나라「틴·에이저」들도「비틀즈」에 미치고말것인지? 〈사진=「비틀즈」의〉

저들을 열광케하고 英國으로 돌아간「비틀즈」의 노래가 드디어 한국에 上陸하였다.

동아일보 1964년 2월 27일자 6면 기사

정식 수입 음반을 구하기 어려웠던 당시, 라디오나 음악다방을 통하지 않고도 자신이 좋아하는 음악을 직접 소장할 수 있다는 사실은 대중의 소비 욕구를 강하게 자극했다.

이 앨범은 비틀스 멤버들의 사진과 이름을 전면에 내세웠으나, 실제 수록곡은 비틀스의 히트곡과 함께 동시대 인기 아티스트들의 곡을 혼합한 편집 음반이었다. 특히 앨범의 타이틀인 <I Want To Hold Your Hand>는 미국에서 큰 성공을 거둔 비틀스의 대표곡으로, '그녀 손목 잡고 싶어'라는 제목은 당시의 번역 관행과 시대적 감각을 엿볼 수 있는 흥미로운 대목이라 할 수 있다.

◆◆◆

The Beatles : Top Tune Show Vol.7
- 비틀비틀비틀 Beatles 그녀 손목 잡고 싶어

1964년 / 미미레코드 / ML-1017

이 앨범은 기대를 뛰어넘는 판매 성과를 기록하며 같은 해 커버 색상이 변경된 재반이 짧은 시차를 두고 연이어 발매되었다. 초반은 세피아 톤의 커버로 제작되었으나, 재반에서는 블루 톤으로 디자인에 변화를 주었고 초반 커버에는 없던 '비틀비틀비틀'이라는 문구가 새롭게 삽입되었다.

Top Tune Show Vol.8
: Meets Other Top Singers

1964년　/　베스트레코드　/　TOP-14

Side A

1. I Want To Hold Your Hand – The Beatles
2. I Saw Her Standing There – The Beatles
3. J.A.V.A – Al Hirt
4. Um Um Um Um Um – Major Lance
5. I'll Get You – The Beatles
6. She Loves You – The Beatles
7. Daisy Petal Pickin – Jimmy Gilmmer
8. One Last Kiss – Bobby Vee

Side B

1. I Can't Stop Loving You – Leo Diamond & His Orchestra
2. My First Mistake – Jennie Smith
3. Summertime - Santo & Johnny
4. Think Twice – Brook Benton
5. Detroit City – Bobby Bare
6. King Of Whole Wild World – Elvis Presley
7. 40 Miles Of Bad Road – Duanne Eddy

《Top Tune Show Vol.7》 초·재반의 성공적인 판매에 힘입어 후속작 역시 비틀스를 커버 전면에 내세워 제작되었다. 앞서 앨범에 수록되었던 비틀스의 4곡은 그대로 유지되었고, 여기에 보비 비(Bobby Vee), 레오 다이아몬드(Leo Diamond, 엘비스 프레슬리(Elvis Presley) 등 당시 인기 가수들의 히트곡 11곡이 새롭게 추가되었다.

이 앨범은 국내에서 제작된 초기 비틀스 관련 LP 중에서도 특히 희소성이 높은 음반으로, 현재 중고 시장에서도 실물을 접하기가 쉽지 않다.

The Beatles
：The Beatles(a.k.a. White Album)

1960년대 말　/　대도레코드　/　EU-124

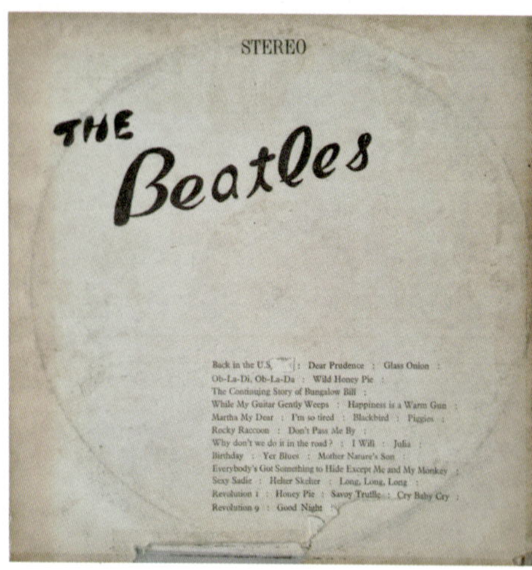

Side A

1. Back In The U.S.S.R.
2. Dear Prudence
3. Glass Onion
4. Ob-La-Di, Ob-La-Da
5. Wild Honey Pie
6. The Continuing Story Of Bungalow Bill
7. While My Guitar Gently Weeps
8. Happiness Is A Warm Gun

Side B

1. Martha My Dear
2. I'm So Tired
3. Blackbird
4. Piggies
5. Rocky Raccoon
6. Don't Pass Me By
7. Why Don't We Do It In The Road?
8. I Will
9. Julia

Side C

1. Birthday
2. Yer Blues
3. Mother Nature's Son
4. Everybody's Got Something To Hide Except Me And My Monkey
5. Sexy Sadie
6. Helter Skelter
7. Long, Long, Long

Side D

1. Revolution 1
2. Honey Pie
3. Savoy Truffle
4. Cry Baby Cry
5. Revolution 9
6. Good Night

1968년에 발매된 비틀스의 아홉 번째 정규 앨범은 그들의 활동기 중 유일하게 2LP 구성으로 제작된 작품이다. 순백의 커버 중앙 우측에 'The Beatles'라는 양각 로고만이 새겨져 있으며 어떠한 시각적 장식도 배제한 이 디자인 덕분에 팬들 사이에서는 'White Album'(이하 화이트 앨범)이라는 별칭으로 널리 알려져 있다.

총 30곡이 수록된 이 앨범은 발라드, 포크, 재즈, 블루스, 컨트리, 클래식, 레게, 헤비메탈, 아방가르드 등 폭넓은 장르를 아우르며 멤버들의 창작 의욕이 절정에 달했던 시기의 실험성과 개성을 고스란히 담아냈다. 특히 이 시기부터는 전 구성원이 함께 녹음하기보다는 곡의 작곡자를 중심으로 개별적으로 작업이 진행되는 경우가 많았고, 이에 따라 외부 연주자들의 참여 또한 늘어났다.

그중 가장 상징적 일화는 '기타의 신'이라 불리는 에릭 클랩튼(Eric Clapton)이 조지 해리슨(George Harrison) 작곡의 <While My Guitar Gently Weeps>에 세션 기타리스트로 참여한 것으로, 그의 특유의 깊고 절절한 연주가 곡의 정서적 깊이를 한층 더해주었다.

'White Album' 오리지널 영국반

앨범에 수록된 30곡 가운데 모든 멤버가 함께한 트랙은 16곡에 불과했다. 이 시기 들어 멤버 각자의 창작권이 강화되면서 프로듀서 조지 마틴(George Martin)의 영향력은 상대적으로 약화되었다. 이러한 변화는 비틀스에게 더 큰 창작의 자유를 가져다주었지만, 동시에 내부 갈등을 증폭시키는 요인으로 작용했다.

특히 폴 매카트니(Paul McCartney)는 스튜디오에서 강한 주도권을 행사하며 엔지니어들과 잦은 마찰을 빚었고, 다른 멤버들의 파트에까지 과도하게 간섭하는 모습을 보였다. 결국 이를 견디지 못한 링고 스타(Ringo Starr)가 <Back In The U.S.S.R.> 녹음 도중 스튜디오를 떠나버리는 일이 벌어졌다. 링고 스타가 없는 동안, 폴 매카트니는 나머지 멤버들과 함께 <Dear Prudence>와 <Back In The U.S.S.R.>의 드럼 파트를 직접 연주하며 녹음을 강행했다. 다행히 2주 후 링고 스타가 복귀하며 갈등은 일단락되었지만, 이 사건은 비틀스 내부의 균열이 본격적으로 표면화된 첫 신호탄이었다.

싱글 커트 곡 없이도 강렬한 존재감을 과시한 이 대작은 1968년 11월 22일 발매와 동시에 전 세계적인 반향을 일으켰다. 미국, 영국, 프랑스, 호주 등 10개국에서 차트 1위를 기록했고, 발매 첫 주에만 미국 내 선주문이 200만 장을 넘어서며 비틀스의 압도적인 인기를 다시 한번 입증했다.

국내에서는 1960년대 말, 대도레코드사에서 제작한 음반이 화이트 앨범의 최초 버전으로 확인된다. (참고로, 공식 라이선스 음반은 1990년 EMI/계몽사에서 발매되었다.)

데드왁스에 새겨진 매트릭스 넘버(SWBO1-101/SWBO2-101/SWBO3-101/SWBO4-101)를 통해 이 음반이 미국 오리지널을 복제한 것임을 알 수 있다. 특이하게도, 대도레코드사 고유의 매트릭스 넘버(EU-124-1-A/B/C/D)가 추가로 압인(押印) 처리되었고, 카탈로그 넘버 역시 'EU-124'로 통일되어 있다.

매트릭스 넘버

이 버전은 외관부터 오리지널과 확연히 달랐다. 밴드명은 정제된 타이포그래피 대신 붓글씨 흘림체로 인쇄되었고, 게이트폴드 커버 안쪽에는 원본에는 존재하지 않았던 존 레논(John Lennon)과 오노 요코(Ono Yoko)의 누드 사진이 삽입되었다.

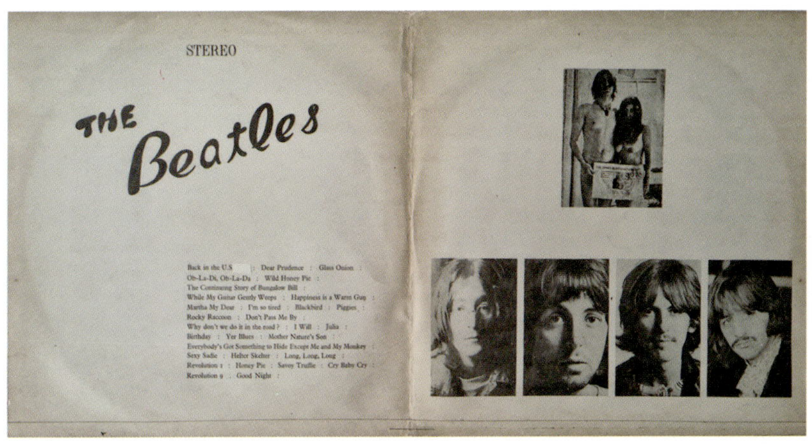

게이트폴드 커버 내부

커버 뒷면 'Back In The US' 표기   레이블 'Back In The US' 표기

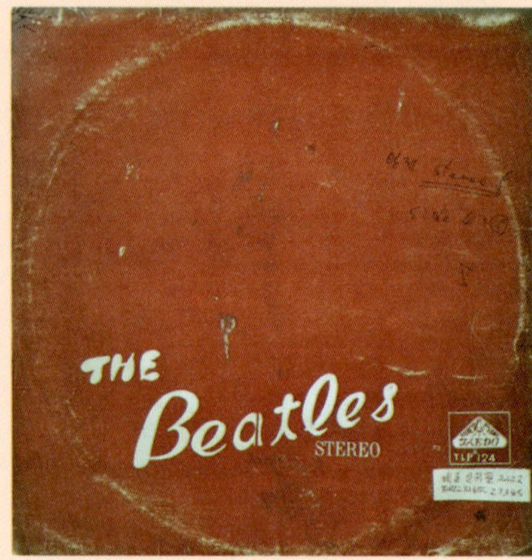

고동색 버전 빽판

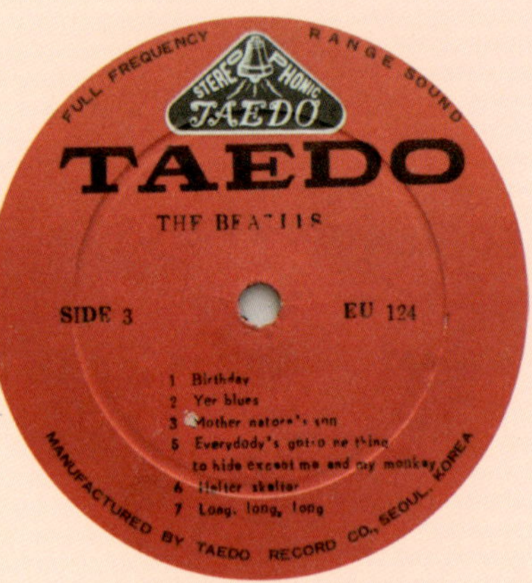

EMI/계몽사 라이선스반

당시 대한민국은 강력한 반공 정책을 추진 중이었기에, 곡 제목에 소비에트 사회주의 연방공화국의 약칭인 'U.S.S.R.'을 사용하는 것 자체가 사실상 금기였다. 때문에 곡의 내용과는 무관하게 <Back In The U.S.S.R.>는 <Back In The U.S.>로 수정되어 레이블에 표기되었다. 이미 인쇄된 커버 위에는 스티커를 덧붙여 제목을 수정한 흔적이 남아 있다.

비슷한 시기, 커버 색상이 고동색과 파란색으로 변경된 이색 버전들도 발매되었다.

1990년대 초, 주요 해외 음반사들이 국내에 본격 진출하기 이전까지는 다양한 버전의 화이트 앨범 빽판이 유통되었다. 특히 EMI/계몽사에서 발매한 라이선스 음반에서 <Revolution 1>과 <Revolution 9>이 금지곡으로 삭제되어 오리지널 수록곡 전체를 듣고자 했던 팬들의 수요는 여전히 빽판으로 향했다.

화이트 앨범의 공식 라이선스반은 총 세 차례에 걸쳐 발매되었는데, 그중 전곡이 온전히 수록된 음반은 1992년이 되어서야 비로소 등장했다.

The Beatles : 1962-1966

1977년 6월 5일 | 오아시스레코드 | OLE-161/162

Side A

1. Love Me Do
2. Please Please Me
3. From Me To You
4. She Loves You
5. I Want To Hold Your Hand
6. All My Loving
7. Can't Buy Me Love

Side B

1. A Hard Day's Night
2. And I Love Her
3. Eight Days A Week
4. I Feel Fine
5. Ticket To Ride
6. Yesterday

Side C

1. Help!
2. You've Got To Hide Your Love Away
3. We Can Work It Out
4. Day Tripper
5. Drive My Car
6. ~~Norwegian Wood (This Bird Has Flown)~~

Side D

1. Nowhere Man
2. Michelle
3. In My Life
4. Girl
5. Paperback Writer
6. Eleanor Rigby
7. Yellow Submarine

EMI THE BEATLES / 1962~1966 

OLE 161 / 2
PCSP 717

SIDE 1

1. Love Me Do
2. Please Please Me
3. From Me To You
4. She Loves You
5. I Want To Hold Your Hand
6. All My Loving
7. Can't Buy Me Love

SIDE 2

1. A Hard Day's Night
2. And I Love Her
3. Eight Days A Week
4. I Feel Fine
5. Ticket To Ride
6. Yesterday

SIDE 3

1. Help !
2. You've Got To Hide Your Love Away
3. We Can work It Out
4. Day Tripper
5. Drive My Car

SIDE 4

1. Nowere Man
2. Michelle
3. In My Life
4. Girl
5. Paperback Writer
6. Eleanor Rigby
7. Yellow Sumbarine

◆ The Beatles ◆

이제 그룹으로서의 비틀즈는 더이상 존재하지 않는 엄연한 사실을 점차로 받아들이게 되자, 영국의 EMI 는 그들의 초기인 1962년의 곡「Love Me Do」이후부터의 가장 잘 알려진 작품들중 대표곡을 모아 4개의 앨범으로 내놓았다. 그것이 2개의 앨범으로 된 「The Beatles / 1962-1967」과 「The Beatles /1967-1970」이다. 이 기념비적인 앨범들을 이제 한국의 OASIS EMI 에서도 내놓게 된 것을 기쁘게 생각한다.

1962년 2월 6일 비틀즈는 영국의 EMI오디션에 통과되었고 그해 10월 5일 첫싱글 디스크「Love Me Do」가 출반되었으며 1970년 5월 8일 앨범「Let It Be」를 마지막으로 해산했다.

비틀즈의 해산 후 그들 4 명은 모두 흩어져 자신의 갈길을 갔고 그로부터 지금까지 그들은 많이 변했다.

「I Want To Hold Your Hand」가 히트한 것은 1964년 초엽이었고 그 이래로 국내의 모든 파퓰러 뮤직팬들은 그들의 음악에 매료되었다. 팝송을 싫어하는 사람들도 비틀즈의 음악은 무시할 수 없을것이다. 그들의 음악은 세계의 유명한 클래시컬 오케스트라들에 의하여 연주되고 있고, 슈베르트에 버금가는 음악적 천재들이라는 찬사를 있을 정도이다. 그들의 음악은 언제 들어도 신선하고 새롭게 닥아와 아름다운 세계를 열어준다. 폴 메카트니의 비길데 없는 작곡, 존 레논의 기가 막힌 가사, 링고 스타의 멋진 드럼, 죠지 해리슨의 완벽한 기타솜씨, 가히 천하일품이라 하겠다.

누구나 인정하고 있듯이, 그들은 언제나 격정적이고 순수한 록큰롤 음악에 뛰어나 있으면서 동시에 정반대의 면, 즉 꿈꾸는 듯 흐느끼는 듯한 감미로움을 지니고 있다. 이런 양면성으로 인하여 그들의 음악은 시대와 연령을 넘어서서 항상 우리의 마음을 사로잡는 모양이다.

이제 그들은 각자 자신의 독특한 음악세계를 추구하고 있지만, 그룹으로서의 비틀즈 시대에 그들이 들려주던 음악에 대한 향수를 우리는 버릴 수가 없다.

「The Beatles / 1962-1967」과 「The Beatles / 1969-1970」안에는 그들의 주옥과 같은 노래가 총망라되어 담겨 있어 우리의 그러한 향수를 흠뻑 달래줄 수 있을 것으로 믿는다. 또한 연대순으로 정리되어 실린 노래로 해서 그들의 변모상도 한눈에 알아 볼 수 있을 것이다. 앨범 자켓의 사진도 속에 실린 노래들과 마찬가지로 8년이란 세월이 만들어 놓은 변화를 여실히 보여주고 있다.

또한 그들의 마지막 앨범「Let It Be」도 곧 출반될 예정임을 알려드린다.

1972년 12월, 미국의 무명 레코드사 오디오테이프(Audiotape)는 《Alpha Omega Vol.1 & 2: The Story Of The Beatles》라는 제목의 비틀스 편집 음반을 발매했다. 아티스트의 동의 없이 제작된 불법 음반임에도 불구하고, 지역 언론을 통한 대대적인 마케팅 덕분에 기대 이상의 높은 판매고를 기록했다. 음반은 연대기 순이 아닌 무작위로 곡들을 배열했다는 점이 특이했다. 더불어 <Bangladesh>, <Imagine>, <Maybe I'm Amazed>, <Uncle Albert> 등 비틀스 멤버들의 솔로 히트곡까지 수록해 기존 편집 앨범들과는 다른 독특한 구성을 띠고 있었다.

소식을 접한 비틀스의 소속사인 애플 레코드(Apple Records)는 오디오테이프를 상대로 불법 음반 제작 및 유통 혐의로 1,500만 달러 규모의 소송을 제기했고, 결국 해당 음반은 시장에서 신속히 퇴출되었다.

하지만 이야기는 여기서 끝나지 않았다. 이 사건은 애플 레코드로 하여금 편집 음반의 필요성을 깨닫게 했고, 마침내 1973년 4월 2일, 《1962-1966》(레드 앨범)과 《1967-1970》(블루 앨범)이 세상에 모습을 드러냈다. 아이러니하게도 불법 음반이 정식 베스트 앨범의 탄생을 재촉한 셈이었다. 두 앨범은 당시 애플 레코드의 매니저였던 앨런 클라인(Allen Klein)의 주도로 기획되었으며, 비틀스의 활동 시기를 각각 두 가지 색상으로 구분, 각각 레드(1962-1966), 블루(1967-1970)로 별칭을 달아주었다.

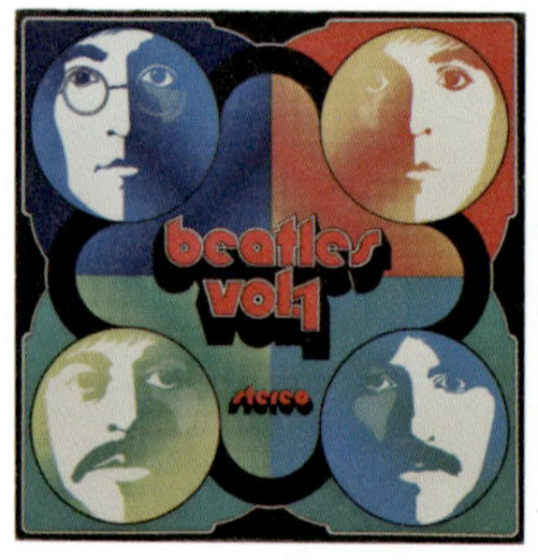

《Alpha Omega Vol.1》(1972)

커버 이미지는 사진작가 앵거스 맥빈(Angus McBean)의 작품으로, 레드 앨범은 런던 맨체스터 스퀘어에 위치한 EMI 본사에서 촬영된 사진(앨범 《Please Please Me》의 표지본과 동일)이 쓰였다. 블루 앨범에는 1969년 같은 장소에서 동일한 구도로 다시 촬영한 컷이 사용되었다. 특히 블루 앨범의 커버 사진은 본래 《Get Back》 앨범의 표지로 쓰일 예정이었으나, 앨범 발매가 무산되면서 공개되지 못했던 사연이 있다.

《Please Please Me》 커버

레드 앨범은 비틀스의 초기 녹음부터 《Revolver》 시기까지의 대표 히트곡 26곡을 수록하고 있다. 수록곡은 모두 존 레논과 폴 매카트니의 공동작품으로 엄선되었으며, 커버곡인 <Twist And Shout>나 조지 해리슨의 자작곡 <I Need You>, <Taxman> 등은 제외되었다.

《Get Back》 커버

1977년 6월 5일, 오아시스레코드에서 발매된 라이선스반에는 <Norwegian Wood>가 금지곡으로 지정되어 누락되었다.

The Beatles : 1967-1970

1977년 6월 5일 | 오아시스레코드 | OLE-163/164

Side A

1. Strawberry Fields Forever
2. Penny Lane
3. Sgt. Pepper's Lonely Hearts Club Band
4. With A Little Help From My Friends
5. She's Leaving Home
6. When I'm Sixty Four

Side B

1. All You Need Is Love
2. Hello Goodbye
3. The Fool On The Hill
4. Lady Madonna
5. Hey Jude

Side C

1. While My Guitar Gently Weeps
2. Ob-La-Di, Ob-La-Da
3. Get Back
4. Don't Let Me Down
5. Oh! Darling
6. Old Brown Shoe

Side D

1. Here Comes The Sun
2. Come Together
3. Something
4. Octopus's Garden
5. Let It Be
6. Across The Universe
7. The Long And Winding Road

블루 앨범은 1967년 《Sgt. Pepper's Lonely Hearts Club Band》부터 1970년 마지막 앨범 《Let It Be》까지의 주요 곡들을 아우른 총 28곡이 수록되어 있다. 레드 앨범과 달리 조지 해리슨의 <While My Guitar Gently Weeps>, <Here Comes The Sun>, 그리고 링고 스타가 작곡과 리드 보컬을 맡은 <Octopus's Garden> 등 멤버별 개성이 드러나는 곡들이 포함되어 있어, 비틀스 해체 전 마지막 정점을 담은 결정판이라 할 수 있다.

<Strawberry Fields Forever>, <While My Guitar Gently Weeps>, <Come Together>, <Across The Universe> 등 비틀스 후기의 대표곡들은 물론, <Hey Jude>, <Revolution>처럼 정규 앨범에 수록되지 않은 싱글 곡들도 함께 수록되었다. 또한, 정규 앨범과 믹스가 다른 <Let It Be>와 <Get Back>의 싱글 버전이 수록되어 있어, 기존 팬은 물론 새로운 청자에게도 소장 가치를 높이는 요소로 작용했다.

한편, 국내에서 발매된 라이선스반에는 <Lucy In The Sky With Diamonds>, <A Day In The Life>, <Magical Mystery Tour>, <I Am The Walrus>, <Back In The U.S.S.R.>, <Revolution>, <The Ballad Of John And Yoko> 등이 금지곡으로 삭제되고, 대신 <She's Leaving Home>, <When I'm Sixty-Four>, <Oh! Darling> 과 같은 비교적 온건한 곡들이 대체곡으로 추가되었다.

또한, 1980년대 초반에는 흰색 배경에 수록곡 제목만 간결하게 인쇄된 이른 바 '화이트 레이블' 버전이 소량으로 발매되기도 했다.

1993년에는 EMI/계몽사는 리마스터 음원을 기반으로 금지곡 없이 모든 수록곡을 온전히 담은 레드·블루 앨범을 출시했다.

2023년, 레드 앨범과 블루 앨범 발매 50주년을 기념해 '2023 리마스터 에디션'을 새롭게 선보였다. 이 에디션은 원본 구성에 추가 수록곡을 더한 확장판으로, 레드 앨범에는 12곡, 블루 앨범에는 후기 작품 9곡이 추가되어 각각 3LP로 구성되었다.

특히, 블루 앨범에는 비틀스의 마지막 신곡으로 알려진 <Now And Then>이 포함되어 큰 화제를 모았다. 이 곡은 1970년대 존 레논이 남긴 미완성 데모를 바탕으로 현대 AI 기술로 보컬을 추출하고 폴 매카트니와 링고 스타가 반주와 보컬을 덧입혀 완성한 작품이다.

<Now And Then>은 비틀스 음악 여정의 마지막 장을 장식하는 감동적인 피날레이자, 2023년 현재를 살아가는 팬들에게 전하는 마지막 인사였다.

<Now And Then> 싱글

The Beatles : Live! At The Star-Club In Hamburg, Germany; 1962

1979년 / 대도레코드 / DVPL-10007

Side A

1. Intro
2. I Saw Her Standing There
3. Roll Over Beethoven
4. ~~Hippy Hippy Shake~~
5. Sweet Little Sixteen
6. Lend Me Your Comb
7. Your Feet's Too Big

Side B

1. Twist And Shout
2. Mr. Moonlight
3. A Taste Of Honey
4. Besame Mucho
5. Reminiscing
6. Kansas City

Side C

1. Ain't Nothing Shakin' (But The Leaves)
2. To Know Her Is To Love Her
3. Little Queenie
4. Falling In Love Again
5. Ask Me Why
6. Be-Bob A-Lula
7. Hallelujah, I Love Her So

Side D

1. Red Sails In The Sunset
2. Everybody's Trying To Be My Baby
3. Matchbox
4. Talkin' 'Bout You
5. Shimmy Shake
6. Long Tall Sally
7. I Remember You

독일의 항구 도시 함부르크는 비틀스에게 특별한 의미를 지닌 장소다. 무명 시절이던 1960년 8월부터 1962년 11월까지, 비틀스는 인드라(Indra), 카이저켈러(Kaiserkeller) 등 현지 클럽 무대를 전전하며 밴드로서의 기량과 무대 경험을 조금씩 축적해 나갔다.

1962년 겨울, 데뷔 싱글 <Love Me Do>를 발표하고 후속곡 <Please Please Me>의 녹음을 마무리하고 있던 비틀스는 또 한 번의 함부르크 공연 제안을 받는다. 영국 내에서 인지도를 높여가던 시점이라 달갑지 않은 일정이었지만, 매니저 브라이언 엡스타인(Brian Epstein)이 이미 맺어둔 계약 조건에 따라 이를 받아들일 수밖에 없었다.

12월 18일부터 31일까지 비틀스는 함부르크 스타 클럽(Star Club)의 무대에 올랐다. 그들과 함께 쟈니 앤 더 허리케인스(Johnny & The Hurricanes), 더 스타 캄보(The Star Combo), 더 스트레인저스(The Strangers), 킹사이즈 테일러 위드 도미노스(Kingsize Taylor With The Dominoes) 등 여러 무명 밴드들이 번갈아 무대를 채웠다. 이 공연의 일부는 무대 관리자였던 에이드리언 바버(Adrian Barber)에 의해 녹음되었고, 녹음된 테이프는 장비 소유주였던 킹사이즈 테일러

게이트폴드 커버 내부

(Kingsize Taylor)에게 전달되었다. 총 296분 분량의 이 녹음에는 비틀스가 연주한 43곡이 담겨 있었다.

이후 비틀스가 세계적인 성공을 거두자, 킹사이즈 테일러는 자신이 보관 중이던 함부르크 스타 클럽 공연 녹음 테이프를 상업적으로 활용하려 했다. 그는 비틀스 측과 정식 음반 제작을 놓고 협상을 시도했으나 합의에 이르지 못했고, 결국 테이프의 소유권은 음반 관계자 폴 머피(Paul Murphy)에게 넘어갔다. 머피는 해당 녹음을 공식 발매하기 위해 '링가송(Lingasong)'이라는 독립 레이블을 설립하고 편집과 믹싱에만 10만 달러 이상의 제작비를 투입하는 등 상당한 노력을 기울였다.

긴 작업 끝에 완성된 이 테이프는 《Live! At The Star-Club In Hamburg, Germany; 1962》라는 제목으로 1977년에 공개되었다. 비틀스 측은 무단 발매에 반발하며 소송을 제기했으나, 법원은 머피 측의 손을 들어주었다.

공교롭게도 같은 해 5월 4일에는 비틀스의 첫 공식 라이브 앨범 《The Beatles At The Hollywood Bowl》의 발매가 예정되어 있었고, 두 음반이 같은 시기에 주

《The Beatles At The Hollywood Bowl》(1977)

목을 받게 되면서 《Live! At The Star-Club In Hamburg, Germany; 1962》는 예기치 않은 홍보 효과를 누렸다.

《Live! At The Star-Club In Hamburg, Germany; 1962》는 1977년 4월 독일 벨라폰(Bellaphon) 레이블을 통해 처음 발매되었고, 이어 5월에는 영국, 6월에는 미국에서 링가송 레이블을 통해 각각 출시되었다.

수록곡은 <I Saw Her Standing There>와 <Ask Me Why>를 제외하면 대부분 커버곡으로 구성되어 있으며, 국가별 발매반마다 수록곡에 차이가 존재했다. 특히 미국 발매반에서는 독일 및 영국판에 수록된 <I Saw Her Standing There>, <Ask Me Why>, <Twist And Shout>, <Reminiscing>이 제외되고, 그 대신 <I'm Gonna Sit Right Down>, <Where Have You Been All My Life>, <Till There Was You>, <Shimmy Shake> 등이 수록되었다.

비록 열악한 환경에서 수음된 까닭에 음질은 비틀스 관련 음반 중 가장 낮은 평가를 받고 있지만, 이 앨범은 정제되지 않은 초기 비틀스의 거친 에너지와 현장감을 생생하게 담아낸 귀중한 기록물로 여겨진다.

<Hallelujah, I Love Her So>와 <Be-Bop A-Lula>에서는 익숙하지 않은 보컬이 등장한다. 비틀스 멤버가 아닌 스타 클럽의 홀 매니저였던 호르스트 파셔(Horst Fascher)와 그의 동생 프레드 파셔(Fred Fascher)의 목소리다. 그들은 공연 중 관객의 분위기를 돋우기 위해 무대에 올라 마이크를 잡았고, 이 우연한 순간이 테이프에 고스란히 담겨 비틀스 역사 속 특별한 장면으로 남게 되었다.

이 앨범은 이후 20여 년에 걸쳐 Ariola, Epic, Victor/JVC, Interfusion 등 여러 국가의 음반사를 통해 다양한 버전으로 발매되었다. 그중 1979년 대도레코

독일 발매반 커버

독일 발매반 레이블

북미 발매반 커버

북미 발매반 레이블

드를 통해 출시된 라이선스반은 일본 Victor/JVC 발매반을 기반으로 제작되었으며, 카탈로그 넘버 역시 일본판과 동일하게 표기되었다. 수록곡 구성은 독일 발매반을 따랐지만, <Hippy Hippy Shake>는 가사 내용이 당시 사회 규범에 저촉된다는 이유로 금지곡으로 분류되어 제외되었다. 또한 레이블 C면에 표기된 <Nothing Shakings>는 실제 곡명인 <Ain't Nothing Shakin' (But The Leaves)>의 오기다.

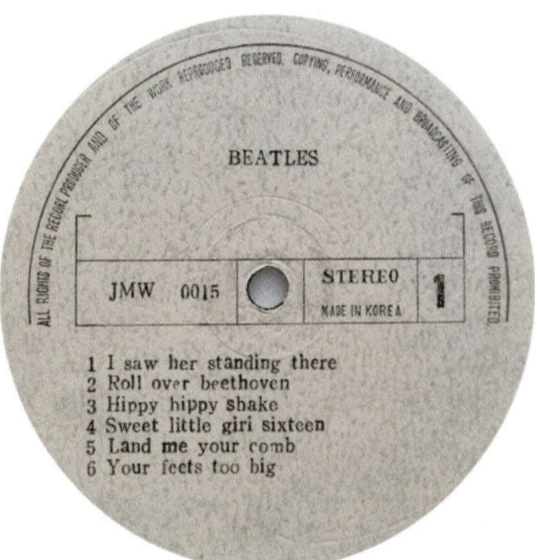

《Live! At The Star-Club In Hamburg, Germany; 1962》빽판

한편, 정식 라이선스 발매에 앞서 1977년에는 일본 라이선스반을 복제한 빽판이 국내에 유통되었다. 멤버들의 사진을 오려 붙인 개성 넘치는 커버 디자인이 눈길을 끈다.

The Beatles : Reel Music

1982년 | 오아시스레코드 | OLE-425

Side A

1. A Hard Day's Night
2. I Should Have Known Better
3. Can't Buy Me Love
4. And I Love Her
5. Help!
6. You've Got To Hide Your Love Away
7. Ticket To Ride
8. ~~Magical Mystery Tour~~

Side B

1. ~~I Am The Walrus~~
2. Yellow Submarine
3. All You Need Is Love
4. Let It Be
5. Get Back
6. The Long And Winding Road

1962년 공식 데뷔부터 1970년 해체까지 비틀스는 불과 8년의 시간 동안 대중음악의 방향을 새롭게 제시했다. 이 짧고도 밀도 높은 전성기 동안 그들은 13장의 정규 앨범[1]과 5편의 영화를 세상에 내놓았다. 비틀스가 제작한 영화는 극장용 4편과 TV용 1편으로 구성되지만 음악적 업적에 비해 상대적으로 덜 조명되어왔다.

《Reel Music》(1982)은 이 다섯 편의 영화 《A Hard Day's Night》(1964), 《Help!》(1965), 《Magical Mystery Tour》(1967), 《Yellow Submarine》(1968), 《Let It Be》(1970)의 주요 곡들을 선별한 컴필레이션 앨범이다. 미국 캐피톨 레코드(Capitol Records)의 기획으로 발매되었으며, 특히 존 레논 사망 이후 처음으로 출시된 비틀스 관련 음반이라는 점에서 상징적 의미가 있다.

비틀스가 인기의 정점을 구가하던 1960년대 중반, 미국에서는 영국 오리지널 앨범과 수록곡 및 믹스가 다른 일명 '현지화 앨범'이 다수 제작되었다. 《Meet The Beatles》(1964), 《The Beatles's Second Album》(1964), 《Something New》(1964), 《Beatles '65》(1964), 《The Early Beatles》(1965) 등이 그 대표적으로, 이는 캐피톨 레코드사 A&R 프로듀서 데이브 덱스터(Dave Dexter)가 주도한 독자적 발매 전략의 일환이었다.

비틀스 해산 이후에도 캐피톨 레코드는 《Rock 'N' Roll Music》(1976), 《Love Songs》(1977)와 같은 편집 앨범을 잇달아 발표했고, 《Reel Music》 역시 그 연장선에서 기획된 작품이었다. 특히 <I Should Have Known Better>의 하모니카 인트로가 수정된 새로운 믹스를 담아 팬들의 관심을 모았다. 영국과 미국에서 1982년 3월 22일 동시에 발매되었으며, 2년 뒤인 1984년 4월 국내 오아시스레

---

1 비틀스가 활동하던 시기에 발매된 정규 앨범은 영국 기준으로 총 12장이다. 《Magical Mystery Tour》(1967)는 본래 영국에서 TV 영화의 사운드트랙을 담은 6곡짜리 더블 EP로 발표되었으며, 같은 해 미국에서는 싱글 곡들을 추가한 LP 버전이 발매되었다. 이후 1976년 영국에서도 12인치 LP로 발매되었고, 1987년 CD 발매와 함께 정규 앨범으로 공식 편입되었다.

MAGICAL MYSTERY TOUR

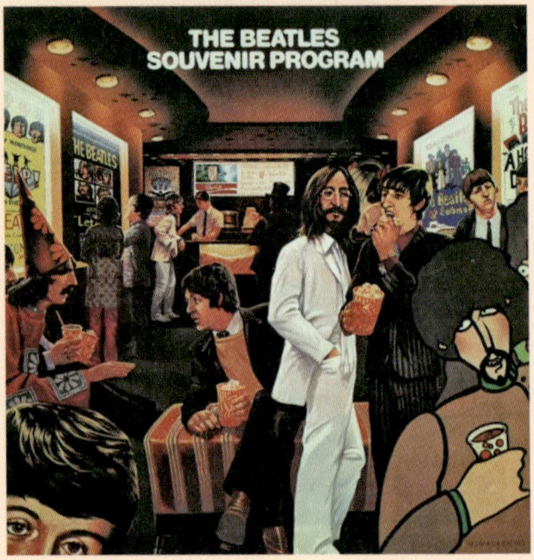

인서트 소책자

《Reel Music》 오리지널반 커버

좌. 라이선스반, 우. 오리지널반

코드를 통해 라이선스반으로 소개되었다.

오아시스레코드는 오리지널 앨범에 포함되어 있던 12페이지 분량의 소책자를 충실히 재현해 국내 팬들로부터 긍정적인 반응을 얻었다. 그러나 《Magical Mystery Tour》의 <Magical Mystery Tour>와 <I Am The Walrus>가 금지곡으로 지정되어 삭제되고, 본 앨범의 핵심 트랙 중 하나인 <I Should Have Known Better>가 수정된 믹스 버전이 아닌 기존 음원으로 대체되어 아쉬움을 남겼다.

일각에서는 캐피톨 본사로부터 정식 마스터 테이프를 제공받지 못한 상황에서 오아시스레코드가 자체 보유 음원을 재활용하는 과정에서 생긴 제작상의 오류일 가능성도 제기되었다.

앨범 《Magical Mystery Tour》 수록곡들이 금지곡으로 빠지며, 라이선스 커버 앞면에는 원래 들어가야 할 영화 제목 'Magical Mystery Tour'는 'Can't Buy Me Love'로 슬그머니 교체되었다. 매번 볼 때마다 느끼는 것이지만, 포토샵도 울고 갈 수준의 오아시스레코드사의 덧칠 솜씨는 실로 예술의 경지다.

제2부

라이선스 LP의 특별함

RESERVED
HOLLYWOOD BOWL
2301 N. Highland Ave.
HOLLYWOOD
CALIFORNIA
AUG.
23
THE BEATLES
SAT. EVE. AUG. 23, 8:00 P.M.
1964
PRICE $4.00
NO REFUNDS — NO EXCHANGES
HOLLYWOOD BOWL
2301 N. Highland Ave.
HOLLYWOOD
CALIFORNIA
SAT. EVE. AUG. 29, 8:00 P.M.
AUG.
29
BOX
KRLA and BOB EUBANKS Presents

The Platters : The Great Pretender

1971년 2월 5일　|　성음제작소　|　134 534 MFY

Side A

1. The Great Pretender
2. Only You (And You Alone)
3. It's Magic
5. Ebb Tide
6. Summertime
7. Once In A While

Side B

1. My Prayer (Avant De Mourir)
2. Remember When
3. Thanks For The Memory
4. You'll Never Know
5. Sleepy Lagoon
6. September Song

1960년대 말까지 대한민국은 말 그대로 불법 음반의 천국이었다. 1970년 12월, 해적판 제작과 판매를 금지하는 '음반법' 개정안이 국회를 통과하고, 이듬해 공포(1월 22일), 시행(2월 22일)되면서, 국내 음반 시장은 불법 복제 중심에서 라이선스 음반 시대로 전환되는 중요한 계기를 맞게 되었다. 이에 따라 일부 음반사들은 해외 메이저 레이블과의 계약을 통해 합법적인 음반 제작 및 유통 체계를 갖춰나가기 시작했다.

그 가운데 가장 발 빠르게 움직인 곳은 성음이었다. 성음은 이미 데카, 필립스와 라이선스 계약 및 기술협약을 진행하여 마침내 1971년 2월 5일, 국내 최초의 라이선스 1호 LP인 플래터스(The Platters)의 음반을 정식 발매했다.

1952년 미국에서 결성된 플래터스는 <The Great Pretender>, <Only You>, <Smoke Gets In Your Eyes> 등의 히트곡으로 1950년대 황금기를 누렸던 팀이다.

여러 차례 내한 공연을 통해 한국 팬들에게도 매우 친숙한 존재였으며, 특히 1970년 세 번째 방한 공연 직후였던 시점이었기에 그 여운이 채 가시지 않은 상태였다. 성음의 첫 라이선스 음반 목록에 이들의 이름이 오른 것은 어쩌면 자연스러운 선택이었는지도 모른다.

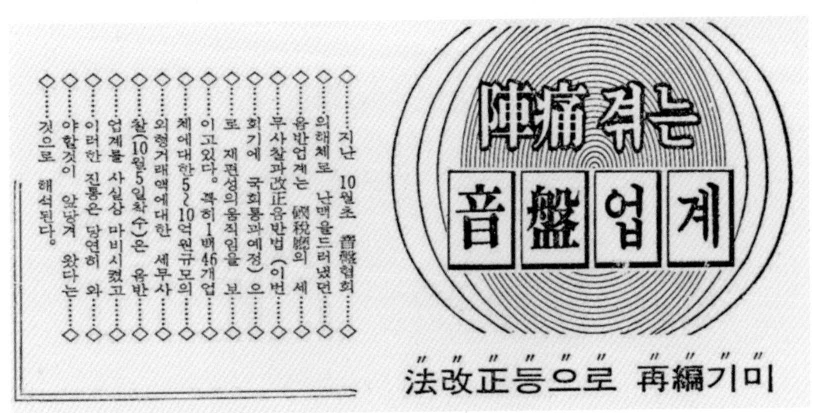

경향신문 1970년 11월 14일자 6면 기사

The Platters 공연 정보

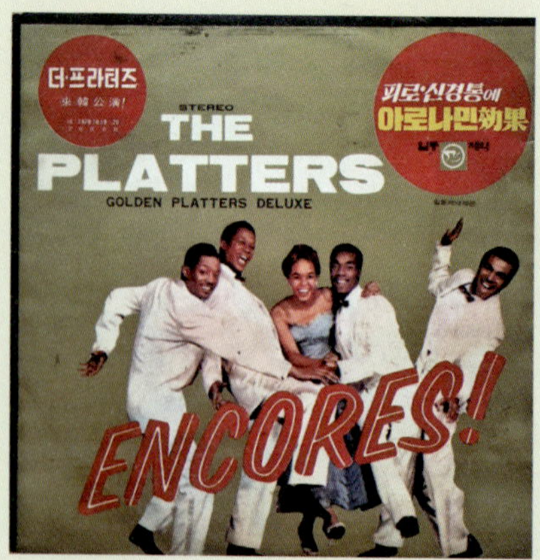

The Platters 《Encores!》

1979년 8월 17일 발매반 레이블

1970년 내한공연을 기념하여 지구레코드에서 발매된 앨범으로 저작권자의 허락 없이 제작된 불법음반이다.

일동제약의 후원으로 제작된 음반으로 보이며, 커버 왼쪽 상단에는 플래터스 공연 일자와 장소가 표기되어 있다.

전축이 부의 상징이던 시절, 값비싼 해외 오리지널 음반은 대중들에게 감히 손댈 수 없는 고급 사치품이었다. 당시로서는 음질은 열악하지만 복사반이 유일한 대안이었고, 이런 현실 속에서 합리적인 가격에 뛰어난 사운드를 제공한 라이선스반은 대중에게 환영받는 새로운 선택지로 급부상했다.

성음이 발매한 플래터스의 음반은 1968년 네덜란드에서 제작된 오리지널 스탬퍼를 기반으로 제작되었는데, 매트릭스 넘버 (AA 134 544 1Y 2 670 / AA 134 544 2Y 2 670)가 이를 입증해준다. 잡음 하나 없는 매끈한 사운드는 기존 복사반과는 비교할 수 없는 품질을 자랑했고, 이 음반은 1971년 2월 5일 초판 발매 이후 같은 해 6월 4일과 8월 17일에 잇따라 재발매될 만큼 꾸준한 인기를 이어갔다. (재반 카탈로그 넘버는 SEL-RP 001로 변경)

한편, 1980년대 이후 발매된 일부 음반에는 '1971년 1월 5일 제작'이라는 표기가 확인되는데, 이는 실제 발매일보다 한 달가량 이른 날짜로, 제작사 측의 단순 표기 오류로 추정된다. 또한 1979년 8월 17일 발매분부터는 카탈로그 넘버가 SEL 100 001로 변경되며, 이후 판형을 식별하는 또 하나의 기준으로 작용하게 되었다.

정경화 : Sibelius / Tchaikovsky Violin Concertos

1971년 4월 5일　|　성음제작소　|　SXL-6493

Side A

Sibelius Violin Concerto In D Minor, Op. 47
1. Allegro Moderato
2. Adagio Di Molto
3. Allegro, Ma Non Tanto

Side B

Tchaikovsky Violin Concerto In D Major, Op. 35
1. Allegro Moderato
2. Canzonetta (Andante)
3. Finale: Allegro Vivacissimo

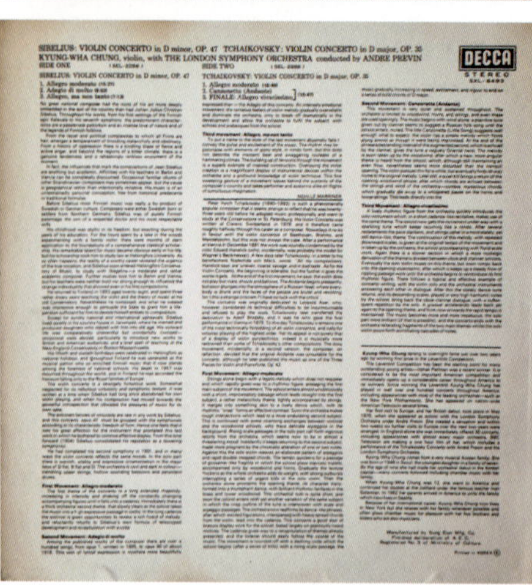

대한민국의 자랑스러운 바이올린 여제, 정경화의 첫 메이저 데뷔 음반이자 차이콥스키 바이올린 협주곡의 명연 중 하나로 손꼽히는 작품이다.

정경화가 국제무대에서 처음 주목받기 시작한 것은 1967년 뉴욕에서 열린 에드가 리번트릿(Edgar Leventritt) 콩쿠르에서 핀커스 주커만(Pinchas Zukerman)과 공동 우승을 차지하면서부터였다. 그러나 이후 몇 년간 뚜렷한 활동이 없던 그녀에게 1970년, 런던 로열 페스티벌 홀 무대에 오르는 뜻밖의 기회가 찾아왔다. 원래 이 무대는 유대계 미국인 바이올리니스트 이차크 펄먼(Itzhak Perlman)을 위한 것이었으나, 투어 중 아내의 임신으로 공연을 취소하게 되면서 그 자리를 정경화가 대신하게 된 것이다. 당시 지휘는 앙드레 프레빈(André Previn), 오케스트라는 런던 심포니가 맡았다.

그러나 동양에서 온 젊은 여성 연주자에 대한 단원들의 경계는 만만치 않았다. 첫 리허설에서는 예정에 없던 멘델스존(Mendelssohn) 협주곡을 연주하며 그녀를 시험하려 했고, 이에 정경화는 당황하지 않고 완벽한 연주로 응수해 단원들의 불신을 단숨에 잠재웠다.

1970년 5월 13일, 런던 로열 페스티벌 홀에서 열린 협연 무대에서 정경화는 흠잡을 데 없는 완벽한 연주를 선보이며 비평가들의 찬사와 언론의 집중 조명을 동시에 받았다. 이 공연을 계기로 그녀는 전 세계 클래식 음악계의 주목을 받는 신예 바이올리니스트로 급부상했다.

이후 정경화는 세계적인 클래식 음반사 데카와 전속 계약을 맺고, 시벨리우스 바이올린 협주곡과 로열 페스티벌 홀에서 연주한 차이콥스키 협주곡을 함께 녹음했다. 이는 아시아 출신 연주자 최초로 데카와 체결한 계약으로, 서양 클래식 음악계에 의미 있는 이정표를 남긴 역사적 사건이었다.

이 녹음은 1970년 첫 공식 발매되어 영국을 비롯한 유럽 전역에서 큰 호평을 받았고, 이듬해인 1971년 4월 5일, 대한민국 최초의 클래식 라이선스 음반으로

경향신문 1970년 11월 25일자 기사

재반 커버

일본 라이선스반 커버

Campoli 《Tchaikovsky Violin Concerto 》 신세기레코드 발매반

국내에 출시되었다.

1971년 4월 5일에 발매된 초반에는 오리지널 데카(Decca)의 카탈로그 넘버(SXL 6493)만 부여되었다. 재반(1971년 4월 16일 발매)부터 성음 고유의 카탈로그 넘버(SEL-0001)가 커버와 레이블에 표기된다.

초반은 일본 라이선스반, 이른바 '민소매 버전'으로 알려진 표지를 그대로 사용했으며, 이후 재반부터는 우리가 익히 알고 있는 영국 오리지널 음반의 커버 이미지로 교체된다. 특히 이 민소매 버전 초반은 현재 음반 수집가들 사이에서 희귀 음반으로 통한다.

사실 그보다 앞서 1968년에도 신세기레코드(은성상사 기획)를 통해 데카 레이블의 클래식 음반들이 국내에 소개된 바 있었다. 1970년 '음반법' 개정 이전, 즉 '복사 승인서' 발급이 의무화되기 전의 일로 제도적 뒷받침이 미비한 상황이었다. 이 부분은 지금껏 알려진 일부 언론 보도와 차이를 보이는데, 1970년 7월 18일자 동아일보 기사에 따르면 "현재 지구레코드는 독일 도이치 그라모폰과, 신세기레코드는 네덜란드 필립스와 각각 금속 원반 수입을 추진 중"이라고 전하고 있다. 이는 정식 계약과 유통 질서가 점차 자리를 잡아가던 과도기의 풍경을 잘 보여주는 기록이다.

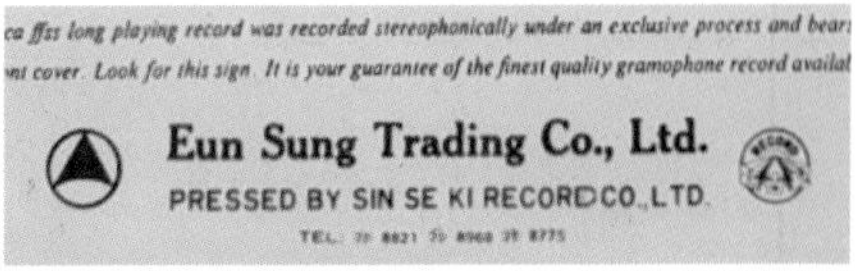

따라서 1968년의 데카 음반 발매는 정식 라이선스에 따른 유통이라기보다는 시장의 흐름을 내다본 기획성 발매로 보는 것이

신세기레코드 제조사 표기

합리적일 것이다. 결국, 그것을 정식 라이선스 음반으로 단정할 수 있을지에 대해서는 여전히 명확한 결론을 내리기 어렵다.

The Who : It's Hard

1982년 11월 15일 | 성음 | SEL-R·G 602

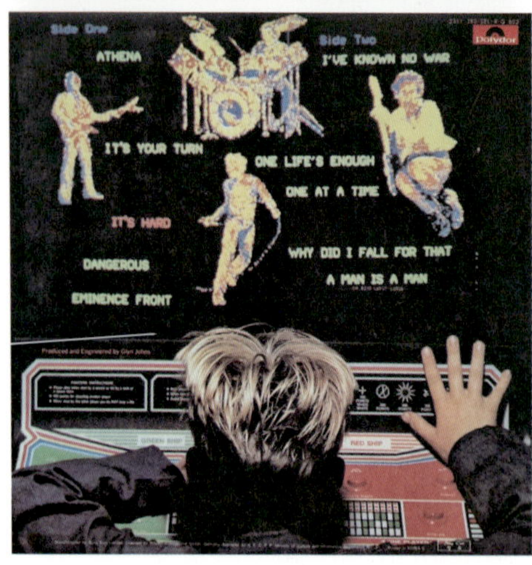

Side A

1. Athena
2. It's Your Turn
3. It's Hard
4. Dangerous
5. Eminence Front

Side B

1. I've Known No War
2. One Life's Enough
3. One At A Time
4. Why Did I Fall For That
5. A Man Is A Man
6. ~~Cry If You Want~~

　　팝 음악의 황금기로 불렸던 1980년대, 성음은 라이선스 LP 제작의 선두주자로 자리 잡으며 국내 음악팬들에게 폭넓은 선택지를 제공했다. 특히 1990년대 초반까지 운영된 회원제 서비스 '디스크 패밀리 클럽(Disk Family Club)'은 팝송과 클래식 음악의 저변 확대에 크게 기여한 대표적 사례로 꼽힌다.

　　클럽 회원들에게는 다양한 혜택이 제공되었다. 성음에서 발간하는 음반 발매 안내서와 계간잡지 《레코드음악》을 무료로 받아볼 수 있었고, 주문한 음반을 집으로 직접 배송받는 편리한 서비스도 운영되었다. 무엇보다 주목할 만한 것은 커스텀 제작 서비스였다. 회원 가입 시 등록한 자필 서명이 주문 음반 커버에 '금박'으로 인쇄되어 배송되는 방식으로, 당시 기준으로는 매우 이례적이면서도 감동적인 혜택이었다.

　　좋아하는 아티스트의 앨범에 자신의 이름이 새겨진다는 것은 팬들에게 단순한 소장 그 이상의 의미였을 것이다. 또한, 일정 수량 이상의 음반을 구매한 회원에게는 매년 연말 '골든 디스크 액자'와 특별 사은품이 제공되었다.

레코드음악 1992년 여름호 표지

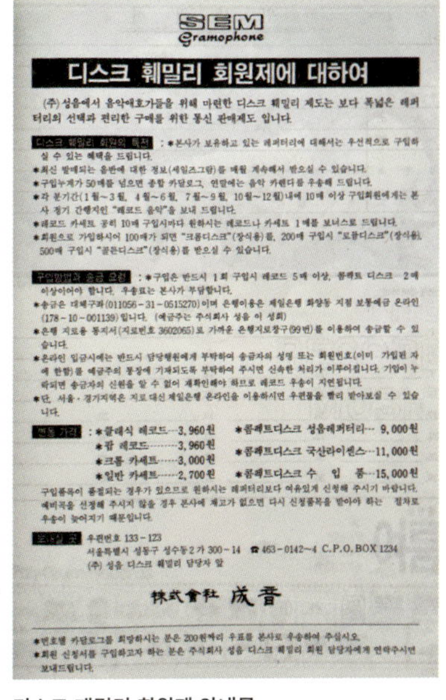

디스크 패밀리 회원제 안내문

비닐 커버에 새겨진 'For Disk Family Club Only' 문구   금박 서명

앨범에 새겨진 금박 서명의 사례

The Allman Brothers 앨범 커버

금박 서명

Rick Wakeman 앨범 커버

금박 서명

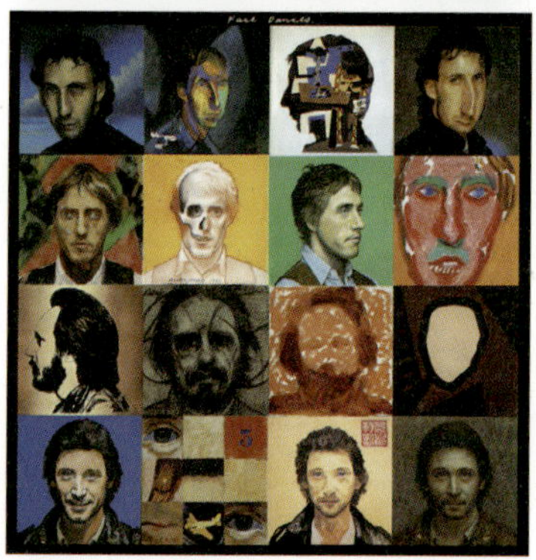

위로부터 《Tommy》, 《Who's Next》, 《It's Hard》

비록 필자의 이름으로 제작된 음반은 아니지만, 당시 디스크 패밀리 클럽 회원 전용으로 발매된 더 후(The Who)의 앨범 《It's Hard》를 소개하고자 한다. 왼쪽 페이지 사진을 통해 확인할 수 있듯, 음반 비닐 커버에는 'For Disk Family Club Only'라는 문구가 인쇄되어 있으며, 커버 우측 하단에는 실제 회원의 이름이 금박으로 새겨져 있어, 이 음반이 어떤 특별한 제작 배경과 정서적 의미를 지니는지를 짐작하게 한다.

1964년 데뷔한 더 후는 강렬한 라이브 퍼포먼스와 실험적인 음악 스타일로 주목받으며, 하드 록과 펑크 록 부흥에 영향을 끼쳤다. 1960년대 영국 청춘들의 패션과 정서를 뒤흔든 '모드(Mod) 음악'의 아이콘으로 떠오른 이들은 젊은 세대의 반항적 정서를 대변하는 곡들을 통해 대중문화 전반에 강한 반향을 일으켰다. 특히 네 번째 정규 앨범 《Tommy》(1969)는 대중적으로 성공한 최초의 '록 오페라(Rock Opera)'로 평가되며, 록 음악의 서사성과 예술적 가능성을 확장한 기념비적인 작품으로 남아 있다.

하지만 대중음악사에 끼친 영향력에도 불구하고, 국내에서 더 후의 인지도는 상대적으로 매우 낮은 편이다. 1970-80년대 라이선스로 발매된 음반은 《Tommy》, 《Who's Next》, 《Face Dances》, 《It's Hard》 등 네 장에 불과하다. 라이선스반들은 대체로 대중성을 고려한 레퍼토리에 집중되었는데, 그중에서 《It's Hard》는 1978년 드러머 키스 문(Keith Moon)의 사망 이후 케니 존스(Kenny Jones)가 새롭게 합류해 만든 두 번째 앨범으로 실험적인 요소보다는 대중적 접근에 방점을 둔 작품으로 평가받는다.

이 앨범은 '허세로 가득한 음악'이나 '어수선한 편곡' 등 부정적인 평가를 받기도 했지만, 1980년대의 상업적 경향을 수용하면서도 더 후 특유의 음악적 색채를 일관되게 유지했다는 점에서 긍정적인 재평가도 존재한다.

더 후의 음악에 익숙한 팬이라면, 전성기 시절의 찬란한 에너지를 이 앨범에서도 여전히 감지할 수 있을 것이다. 신시사이저 혁신의 상징이 된 명반 《Who's Next》의 <Baba O'Riley>, <Won't Get Fooled Again>에서 보여준 실험적 접근은 《It's Hard》의 <Dangerous>, <Eminence Front>, <Cry If You Want>에서도 온전하게 계승되고 있다.

B면 마지막 곡 〈Cry If You Want〉는 'You Can't Imagine. How I Hate This Place. It's A Prison With A Golden Face.'라는 체제 비판적 뉘앙스의 가사가 문제가 되어 라이선스반에서 삭제되었다.

or
No. 3 Sung Eum Ltd.
180
STEREO
33
1
G 602
URHEBER- UND LEISTUNGSSCHUTZRECHTE BESONDERS VERVIELFÄLTIG

Pink Floyd : The Dark Side Of The Moon

1979년 11월 20일 | 오아시스레코드 | OLE-288

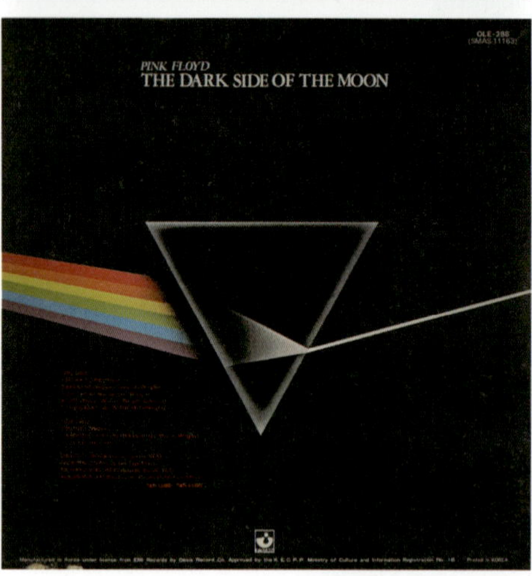

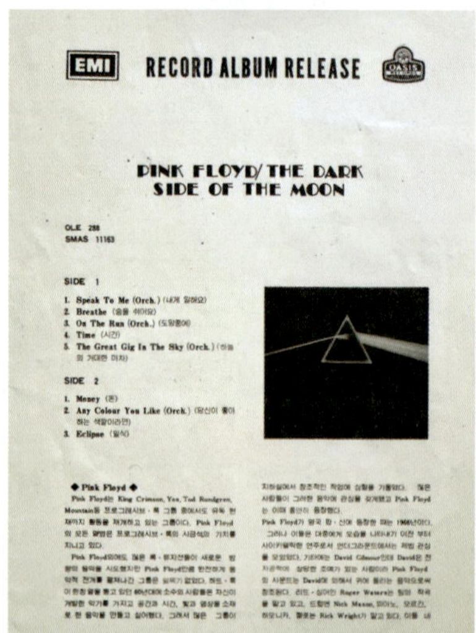

RECORD ALBUM RELEASE

PINK FLOYD/ THE DARK
SIDE OF THE MOON

OLE 288
SMAS 11163

SIDE 1

1. Speak To Me (Orch.) (내게 말해요)
2. Breathe (숨을 쉬어요)
3. On The Run (Orch.) (도망중에)
4. Time (시간)
5. The Great Gig In The Sky (Orch.) (하늘의 거대한 미차)

SIDE 2

1. Money (돈)
2. Any Colour You Like (Orch.) (당신이 좋아하는 색깔이라면)
3. Eclipse (일식)

◆ Pink Floyd ◆

Pink Floyd는 King Crimson, Yes, Tod Rundgren, Mountain등 프로그레시브·록 그룹 중에서도 유독 현재까지 활동을 지계하고 있는 그룹이다. Pink Floyd의 모든 앨범은 프로그레시브·록의 시금석의 가치를 지니고 있다.

Pink Floyd외에도, 젊은 색·뮤지션들이 새로운 형태의 음악을 시도했지만 Pink Floyd만큼 완전하게 음악적 전개를 펼쳐나간 그룹은 드물기 힘었다. 하드·록이 한창 활동을 놓고 있던 60년대의 소수의 사람들은 자신이 개발한 악기를 가지고 공간과 시간, 빛과 영상을 소재로 한 한 음악을 만들고 싶어했다. 그래서 많은 그룹이 지하실에서 창조적인 작업에 심혈을 기울였다. 젊은 사람들이 그러한 음악에 관심을 일게됐고 Pink Floyd는 이때 중심이 동장했다.

Pink Floyd가 영국 팝·신에 동장한 때는 1966년이다. 그러나 이들은 대중에게 모습을 나타내기 이전 부터 사이키델릭한 연주로서 언더그라운드에서는 커밥 관심을 모았었다. 기타리스트는 David Gilmour인데 David은 전자음악에 심멸한 조예가 있는 사람이라 Pink Floyd의 사운드는 David에 의해서 커어 울리는 음악으로써 탄생됐다. 리드·싱어인 Roger Waters는 팀의 학석을 말고 있고, 드립맨 Nick Mason, 피아노, 오르간, 하모니카, 멜로트론 Rick Wright가 맡고 있다. 이들 네

<table>
<tr><td>

Side A

1. Speak To Me
2. Breathe
3. On The Run
4. Time
5. The Great Gig In The Sky

</td><td>

Side B

1. Money
2. ~~Us And Them~~
3. Any Colour You Like
4. ~~Brain Damage~~
5. Eclipse

</td></tr>
</table>

수십 년간 문명과 단절된 오지에서 은둔하지 않는 이상, 음악팬으로서 핑크 플로이드(Pink Floyd)의 명반 《The Dark Side Of The Moon》을 모르는 이는 없을 것이다. 그만큼 이 앨범이 대중음악사에 남긴 흔적과 파급력은 실로 대단했다.

1973년 발매된 《The Dark Side Of The Moon》은 무려 741주, 약 14년 동안 빌보드 앨범 차트에 연속으로 이름을 올리며 전무후무한 기록을 세웠다. 전 세계 판매량은 4,500만 장을 넘어섰고, 이는 대중음악의 판도를 근본적으로 뒤흔든 사건이었다. 이 작품은 핑크 플로이드에게 처음으로 빌보드 앨범 차트 1위라는 영예를 안겨주었을 뿐 아니라, 동시에 모든 멤버에게 막대한 금전적 보상도 안겨주었다.

특히 이 앨범은 당대의 기술적 한계를 넘어선 녹음과 편집 기법, 그리고 청각적 상상력을 자극하는 음향 디자인으로 주목받았다. 심장 박동 소리, 웃음, 기계음, 비명 등 다양한 효과음이 절묘하게 혼합되며 시작부터 끝까지 '삶, 죽음, 광기'를 주제로 모든 트랙이 유기적으로 연결된 전형적인 콘셉트 앨범이었다.

핑크 플로이드는 동시대의 라이벌 밴드인 예스(Yes)나 ELP(Emerson, Lake & Palmer)처럼 개별 멤버의 기교를 전면에 내세우진 않았지만, '앨범'이라는 포맷 안에 독창적인 음악적 비전을 집약해내는 능력에서는 단연 으뜸이었다.

데이비드 길모어(David Gilmour. 기타), 로저 워터스(Roger Waters. 베이스), 리처드 라이트(Richard Wright. 키보드), 닉 메이슨(Nick Mason. 드럼) 네 멤버의 역량이 고르게 녹아든 이 앨범은 수록곡 전반이 두루 사랑을 받았지만, 그중

1970-80년대에 걸쳐 유통되었던 다양한 종류의 《The Dark Side Of The Moon》 빽판

에서도 인생의 덧없음을 성찰한 <Time>과 자본주의 사회를 날카롭게 풍자한 <Money>의 울림은 특히 인상적이었다.

독창적인 베이스 인트로와 수려한 기타 솔로가 절묘하게 어우러진 <Money>는 빌보드 싱글 차트 13위에 오르며 상업적으로도 큰 성과를 거두었다.

이 앨범은 1979년, 오아시스레코드를 통해 국내에 소개되었다. 그러나 사전심의 과정에서 <Us And Them>과 <Brain Damage>가 금지곡으로 지정되면서, 원래 B면에 들어가야 할 다섯 곡 중 <Money>, <Any Colour You Like>, <Eclipse> 단 세 곡만 담긴 채 출시되었다.

<Us And Them>은 전쟁과 사회적 갈등, <Brain Damage>는 정신적 불안과 광기를 소재로 하고 있다는 이유에서였다. 이로 인해 앨범의 메시지와 구성의 정합성은 훼손되었고, 자연스럽게 모든 곡이 수록된 '빽판'에 대한 관심과 수요가 높아졌다.

그러나 이 과정에서 흥미로운 반전이 발견된다. 1979년부터 1980년대 초반 사이에 제작된 초기 라이선스반 중, 금지곡 두 곡이 실제로 수록된 '온전반'이 존재하고 있었던 것이다. 커버나 레이블에는 해당 곡명이 표기되지 않았지만, 실제 B면에는 <Us And Them>과 <Brain Damage> 두 곡이 그대로 수록되어 있었다. 이후 검열 당국의 개입으로 후속 버전부터는 이 두 곡이 삭제된 '누락반'이 유통되었다.

수년 전 필자가 《라이선스 LP 연대기》(2021)를 집필하는 과정에서 라이선스 LP의 '온전반'은 3장, '누락반'은 5장으로 파악되었다. 그러나 최근 추가로 두 개의 버전이 발견되면서, 관련 족보에 변동이 생겼다. 현재까지 확인된 바에 따르면, 온전반은 총 4종, 누락반은 6종으로 정리된다.

커버 재질, 이너 슬리브, 레이블의 미세한 차이는 차치하고 대략적인 흐름은 다음과 같다.

- 초반, 재반, 삼반, 사반: 1979-1980년대 초반에 제작. 금지곡 없이 발매되었으나, 커버와 레이블에는 <Us And Them>, <Brain Damage>의 표기가 의도적으로 누락됨.

- 오반, 육반, 칠반, 팔반, 구반, 십반: 1982년(추정)~1988년(추정) 사이 제작. 금지곡인 <Us And Them>과 <Brain Damage>가 실제 음반 수록에서도 삭제되고, 커버 및 레이블에서도 완전히 제거됨.

사전검열이라는 대중문화 탄압의 그늘 밑에서도 이렇듯 '예외'는 존재했다.

Cat Stevens : Teaser And The Firecat

1974년 8월 | 오아시스레코드 | OLE-049

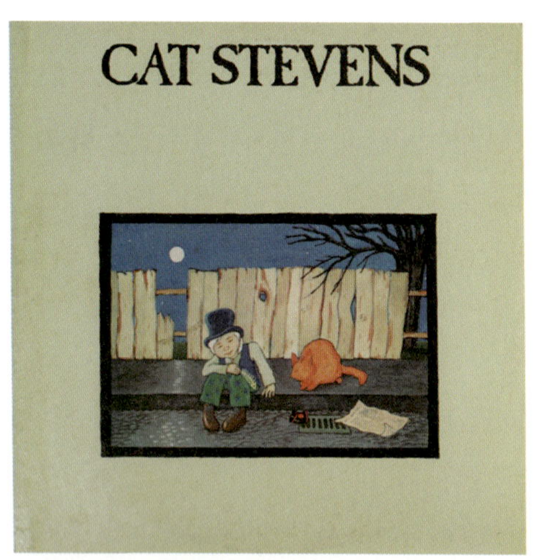

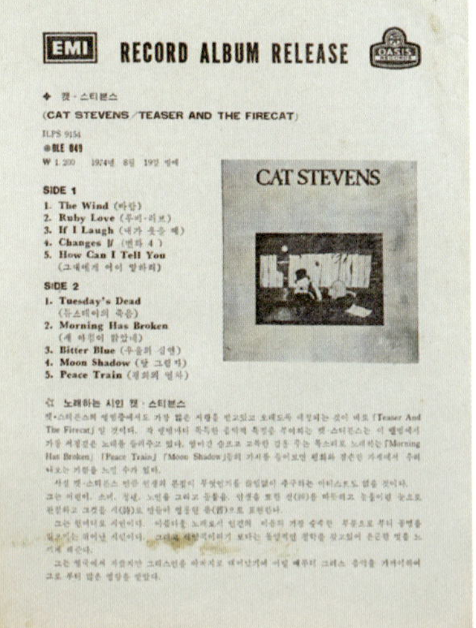

EMI RECORD ALBUM RELEASE OASIS

◆ 캣 · 스티븐스

(CAT STEVENS / TEASER AND THE FIRECAT)

ILPS 9154

● OLE 049

W 1,200   1974년 8월 19일 발매

SIDE 1
1. The Wind (바람)
2. Ruby Love (루비·러브)
3. If I Laugh (내가 웃을 때)
4. Changes IV (첸쥐 4)
5. How Can I Tell You
   (그대에게 어이 말하랴)

SIDE 2
1. Tuesday's Dead
   (튜스데이의 죽음)
2. Morning Has Broken
   (새 아침이 밝았네)
3. Bitter Blue (우울의 심연)
4. Moon Shadow (달 그림자)
5. Peace Train (평화의 열차)

♫ 노래하는 시인 캣 · 스티븐스

캣·스티븐스의 앨범중에서도 가장 많은 사랑을 받고있고 오래도록 애창되는 것이 바로 「Teaser And The Firecat」일 것이다. 각 앨범마다 독특한 음악적 특징을 부여하는 캣·스티븐스는 이 앨범에서 가장 서정짙은 노래를 들려주고 있다. 떨어간 슬프고 고독한 감동 주는 목소리로 노래하는 「Morning Has Broken」 「Peace Train」 「Moon Shadow」등의 가치를 들어보면 평화와 경손한 가치에서 주의 깨보는 기쁨을 느낄 수가 있다.

사실 캣·스티븐스 만큼 인생의 본질이 무엇인가를 허심없이 추구하는 아티스트도 없을 것이다. 그는 어린이, 소녀, 절벽, 노인을 그리고 동물을, 인생을 또한 산(山)을 바투리고 높들이낼 눈으로 관찰하고 그것을 시(詩)로 다듬어 [illegible]한 음(音)으로 표현한다.

그는 철학자요 시인이다. 아름다운 노래로서 인간의 마음의 가장 숙수한 무무으로 부터 광명을 일구키는 타고난 시인이다. 그래서 채항악이어지 보다는 동설적인 철학을 찾고있어 온근한 맛을 느끼게 해준다.

그는 혜국에서 자랐지만 그리스인을 아버지로 태어났기에 어릴 때부터 그리스 음악을 거어어이어 그로 부터 많은 영향을 받았다.

Side A

1. The Wind
2. Rubylove
3. If I Laugh
4. Changes IV
5. How Can I Tell You

Side B

1. Tuesday's Dead
2. Morning Has Broken
3. Bitterblue
4. Moonshadow
5. Peace Train

필자의 어린 시절은 음악과 깊이 맞물려 있다. 손위 형제들의 영향을 받아 국민학생 시절부터 자연스럽게 음악을 접하게 되었고, 그 시작점에는 다름 아닌 카세트테이프가 있었다. 카세트는 마치 작은 마법 상자와 같았다. 라디오에서 흘러나오는 좋아하는 곡을 녹음 버튼 하나로 간직할 수 있었고, 마음이 바뀌면 언제든 지워버릴 수도 있었다. 형의 손길을 빌려 <You Needed Me>, <More Than I Can Say> 같은 당시 최신 팝송은 물론, 세월을 거스른 올드 팝까지 조금씩 탐험해 나갔다. 그 가운데에서도 온화하고 따뜻한 정서를 머금은 캣 스티븐스(Cat Stevens)의 음악은 유난히 깊고, 각별하게 다가왔다.

영국 출신의 싱어송라이터 캣 스티븐스(이하 스티븐스)는 서정적인 감성과 철학적 사유가 어우러진 음악으로 폭넓은 사랑을 받았다. 그는 1967년 싱글 <Matthew And Son>으로 데뷔했지만, 1969년 결핵으로 인해 활동을 중단하고 긴 휴식기에 들어간다. 이 시기에 스티븐스는 종교와 존재에 대한 깊은 탐구를 통해 자신의 세계관과 인생 철학에 변화를 겪는다.

건강을 회복한 이후 그는 예술적 진정성과 상업적 요구 사이에서 갈등하게 되고, 결국 소속사인 데람(Deram)과 결별한 뒤 음악적 자유가 보장된 아일랜드 레코드(Island Records)로 이적한다. 그리고

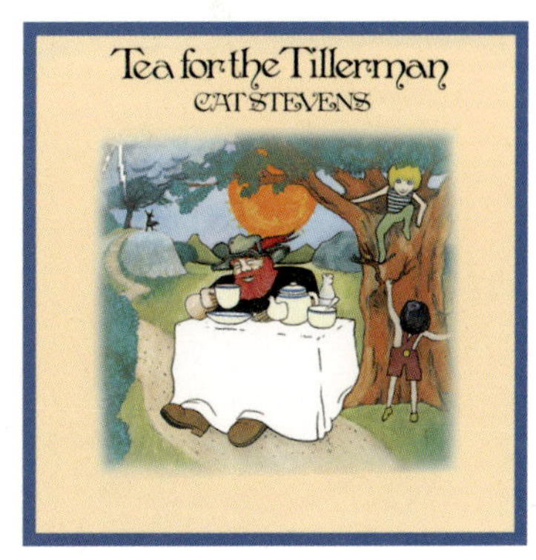

《Tea For The Tillerman》(1970)

1970년과 1971년에 각각 발표한 《Tea For The Tillerman》과 《Teaser And The Firecat》은 외면의 현실과 내면의 진실 사이에서 고뇌하던 그가 음악으로 풀어낸 자아 성찰의 과정이었다.

특히 앨범 《Teaser And The Firecat》은 명곡 <Wild World>를 수록한 전작 《Tea For The Tillerman》의 연장선으로, 스티븐스의 음악적 창의성과 감성적인 면모가 절정에 달한 걸작이다. 이 앨범의 대표곡 <Morning Has Broken>은 원래 스코틀랜드 민요 <Bunessan>의 선율에 가사를 입힌 찬송가였으나, 1971년 스티븐스의 가창 버전이 큰 사랑을 받으며 그의 대표곡이 된다. 청량한 피아노 선율이 인상적인 이 곡은 훗날 프로그레시브 록 밴드 예스에 합류하게 되는 건반 주자 릭 웨이크먼(Rick Wakeman)의 편곡과 연주로 완성되었고 발매 당시 미국 빌보드 싱글 차트 6위에 올랐다.

이 외에도 <Tuesday's Dead>, <Moonshadow>는 평화와 인류애, 신앙에 대한 메시지를 담고 있으며, 스티븐스 특유의 포근하고 따뜻한 음성은 많은 이들의 마음을 어루만졌다. 그는 1977년 이슬람교로 개종하고, 이듬해부터 '유수프 이슬람(Yusuf Islam)'이라는 새 이름으로 활동하며 음악과 삶의 전반에 변화를 맞이했다.

이 앨범은 1974년 오아시스레코드사를 통해 국내에 처음으로 라이선스 발매되었으며, 2년의 간격을 두고 재반이 출시되었다. 초반은 영국 오리지널과 마찬가지로

《Teaser And The Firecat》 라이선스 재반 레이블

아일랜드 레이블을 사용해 원작의 정체성을 비교적 충실히 따랐으나, 재반에서는 다소 뜻밖의 변화가 있었다.

바로 아티스트의 원 소속사와 무관한 미국 캐피톨 레이블이 부착되어 있던 것. 마치 제품에 엉뚱한 제조사 로고가 찍힌 것과 같은 경우로, 라이선스 사업 초기 단계의 시스템적 미숙함을 드러내는 단적인 사례라 할 수 있다.

Rory Block : Gypsie Boy

1991년 6월 19일 | 성음 | SEL-RT 0015

Side A

1. Send The Man Back Home
2. Gypsie Boy (CD-Single Version)
3. Lovin' Fool
4. The Golden Vanity
5. All As One
6. Goin' Back To The Country

Side B

1. Swing Low
2. Catastrophe Rag
3. Lovin' Whiskey
4. Tomorrow
5. Heavenly Bird
6. Gypsie Boy

때로는 본국에서조차 큰 주목을 받지 못했던 해외 아티스트의 음악이 뜻밖에도 낯선 땅 한국에서 사랑을 받는 경우가 있다. 현지에서 별다른 반향을 일으키지 못했거나 영향력이 미미했던 곡이 한국 대중의 정서와 맞아떨어지며 예상치 못한 인기를 끌어낸 것이다.

그 이면에는 숨은 수요를 간파한 음반 관계자들의 감각, 이를 내수 시장에 맞춰 정교하게 기획한 제작사의 안목, 그리고 방송국 관계자들의 탁월한 선곡이 유기적으로 맞물려 있었다.

그 과정에서 오리지널 음반과는 조금 다른 맥락으로 편집·소비된 '한국 내수용 편집반'들이 존재했다.

그리고 세월이 흐른 지금, 그 시절 그렇게 탄생한 몇몇 음반들은 저마다의 독특한 사연과 제작 배경으로 인해 수집가들 사이에서 다시금 회자되고 있는데, 이 흥미로운 이야기의 주인공 가운데 한 사람이 바로 로리 블록(Rory Block)이다.

로리 블록은 블루스 기타리스트이자 컨트리 싱어로, 전통 델타 블루스[2]를 현대적으로 계승한 몇 안 되는 여성 아티스트 중 한 명이었다. 어린 시절부터 선 하우스(Son House), 미시시피 존 허트(Mississippi John Hurt), 레버런드 게리 데이비스(Reverend Gary Davis) 등 전설적인 거장들과 직접 교류하며 고전 블루스의 정수를 몸으로 익혔고, 이를 바탕으로 자신만의 음악 세계를 차근히 구축해왔다.

'어쿠스틱 블루스의 여왕'이라는 찬사를 받아온 그녀는 블루스 뮤직 어워드

---

2   미국 남부 미시시피 델타 지역에서 20세기 초에 형성된 블루스 음악의 한 갈래로, 주로 기타와 하모니카를 사용한 단출한 사운드를 지향했다.

7회 수상, 2016년 뉴욕 블루스 명예의 전당 헌액 등 화려한 이력을 자랑하며 늘 진솔하고 담백한 음악으로 대중과 꾸준히 소통해왔다.

여기서 소개하는 음반은 한국에서 유일하게 발매된 로리 블록의 라이선스 반으로, 수록곡 대부분은 컴필레이션 앨범 《Best Blues And Originals》(1987)에서 발췌되었고, 앨범 커버는 1990년 남아프리카공화국에서 발매된 미니 앨범 《Tomorrow》의 표지를 차용해 제작되었다.

앨범의 수록곡들을 살펴보면 당시 국내 음악 팬들의 정서와 취향을 세심하게 반영하려는 기획 의도가 느껴진다.

<Gypsie Boy>는 1986년 발표된 앨범 《I've Got A Rock In My Sock!》의 수록곡으로 포크 감성이 짙게 밴 대중적인 멜로디가 한국인의 정서와 절묘하게 어우러지며 1990년대 초반 FM 라디오에서 리퀘스트곡으로 소소한 인기를 누렸다. 특히 스티비 원더(Stevie Wonder)의 하모니카 연주는 로리 블록의 소박하고 진솔한 보컬과 어우러져 곡의 감성적 깊이를 한층 더해준다. <Send The Men Back Home>은 절제된 보컬과 가스펠풍의 코러스가 어우러지며, 제니퍼 원스(Jennifer Warnes)를 연상케 하는 따뜻하고 포근한 분위기를 자아낸다.

《Best Blues And Originals》(1987)

《Tomorrow》(1990)

[출처: Riff Journal]

<Swing Low>는 19세기 후반 미국에서 널리 불렸던 흑인 영가를 로리 블록 특유의 내면적 감성으로 재해석한 곡으로 담백한 피아노 반주 위에 얹힌 그녀의 목소리는 차분하면서도 깊은 여운을 남긴다.

1991년 성음에서 발매된 이 앨범은 당시 주류 사운드와는 다른 색조를 지니고 있어 다소 투박한 느낌을 준다. 하지만 세월의 흔적이 배인 카세트테이프 같은 질감과 그 안에 담긴 소박한 울림은 지금도 그 시절의 공기와 감성을 고스란히 전한다.

Eric Clapton : Eric Clapton's Music Life

1991년 11월 11일 | 성음 | SEL-RG 2090

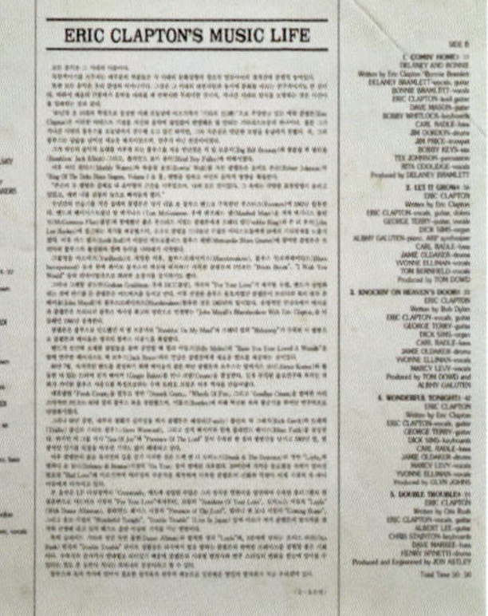

Side A

1. For Your Love – The Yardbirds
2. Ramblin' On My Mind – John Mayall & The Bluesbreakers
3. Sunshine Of Your Love – Cream
4. White Room – Cream
5. Presence Of The Lord – Blind Faith
6. Layla – Derek & The Dominos

Side B

1. Comin' Home – Delaney & Bonnie & Friends
2. Let It Grow – Eric Clapton
3. Knockin' On Heaven's Door – Eric Clapton
4. Wonderful Tonight – Eric Clapton
5. Double Trouble – Eric Clapton

'기타의 신', '슬로우 핸드', '1대 기타리스트' 등 에릭 클랩튼을 수식하는 표현은 셀 수 없이 많지만, 그중에서도 '1대 기타리스트'라는 칭호는 그에게 가장 영예로운 훈장이라 할 수 있다.

에릭 클랩튼, 제프 벡(Jeff Beck), 지미 페이지(Jimmy Page) 이 세 인물이 '3대 기타리스트'로 불린다는 사실은 많은 음악 팬들에게는 이미 익숙한 이야기다.

그렇다면 이 '3대 기타리스트'라는 명칭은 과연 언제, 누구에 의해 탄생한 것일까?

이는 1970년대 초중반, 일본의 메이저 음반사 워너-파이오니아(Warner-Pioneer)가 자사 음반의 판매를 촉진하기 위해 만든 마케팅 용어에서 비롯되었다. 세 명의 기타리스트 모두 전설적인 밴드 야드버즈(The Yardbirds) 출신인 데다, 당시 일본 내에서 폭넓은 인기를 누리고 있었다는 점이 결정적인 배경으로 작용했다.

나아가 1975년에는 《3대 기타리스트 탐구(三大ギタリストの探究)》라는 단행본이 출간되면서 이 표현은 일본 음악계의 고유 용어로 통용되었고, 이후 한국으로 전해져 오늘날까지도 널리 사용되고 있다.

3대 기타리스트 탐구(三大ギタリストの探究) 표지

이러한 사실을 차치하더라도 에릭 클랩튼(이하 클랩튼)이 역사상 가장 영향력 있는 기타리스트 중 한 명이라는 점에는 이견의 여지가 없다. 그는 로큰롤 명예의 전당(Rock And Roll Hall Of Fame)에 무려 세 차례나 이름을 올린 유일한 인물로, 솔로 아티스트로서뿐 아니라 야드버즈, 크림(Cream)의 일원으로도 각각 헌액되며 그 음악적 위상을 입증해 보였다.

클랩튼은 1963년 야드버즈에 합류하며 본격적인 프로 뮤지션의 길에 들어섰고 이어 존 메이올 앤 더 블루스 브레이커스(John Mayall & The Bluesbreakers)에서 활동하며 블루스 기타리스트로서의 정체성을 뚜렷이 다져 나갔다. 이후 블루스 브레이커스를 떠난 그는 드러머 진저 베이커(Ginger Baker), 베이시스트 잭 브루스(Jack Bruce)와 함께 크림을 결성해 블루스를 기반으로 한 즉흥 연주와 당시 유행하던 사이키델릭 록을 접목시킨 실험적인 음악을 선보였다.

크림 해체 이후에도 그의 음악 여정은 멈추지 않았다. 블라인드 페이스(Blind Faith), 델라니 앤 보니 앤 프렌즈(Delaney & Bonnie & Friends) 그리고 데릭 앤 더 도미노스(Derek & The Dominos)를 거쳐 마침내 클랩튼은 솔로 아티스트로서도 자신만의 음악 세계를 확립해갔다.

1980년대 말, EMI/계몽사 외에도 워너뮤직코리아, CBS, BMG 등 여러 공동 투자형 직배회사가 국내 시장에 잇따라 진출하면서 주식회사 성음은 오랜 라이선스 파트너였던 폴리그램과 손잡고 6:4의 지분 구조로 합작회사 '한국 폴리그

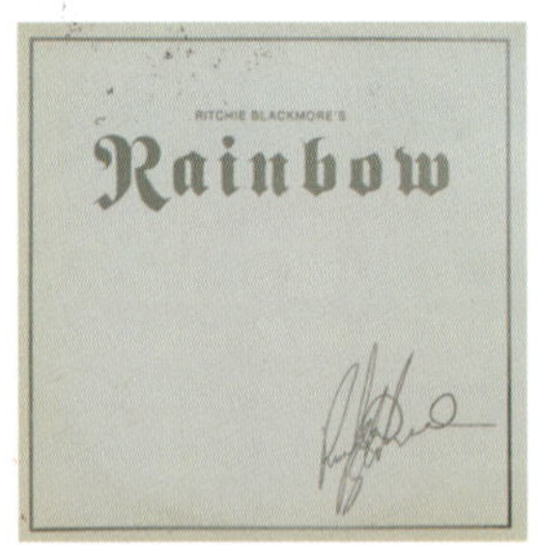

Rainbow 《The Very Best Of Rainbow》(1991)

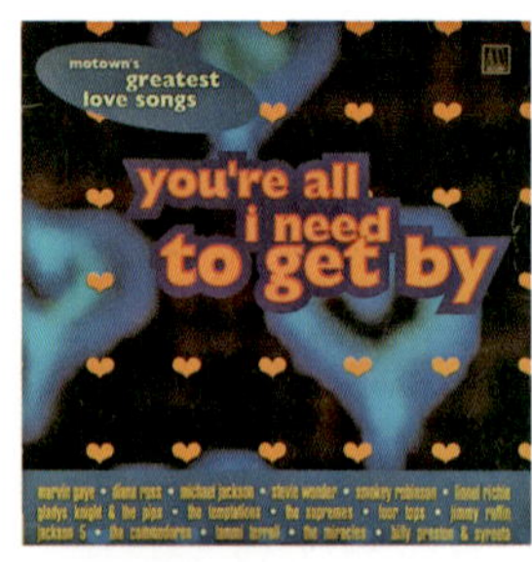

《Motown's Greatest Love Songs》(1992)

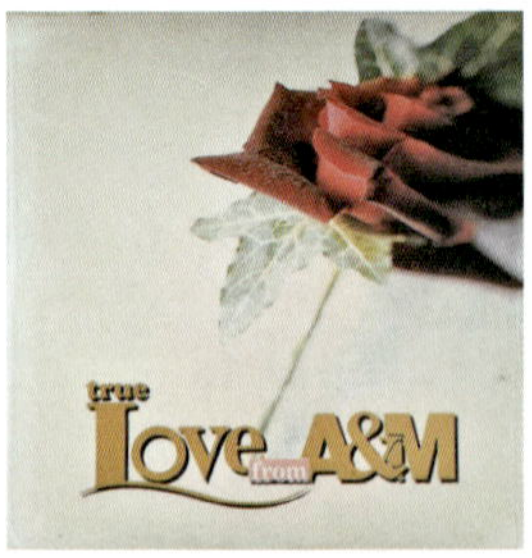

《True Love From A&M》(1992)

램'을 설립했다.

비록 간판은 바뀌었지만 성음이 구축해온 기존의 스타일과 정체성은 그대로 유지되었고 이를 바탕으로 보다 적극적이고 전략적인 음반 기획·유통이 가능해졌다. 스테디셀러 음반들의 재발매는 물론, 국내 시장을 겨냥한 독자적 기획 앨범도 활발히 선보였다. 예컨대, 해외에서는 CD 포맷으로만 출시된 음반을 국내에서 LP로 제작하거나 전집 형태로 발매된 박스 세트를 단일 LP로 간소화해 출시하는 등 소비자 친화적이고 창의적인 기획이 이루어졌다.

이 음반은 1992년에 발매된 CD 박스세트 《Crossroads》의 수록곡을 LP 한 장 분량으로 압축해 구성한 편집 앨범으로 라이선스 기획 단계에서 《Eric Clapton's Music Life》라는 타이틀이 부여되었다.

앨범에는 <Wonderful Tonight>, <Let It Grow>, <Layla> 등 클랩튼의 대표곡들이 고르게 수록되어 있으며, 특히 블라인드 페이스 이후 잠시 몸담았던 델라니 앤 보니 앤 프렌즈의 <Comin' Home>이 포함된 점이 눈에 띈다.

《Crossroads》 CD 박스세트

델라니 앤 보니 시절은 블라인드 페이스와 데릭 앤 더 도미노스 사이에 놓인 짧은 시기로 상대적으로 조명을 받지 못했지만, 이 앨범을 통해 클랩튼 음악 세계의 또 하나의 중요한 퍼즐 조각이 뒤늦게 모습을 드러낸 셈이다.

The Cranberries : Everybody Else Is Doing It, So Why Can't We?

1993년 4월 15일　/　폴리그램　/　RI 3463

Side A	Side B
1. I Still Do	1. Linger
2. Dreams	2. Wanted
3. Sunday	3. Still Can't...
4. Pretty	4. I Will Always
5. Waltzing Back	5. How
6. Not Sorry	6. Put Me Down

아일랜드 출신의 록 밴드 크랜베리스(The Cranberries)는 1990년대 록 음악 시장에서 유독 이질적인 온도를 지닌 존재였다. 그런지 록(Grunge Rock)이 대세를 이루던 당시, 수많은 밴드들이 거칠고 공격적인 사운드로 자신들의 정체성을 드러내는 데 주력했지만 크랜베리스가 걸었던 길은 그들과는 분명히 다른 궤적이었다.

그 중심에는 밴드의 유일한 여성 멤버이자 보컬리스트인 돌로레스 오리어던(Dolores O'Riordan, 이하 돌로레스)이 있었다. 그녀의 목소리는 록 보컬 특유의 거친 질감을 간직한 채 슬픔과 애수를 머금은 독특한 음색으로 듣는 이를 매료시켰다. 청아하면서도 격정적인 그녀의 창법은 누구도 흉내 낼 수 없는 오직 그녀만의 시그니처였다.

크랜베리스의 데뷔 앨범 《Everybody Else Is Doing It, So Why Can't We?》(1993)는 섬세한 선율과 서정적인 감성으로 가득하다. 특히 <Dreams>와 <Linger>는 마치 아일랜드의 흐린 하늘 아래 펼쳐진 고요한 초원을 연상하게 하는 잔잔한 여운을 드리웠다.

전 세계적인 찬사를 받으며 화려하게 데뷔한 크랜베리스는 1994년 두 번째 정규 앨범 《No Need To Argue》를 통해 한층 명확해진 음악적 정체성을 드러냈다. 이 앨범에 수록된 <Zombie>는 크랜베리스 음악의 강렬한 변곡점을 알린 트랙으로 북아일랜드 분쟁 당시 영국 워링턴에서 발생한 폭탄 테러로 희생된 어린이들을 추모하며 탄생한 작품이다. 이전의 서정적인 분위기와는 다른 왜곡된 디스토션 기타 사운드와 분노에 찬 돌로레스의 보컬이 결합된 이 곡은 크랜베리스가 지닌 감정의 깊이와 사회적 문제의식까지 드러낸 파격적인 시도였다. 또 다른 대표곡 <Ode To My Family>는 돌로레스의 유년 시절과 가족에 대한 애정을 따뜻한 감성으로 담아내며 시간이 흐른 지금까지도 꾸준한 사랑을 받고 있다.

이후 밴드는 《To The Faithful Departed》(1996), 《Bury The Hatchet》(1999), 《Wake Up And Smell The Coffee》(2001) 등 일련의 후속작을 발표하며 활동을 이어갔지만, 2003년을 기점으로 공식 활동을 중단하고 멤버 각자의 길을 걷게 된다.

2010년, 크랜베리스는 재결합을 선언하며 다시금 팬들의 기대 속에 무대로 돌아왔고 2012년에는 오랜만의 신작 《Roses》를 발표하며 건재를 알렸다. 하지만 2018년 1월, 돌로레스의 갑작스러운 사망 소식은 전 세계 음악 팬들에게 깊은 충격과 슬픔을 안겼다. 남은 멤버들은 그녀와 함께한 마지막 시간을 기념하기 위해 생전 그녀가 남긴 보컬 트랙을 바탕으로 마지막 앨범 《In The End》(2019) 를 완성했다.

앨범 《Everybody Else Is Doing It, So Why Can't We?》는 크랜베리스의 정규 앨범 가운데 유일하게 라이선스 LP로 제작된 작품이다. CD가 주류 음반 포맷으로 자리를 굳히던 1994년, 이 앨범은 영국과 한국에서만 소량으로 LP 포맷으로 발매되었고, 특히 국내 라이선스반은 그 희소성으로 인해 수집가들 사이에서 높은 소장 가치를 인정받고 있다.

아날로그 음반이 주류였던 시절, 국내에서 제작된 라이선스 LP는 대부분 오리지널 음반의 커버 아트를 스캔·인쇄하는 방식으로 제작되었다. 그러나 1990년대에 접어들면서 음반 유통의 중심축이 CD로 급격히 이동하자 원본 커버 이미지나 인쇄 필름을 확보하는 것이 점차 어려워졌고, 이에 따라 CD 커버 이미지를 단순히 확대하거나 임의로 다른 디자인을 입히는 사례가 빈번해졌다.

그 결과, 1991년 이후 제작된 상당수 국내 라이선스반

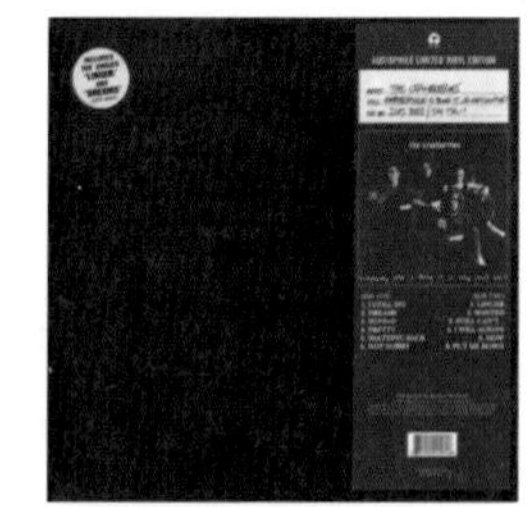

영국 발매반 커버

<h2 style="text-align:center">크랜베리스의 앨범들</h2>

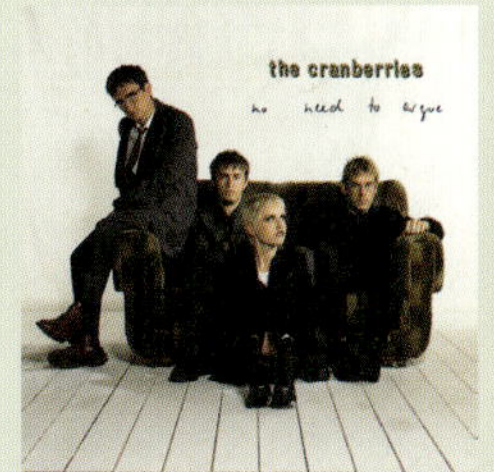

《No Need To Argue》(1994)

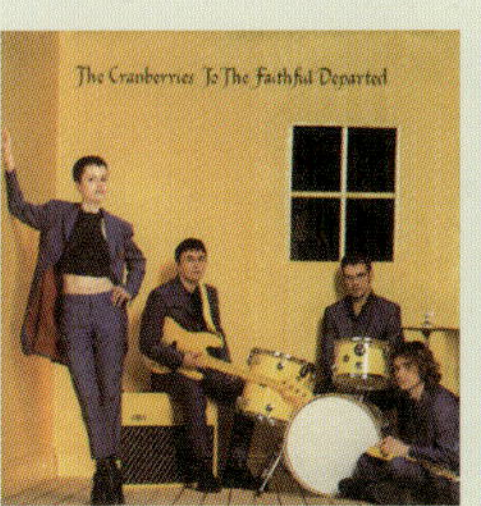

《To The Faithful Departed》
(1996)

《Bury The Hatchet》(1999)

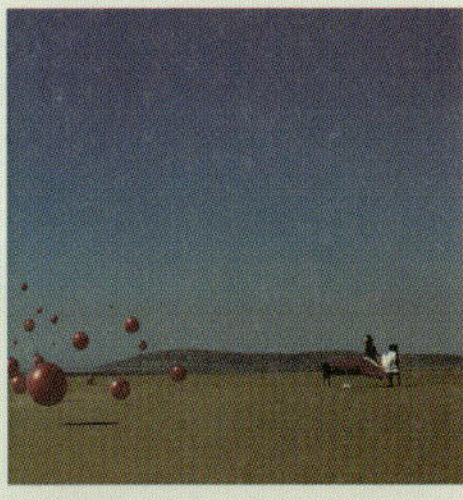

《Wake Up And Smell The
Coffee》(2001)

《Roses》(2012)

《Something Else》(2017)

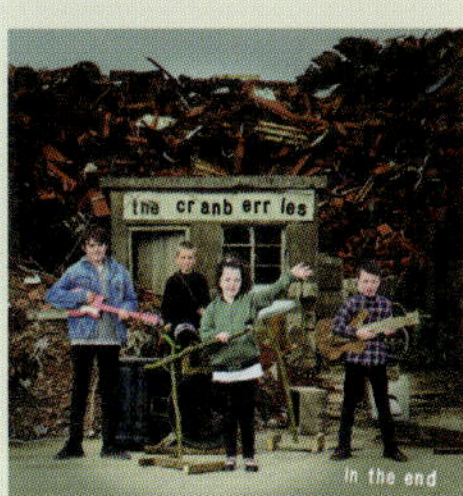

《In The End》(2019)

에서 이미지 해상도의 저하나 색감 왜곡 등의 문제가 자주 발견되었는데, 이는 기술적 한계보다는 당시 제작 환경의 변화에서 기인한 현상이라 할 수 있다. 크랜베리스의 이 앨범 역시 이러한 흐름에서 예외는 아니었으며, 전반적으로 이미지의 선명도나 색채 표현 면에서 아쉬움을 남겼다.

Magellan : Hour Of Restoration

1993년 4월 10일 | 지구레코드 | JRPL-1052

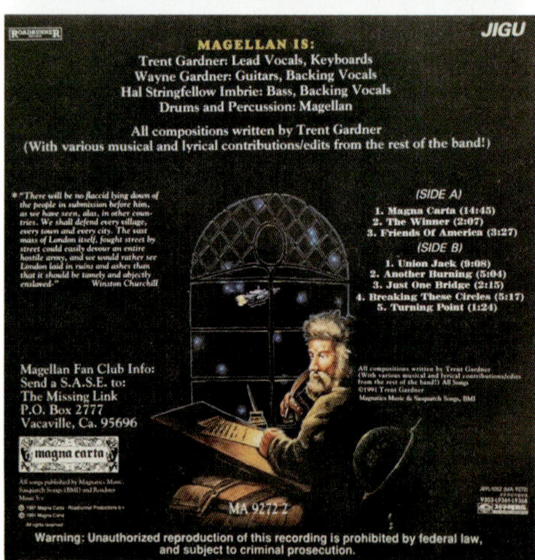

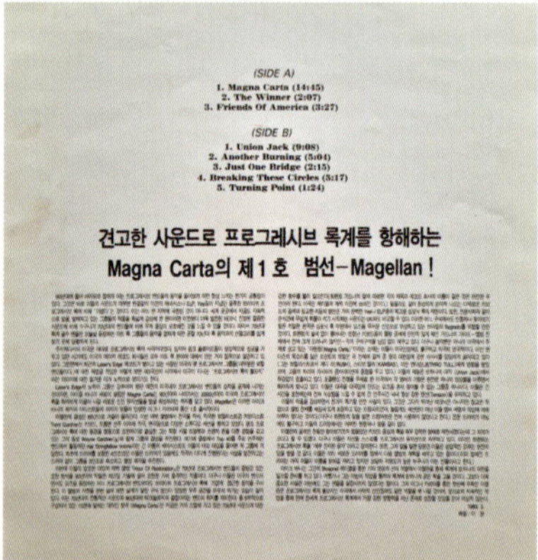

Side A
1. Magna Carta
2. The Winner
3. Friends Of America

Side B
1. Union Jack
2. Another Burning
3. Just One Bridge
4. Breaking These Circles
5. Turning Point

1990년대는 프로그레시브 메탈(Progressive Metal)이라는 장르가 본격적으로 주목받기 시작한 시기였다. 극적인 구성과 이야기 중심의 가사 그리고 헤비메탈 특유의 강렬함이 맞물리며 퀸스라이크(Queensrÿche)와 드림 시어터(Dream Theater) 같은 밴드들이 단숨에 음악 시장의 전면으로 부상했다. 기존의 프로그레시브 록 팬들은 물론, 젊은 메탈 키즈들까지 새롭게 유입되면서 이 장르는 빠른 속도로 외연을 확장해 나갔다.

이 같은 성공의 배경에는 뛰어난 연주력을 갖춘 밴드들의 역량과 더불어 대형 레코드사의 전폭적인 지원이 크게 작용했다. 물론 소규모 레이블들의 분투 역시 빼놓을 수 없다. 이 가운데 특히 주목할 만한 인물이 바로 마이크 바니(Mike Varney)이다. 그는 1980년대 폴 길버트(Paul Gilbert), 토니 맥앨파인(Tony MacAlpine) 등 속주 기타리스트들을 발굴하고 지원하며 헤비메탈 신(Scene)에 뚜렷한 족적을 남긴 기획자였다.

이후 그는, 보다 실험적이고 구성미 넘치는 음악 세계를 지향하며 1989년 피터 모티첼리(Peter Morticelli)와 마그나 카르타(Magna Carta)라는 레이블을 공동 설립했고, 이를 발판으로 마젤란(Magellan), 섀도 갤러리(Shadow Gallery) 등 개성 강한 신예 밴드들을 발굴하며 프로그레시브 메탈이라는 새로운 음악 지형을 열어갔다.

마젤란은 1985년, 샌프란시스코에서 트렌트 가드너(Trent Gardner. 이하 트렌트)와 조엘 웨인 가드너(Joel Wayne Gardner. 이하 조엘 웨인) 두 형제의 예술적 결속으로 태동했다. 작곡과 연주, 프로듀싱에 이르기까지 모든 과정을 스스로 일궈낸 이들은 1970년대 프로그레시브 록의 고전적 미학을 젊은 감각으로 정련하고 있었다.

1991년 발표된 데뷔작 《Hour Of Restoration》은 예스와 캔자스(Kansas)의 음악을 연상케 하는 화려하고 밀도 높은 앙상블로 가득 차 있다. 특히 대곡 〈Magna Carta〉에서는 멤버들의 유려한 연주력이 돋보이며, 복고적인 신시사이저의 따스한 질감과 묵직한 기타 사운드가 긴장과 균형 속에 절묘하게 어우러졌다.

트렌트와 조엘 웨인 두 형제를 주축으로 한 마젤란은 베이스 파트에 할 스트링펠로우 임브리(Hal Stringfellow Imbrie)를 영입하며 트리오 체제를 갖췄다. 정식 드러머 없이 드럼머신에 의존한 것은 당시의 어쩔 수 없는 선택이었지만, 마젤란은 이러한 기술적 한계를 탄탄한 연주력과 창의적인 구성력으로 극복하며 기교에 완성도를 더한 프로그레시브 록의 진수를 선보였다.

마젤란은 동일한 멤버 구성으로 후속작 《Impending Ascension》(1993)을 통해 데뷔 앨범의 음악적 콘셉트를 더욱 확장해 나갔고 《Test Of Wills》(1997)부터는 드러머를 보강하여, 보다 헤비하고 현대적인 사운드로의 변화를 시도했다.

그러나 안타깝게도 2014년과 2016년 두 형제가 차례로 세상을 떠나면서 마젤란의 활동은 조용히 끝을 맺었다.

Roadrunner 레이블

지구레코드는 1971년 RCA, 1974년 CBS Sony와 정식 계약을 맺으며 본격적으로 라이선스 음반 시장에 진출하였다. 그러나 1987년 RCA가 서울음반으로 이관된 데 이어, 1989년 CBS가 한국에 직배사를 설립하면서 약 20여 년간 이어져 온 주요 해외 음반사들과의 공생 관계는 막을 내리게 되었다. 이후 지구레코드는 Contempo, Shelter Records, Silence/MNW 등과 새롭게 계약을 맺으며 독

《Impending Ascension》(1994) 라이선스반

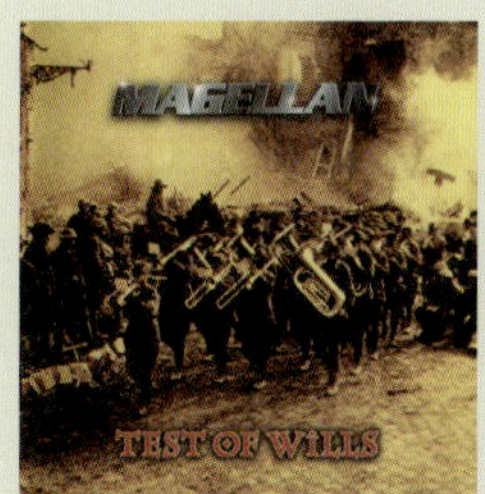

《Test Of Wills》(1997)

《Hundred Year Flood》
(2002)

《Impossible Figures》(2003)

《Symphony For A
Misanthrope》(2005)

《Innocent God》(2008)

자적인 방향을 모색하기 시작했으며, 특히 네덜란드의 헤비메탈 전문 레이블 로드러너(Roadrunner)와의 파트너십은 중요한 전환점이 되었다.

마젤란의 앨범은 로드러너 산하의 서브 레이블인 마그나 카르타를 통해 발매되었다. 《Hour Of Restoration》과 《Impending Ascension》 두 작품은 전 세계에서 유일하게 한국에서만 LP 포맷으로 제작되었다는 점에서 특별한 의미를 갖는다. 당시 CD 커버 이미지를 확대 복사한 탓에 인쇄 품질 면에서 분명한 한계를 보이나, 이 음반들이 지닌 희소성과 수집 가치는 그러한 단점을 충분히 상쇄하고도 남는다.

Angelo Branduardi : Musiche Da Film

1995년 4월 30일 | 시완레코드 | SRML 6001

Side A

1. Vanita' Di Vanita'
2. Tema Di Leonetta
3. Danse Des Filles De Joie
4. Canzone Di Cadigia
5. State Buoni Se Potete
6. Capitan Gesu'
7. Vanita' Di Vanita' (Stumentale)
8. La Canzone Del Deserto
9. Salome'
10. La Strage

Side B

1. Secondo Ponzio Pilato
2. Tema Del Villaggio
3. La Tempesta
4. La Manifestazione Dei Bambini
5. Momo E Cassiopea
6. La Canzione Di Momo Per Orchestra Di Mandolini
7. Il Palazzo Di Hora
8. Gli Uomini Grigi All'inseguimento Di Momo
9. La Grande Giostra
10. La Cazone Di Momo

안젤로 브란두아르디(Angelo Branduardi. 이하 안젤로)의 《Musiche Da Film》은 프로그레시브 록 전문 레이블 시완레코드의 기획 아래, 서울음반이 제작한 작품으로 1995년 4월 30일에 발매되었다. 이 음반은 국내에서 발매된 마지막 공식 라이선스 LP로 기록되며 이 무렵을 기점으로 많은 국내 LP 생산 공장이 문을 닫으며 1970년대 초부터 축적돼 온 아날로그 음반 제작 기술과 노하우도 점차 역사 속으로 사라지게 되었다.

이후에도 일부 제작사가 주요 기획사의 하청을 받아 제한된 규모로 LP 생산을 했지만, 그마저도 오래 지속되지는 못했다. 이러한 흐름 속에서 서라벌레코드만이 1995년 이후에도 꾸준히 소규모 제작을 이어가며 국내 LP 수요의 마지막 거점을 자처했다. 그리고 믹스 팩토리, 리버맨, 비트볼, 메리고라운드, 메타복스, 아스트로 좀비, 솟대, 드림비트, 토스트뮤직 등 다양한 레이블의 레퍼토리를 생산하며 LP 제작의 마지막 불씨를 지켜낸 주역으로 남게 되었다.

안젤로는 1974년 셀프 타이틀 앨범 《Angelo Branduardi》를 통해 데뷔한 이탈리아 출신의 싱어송라이터로, 포크와 클래식을 바탕으로 한 독창적이면서도 진보적인 음악 세계를 일관되게 구축해 온 인물이다. 그는 긴 음악 여정 속에서도 대중적 흥행보다는 예술적 진정성과 자신만의 음악적 스타일을 고수해 왔으며 유럽 음악계에서도 확고한 정체성을 지닌 보기 드문 존재로 평가받고 있다.

《State Buoni Se Potete》(1983)

《Momo》(1986)

《Secondo Ponzio Philado》
(1988)

《Musiche Da Film》은 안젤로가 음악을 담당한 세 편의 영화 《State Buoni Se Potete》(1983), 《Momo》(1986), 《Secondo Ponzio Pilato》(1988)의 주요 곡들을 선별해 구성한 컴필레이션 앨범이다. 이 앨범은 1992년 이탈리아에서 CD로만 발매되었으나, 국내에서는 커버 디자인을 바꿔 LP와 CD 두 가지 포맷으로 제작되었다.

시완레코드는 이탈리아 오리지널 CD 커버 디자인이 만족스럽지 않았던 듯 국내 라이선스 제작 과정에서 1986년작 《Momo》의 커버 이미지를 전면에 배치하고, 원래의 커버 이미지는 게이트폴드 커버의 안쪽 면으로 옮기는 방식으로 시각적 구성을 재편했다.

앨범의 A면에는 소외된 이들과 어린이를 위해 헌신한 사제 필리포 네리(Filippo Neri)의 삶을 다룬 《State Buoni Se Potete》 그리고 예수를 박해했던 본디오 빌라도의 회심 과정을 묘사한 《Secondo Ponzio Pilato》의 주요 곡들이 수록되었다. 특히 <State Buoni Se Potete>와 <La Canzone Del Deserto>에서는 안젤로 특유의 어쿠스틱 감성과 존재감이 인상적으로 드러난다.

《Musiche Da Film》 이태리 CD커버

시완레코드 라이선스반 게이트폴드 커버 내부

B면에는 미하엘 엔데(Michael Ende)의 동명 소설을 원작으로 한 영화 《Momo》의 사운드트랙이 담겨 있다. 이 가운데 <La Manifestazione Dei Bambini>와 <La Canzone di Momo>는 안젤로의 아내 루이사 자파(Luisa Zappa)가 원작자 미하엘 엔데와 함께 작사에 참여해 깊이 있고 서정적인 정서를 작품 속에 불어넣고 있다.

비록 <We All Are Momos>와 <Vola A Casa, Momo> 두 곡이 편집 과정에서 누락된 점은 아쉬움을 남기지만, <Momo E Cassiopea>, <La Grande Giostra>, <La Canzone Di Momo>에 흐르는 아름답고 풍성한 선율은 그러한 결핍을 충분히 보완한다.

필자는 전작인 《라이선스 LP 연대기》(2021)에서 안젤로의 《Musiche Da Film》과 함께 마키아벨(Machiavel)의 《Mechanical Moonbeams》을 1990년대 국내에서 제작된 마지막 라이선스 LP로 언급한 바 있다. 그러나 이후 발매 일자를 재검토하는 과정에서 해당 내용에 착오가 있었음을 뒤늦게 확인하였으며, 이 지면을 통해 이를 정정하고자 한다.

현재까지 확인된 국내에서 제작된 마지막 라이선스 LP는 안젤로의 《Musiche Da Film》이며, 마키아벨의 음반(발매일: 1995년 1월 30일)은 그보다 앞서 출시된 것으로 확인된다. 또한 향후 이와 관련해 새로운 음반이 발견될 가능성 역시 열어두고자 한다.

Machiavel 《Mechanical Moonbeams》

제3부

한국에서
기획·발매된
해외 뮤지션의
음반

HOLLYWOOD BOWL
2301 N. Highland Ave.
HOLLYWOOD
CALIFORNIA
AUG.
23
THE BEATLES
SAT. EVE. AUG. 23, 8:00 P.M.
1964
PRICE $4.00
NO REFUNDS — NO EXCHANGES
RESERVED
HOLLYWOOD BOWL
2301 N. Highland Ave.
HOLLYWOOD
CALIFORNIA
AUG.
SAT. EVE. AUG. 29, 8:00 P.M.
KRLA and BOB EUBANKS Presents
BOX
BOX
29

거장의 마지막 약속

Nat King Cole : '낫 킹 콜' 韓國에 오다

1964년 | 히트레코드 | HL-1002

Side A

1. Arirang / Mona Lisa
2. Ramblin' Rose
3. Love Is A Many Splendored Thing
4. Too Young
5. Autumn Leaves
6. Quizás, Quizás, Quizás

Side B

1. (Dance With The) Guitar Mary – Duane Eddy
2. Take Five – The Dave Brubeck Quartet
3. Tell Him – The Exciters
4. King Of Kings – Felix Slatkin
5. Tell Her Bye – Bonnie Guitar

1950년대 주한 미 8군 무대를 통해 연주되고 소비되던 재즈는 1960년대 초부터 한국 대중 사이로 본격적으로 스며들기 시작했다. 당시 미 8군 전속 재즈밴드는 약 60팀, 일반 무대에서 활동하던 밴드는 40팀에 달했고 이들 밴드에 소속된 연주자만도 800명이 넘는 것으로 전해진다. 남산 드라마센터에서 정기적으로 열렸던 '재즈 페스티벌'과 퇴계로 오리엔탈 호텔 내 '뮤직살롱' 무대는 점차 재즈를 즐기는 애호가들의 발길을 모으며 작은 문화적 진원지로 자리 잡았다.

특히 1963년은 해외 재즈 스타들의 내한 공연이 쇄도했던 재즈의 해로 기록된다. 3월과 4월, 당대 최고의 스타 냇 킹 콜(Nat King Cole)과 루이 암스트롱(Louis Armstrong)이 잇달아 입국해 국내 음악계를 들썩이게 했다.

13인조 개인 악단과 함께 방한한 냇 킹 콜은 1963년 3월 1일부터 사흘간 서울시민회관 무대에 올라 한국 팬들과 만났다. 그는 앵콜곡을 포함해 총 30곡에 이르는 폭넓은 레퍼토리를 선보였으며, <Mona Lisa>, <Too Young> 등 특유의 감미로운 목소리로 들려주는 히트곡마다 관객들의 뜨거운 박수갈채가 이어졌다.

냇 킹 콜의 무대에 깊이 감동한 대중들은 공연 직후 그의 LP 음반을 찾아 나섰고, 그 결과 한 해 동안 7장이 넘는 관련 음반이 시장에 쏟아져 나오는 진풍경이 벌어지기도 했다.

뒤이어 4월, 내한한 루이 암스트롱(Louis Armstrong)은 8만 달러의 개런티

Nat King Cole 내한공연 신문광고

를 받고 워커힐 개관 기념 쇼 무대에 올랐다. '동양의 라스베이거스'를 표방하며 개관 전부터 큰 화제를 모은 워커힐은 해외 관광객과 주한 외국 군인을 위한 복합 유흥 공간으로 기획된 곳이었다.

루이 암스트롱의 공연은 정부의 지원 아래 주한 UN군을 위한 위문 공연의 일환으로 마련된 무대였고, 시민회관에서 일반 대중을 대상으로 했던 냇 킹 콜의 무대와는 달리 특정 관객층만을 위한 폐쇄적인 이벤트였다.

한편, 내한공연 이후 쏟아진 팬들의 열렬한 사랑에 화답하듯 냇 킹 콜은 이듬해인 1964년 다시 한국을 찾았다. 서울 시민회관에서 열린 이날 공연에서는 그가 대동한 멤버들 찰리 칼리슨(Charlie Callison, 기타), 찰리 해리스(Charlie Harris, 베이스기타), 리암 패티슨(Liam Patitson, 드럼)과 김광수 악단이 함께 무대를 꾸몄다.

이 공연은 같은 해 히트레코드사를 통해 《'냇 킹 콜' 韓國에 오다》라는 타이틀로 실황 앨범으로 발매되었다. A면에는 냇 킹 콜의 실황 연주가, B면에는 당시 유행하던 해외 아티스트들의 히트곡들이 수록된 컴필레이션 형식으로 구성되었다.

무엇보다 이 앨범이 특별한 이유는 냇 킹 콜이 한국어로 부른 <아리랑>이 수록되어 있다는 점이다. <아리랑>은 이미 미국 출신 뮤지션 오스카 페티포드

Oscar Pettiford <Ah-Dee-Dong Blues>(1952)

Pete Seeger <Arirang>(1954)

Elly Williams <Arirang>(1954)

Nat King Cole과 김광수 악단 [출처: 뉴욕한국문화원]

(Oscar Pettiford, 1952년), 피트 시거(Pete Seeger, 1954년), 엘리 윌리엄스(Elly Williams, 1954년) 등에 의해 음반화된 바 있으나, 한국 내 공식 무대에서 외국 가수가 직접 가창하고 녹음한 사례는 냇 킹 콜이 처음이었다.

가수이자 뛰어난 피아니스트였던 그는 <Quizás, Quizás, Quizás>의 간주에서는 세련된 애드리브로, <Autumn Leaves>와 <Ramblin' Rose>에서는 특유의 따뜻하고 부드러운 음성으로 관객을 매료시켰다.

냇 킹 콜은 "다시 만날 날"을 기약하며 두 번째 내한 무대를 마무리했지만, 이 듬해인 1965년 2월 갑작스러운 죽음으로 그 약속은 끝내 지켜지지 못했다.

Milva : Milva In Seoul

1972년 5월 29일 | 성음제작소 | SEL-100 012

Side A

1. 보리밭
2. Love Story
3. Canzone
4. Non Sapevo
5. Milord
6. Bella Ciao

Side B

1. Nessuno Di Voi
2. Quando L'Amore Diventa Poesia
3. La Firanda
4. Meditteraneo
5. Io Che Non Vivo
6. Mon Dieu

이탈리아의 칸초네(Canzone)는 프랑스의 샹송(Chanson)과 더불어 비영어권 대중음악 중에서도 오랫동안 한국인의 감성과 정서에 유독 잘 어우러진 장르다. 애수 어린 선율과 서정적인 가사, 감정의 결을 섬세하게 담아낸 멜로디는 한국인의 정서와도 절묘하게 조화를 이루었으며, 1970년대 초반까지도 산레모 음악제(Festival della Canzone Italiana di Sanremo) 수상곡들을 중심으로 다채로운 이탈리아 곡들이 국내에 소개되어 큰 사랑을 받았다. 질리올라 친케티(Gigliola Cinquetti)의 <La Pioggia(비)>, 아다 모리(Ada Mori)의 <Rose Nel Buio(어둠 속의 장미)>, 밀바(Milva)의 <Nessuno Di Voi(서글픈 사랑)>, 니콜라 디 바리(Nicola Di Bari)의 <Il Cuore È Uno Zingaro(마음은 집시)> 등은 그러한 흐름 속에서 회자되는 대표곡들이다.

1959년, 이탈리아 음악계에 데뷔한 밀바(Milva)는 1961년부터 1969년까지 무려 9년 연속으로 산레모 음악제에 입상하며 국제적으로도 탄탄한 입지를 다진 아티스트다. 또한 그녀는 당시 해외 대중음악가 중에서도 한국과 깊은 인연을 맺은 인물로 손꼽힌다.

1970년대 초, 밀바의 대표곡 <Aria di Festa>와 <Casa Bianca>는 각각 트윈 폴리오, 정훈희, 펄 시스터즈 등을 통해 <축제의 노래>, <하얀 집>이라는 제목으로 번안되어 국내에서도 큰 인기를 끌었고, 이 같은 열기에 힘입어 그녀는 1972년, 1974년, 1977년 등 세 차례 방한해 한국 팬들과 직접 만났다.

밀바의 역사적인 첫 내한 공연은 1972년 5월 3일과 4일 양일간 서울시민회관에서 성황리에 개최되었다. KBS

동아일보 1972년 4월 27일자 기사

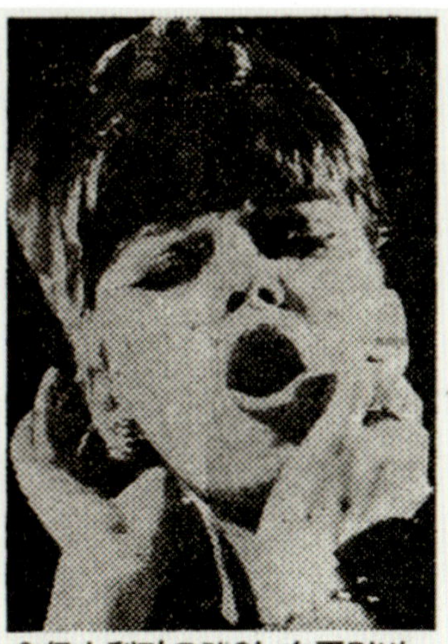

칸쪼네의 女王 밀바 来韓

来5月初에 公演

伊太利 칸쪼네의 女王이라고 불려 온 아름다운 歌姬 밀바는 5월1일(月) 서울에 와 5일(金) 낮 出国한다· KBS가 밀바를 데려온다· 金康燮 악단(KBS 전속)의 반주로 밀바가 노래할 넘버는 「스패니슈 아이」「밤의 바이얼린」「크레올라」「일몽도」「라 노비아」「리코르다」「조르바의 춤」「밣고 이탈리아노」「논 사페본」 등 20여곡이다· 밀바는 3일(水)과 4일(木)의 이틀동안, 전녁마다 서울 市民会舘무대에 서는데 원스테이지개런티는 5천달라씩이다· 밀바는 맥니저와 함게

◇伊太利가요계의 女王밀바.

조선일보 1972년 4월 18일자 기사

경음악단(지휘 김강섭)의 반주에 맞춰 무대에 오른 밀바는 대표곡 <Canzone>, <Bella Ciao>, <La Filanda>, <Milord>를 비롯해 프랑시스 레(Francis Lai)의 영화 <Love Story> 주제곡을 선보였다.

오페라 가수에 견줄 만한 풍부한 성량과 감정의 깊이를 고루 갖춘 그녀는 유창한 한국어 발음으로 <보리밭>을 열창해 큰 박수를 받았다.

재반 레이블

이 공연은 라이브 음반으로도 제작되어 같은 해 5월 29일 성음을 통해 발매되었다. 해외 인기 가수의 내한 무대가 드물었던 당시 국내 기술진이 직접 녹음·기획한 이 음반은 서울시민회관을 가득 채운 열기와 밀바의 열정적 무대를 생생히 포착한 귀중한 실황 기록물로 평가된

다. 특히 5월 4일, 둘째 날 공연은 동아방송을 통해 실시
간 생중계되었으며, 본 음반은 해당 방송 음원을
기반으로 제작된 것으로 보인다.

　　이 앨범은 하드 커버에 하늘색
레이블을 사용한 초반과 얇은 커
버에 보라색 레이블을 적용한
재반, 두 가지 버전으로 발매
되었다. 두 버전 모두 모노
음원으로 수록되었다.

금단의 벽을 허문 분홍색 언니들

Pink Lady : World Song Festival In Seoul '80

1981년 | 현대음향 | HSJ 가60

Side A

1. Stranger When We Kiss
2. Knock On Wood
3. Boogie Wonderland
4. Hot Stuff
5. Go West
6. 사랑해
7. 돌아와요 부산항에

Side B

1. Screen Disco Medley
2. Call Me
3. Kiss In The Dark

1980년 11월 23일, 민영방송 '동양방송(TBC)'이 주최한 '제2회 TBC 세계가요제'가 서울 세종문화회관 대강당에서 열렸다. 이 행사는 신군부의 언론 통폐합 조치로 TBC가 폐국되기 불과 일주일 전에 열린 마지막 공식 무대였다.

폐국을 앞둔 TBC는 조용필, 박경희, 무지개 트리오 등 국내 대표 가수들과 19개국에서 초청된 해외 아티스트들을 한자리에 모아 화려한 피날레를 장식했다. 이후 TBC는 KBS로 흡수·통합되었고 세계가요제 자체는 명맥을 이어갔지만, 이날 무대는 TBC의 마지막 국제 행사로서 각별한 의미를 남겼다.

그날 대상의 영예는 모잠비크 출신의 여가수 슈디(Shoody)에게 돌아갔다. 미국 소울 그룹 코모도스(Commodores)의 백 보컬로 활동했던 그녀는 <Ecstasy>라는 곡으로 무대에 올라 폭발적인 가창력과 카리스마 넘치는 퍼포먼스로 관객과 심사위원 모두를 압도했다.

이 수상을 계기로 <Ecstasy>가 수록된 그녀의 정규 앨범은 한국에서 라이선스 음반으로 정식 발매되며 슈디는 1980년대 초 국내에서 가장 주목받는 해외 팝 가수가 되었다.

당일 주목할 만한 또 다른 참가자로는 <'M' Is For Manhattan>이라는 곡으로 출전한 영국의 여가수 질 사와드(Jill Saward)가 있었다. 그녀는

제2회 TBC 세계가요제 기념 음반 인서트

1970년대 초 전설적인 영국 하드록 밴드 퓨전 오케스트라(Fusion Orchestra)의 리드 보컬을 맡았던 인물로, 1980년 당시에는 디스코 그룹 시티즌 갱(Citizen Gang)의 멤버이자 수지 콰트로(Suzi Quatro)의 백 보컬로도 활약하고 있었다. 그런 그녀가 서울에서 열린 세계가요제 무대에 섰다는 사실은 1970-80년대 영미권 언더그라운드 록 음악에 정통한 음악 팬들에겐 실로 놀라운 사건이었다.

Fusion Orchestra 《Skeleton In Armour》(1973)

무엇보다 이날 가요제의 하이라이트는 샹송 가수 아다모(Adamo)와 함께 특별 게스트로 초청된 일본 출신 여성 듀오 핑크 레이디(Pink Lady)의 무대였다. 당시 일본 대중문화가 전면적으로 금지되어 있던 상황에서 일본 가수의 단독 무대가 TV를 통해 중계된다는 것은 극히 이례적인 일이었다.

초반(아래)·재반(위) 커버

약 1시간 동안 진행된 이 특별 공연에서 핑크 레이디는 히트곡 <Kiss In The Dark>, <Strangers When We Kiss>를 포함한 <Hot Stuff>, <Go West>, <Screen Disco Medley> 등 다양한 커버곡으로 무대를 풍성하게 채웠다. 특히 한국 팬들을 위해 <돌아와요 부산항에>와 <사랑해>를 한국어 가사로 열창하며 객석으로부터 뜨거운 박수갈채를 받았다.

이듬해인 1981년 초, 세계가요제의 개막 공연과 본선 무대를 담은 두 장의 기념 앨범과 함께 핑크 레이디의 특별 무대를 수록한 라이브 앨범이 동시에 발매

Pink Lady 《Live In Budoukan》
(1979)

Pink Lady 《Pink Lady》(1979)

Pink Lady 《We Are Sexy》(1980)

되었다. 앨범에 대한 대중의 반응도 좋아 두 차례 이상 재발매 되었고, 특히 핑크 레이디 앨범은 'Pink Lady' 로고 색상에 따라 금색 로고의 초반과 분홍색 로고의 재반으로 구분되고 있다.

다만 이 앨범을 순수한 라이브 실황 음반으로 보기에는 다소 무리가 있다.

<돌아와요 부산항에>와 <사랑해> 두 곡을 제외한 나머지 트랙은 핑크 레이디의 기존 정규 라이브 앨범 《Live In Budoukan》(1979), 스튜디오 앨범 《Pink Lady》(1979), 《We Are Sexy》(1980)에서 선별한 음원들로 구성, 거기에 멤버들의 인사말과 사회자의 멘트를 덧붙인 편집 앨범에 가까운 형태였다.

핑크 레이디는 1981년 공식 해체를 선언했지만, 이후에도 수차례 재결합 공연을 통해 세대를 아우르는 '살아있는 아이돌'로서 여전히 자국 내에서 두터운 팬층을 유지하고 있다.

이 앨범은 2000년대 초반 야후 재팬 옥션에 출품되어 4만엔 이상의 금액을 제시한 익명의 수집가에게 낙찰된 적이 있고, 지금도 충성도 높은 일본 내 핑크 레이디 팬들과 수집가들 사이에서 꾸준한 수요를 자랑하는 인기 아이템이다.

Runner : Falling Heart

1991년 / 희지레코드 / HJLR Ⓟ 0001

Side A
1. Memory
2. Broken Love
3. So Far Away
4. As Love As It's Love
5. Say Goodbye

Side B
1. Lead Us Back
2. We Gotta Be Free
3. Falling Hearts
4. Don't Hold Back

헤비메탈이 전성기를 구가하던 1980년대, 수많은 밴드들이 메탈의 전설이 되기를 꿈꾸며 무대 위를 누볐다. 그러나 치열한 경쟁 속에서 뚜렷한 이름을 남긴 팀은 극히 일부에 불과했고, 대부분은 스포트라이트 밖으로 밀려 역사의 뒤편으로 사라졌다. 미국 시카고 출신의 러너(Runner) 역시 거대한 스타덤에는 오르지 못했지만, 자신들만의 음악적 색채로 작지만 분명한 존재감을 남긴 밴드였다.

1985년, 러너는 지역 클럽을 무대로 삼아 주다스 프리스트(Judas Priest)와 아이언 메이든(Iron Maiden)의 곡들을 연주하며 점차 자신들만의 색을 갖춰가기 시작했다. 1987년, 밴드는 팀명을 '디자이어(Desire)'로 바꾸고 아이언 메이든의 프런트맨 브루스 디킨슨(Bruce Dickinson)이 운영하는 '록 하드 레코드(Rock Hard Records)'와 계약을 체결한다. 그들에게는 처음이자 어쩌면 마지막이 될지도 모를 기회였다.

그러나 그 기회는 오래 머물러주지 않았다. 리드 보컬 부치 베이커(Butch Baker)의 갑작스러운 구속으로 녹음이 중단되었고, 급히 투입된 대체 보컬과 함께 앨범은 간신히 완성되었지만, 그 사이 음반사의 관심은 이미 식어 있었다.

그로부터 몇 년의 시간이 흘렀고 밴드의 이름도, 약속되었던 앨범도 서서히 세상의 기억에서 잊혀져갔다. 그러던 1991년, 정식 발매조차 이루어지지 못한 녹음본이 뜻밖에도 한국의 '희지레코드'

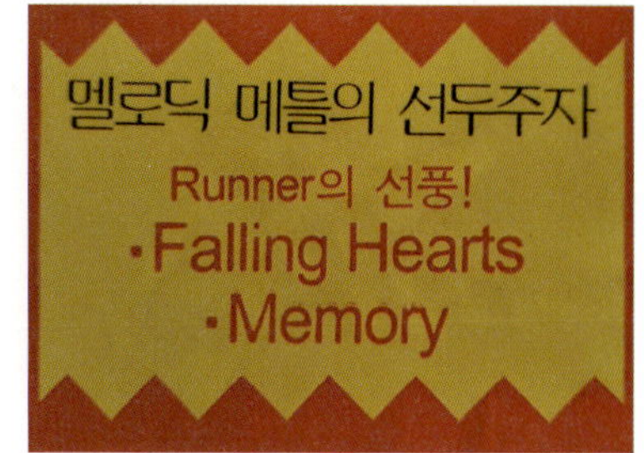

Hype 스티커

를 통해 세상에 모습을 드러냈다. 이미 밴드는 '디자이어'라는 새 이름을 쓰고 있었지만 앨범 커버에는 여전히 초창기 이름 '러너'가 인쇄되어 있었다.

《Falling Heart》라는 타이틀로 출시된 이 앨범은 LP, CD, 카세트테이프 세 가지 포맷으로 발매되었으며, 수록곡들은 1980년대 메탈 황금기의 감각을 고스란히 담고 있었다.

앨범은 깔끔한 멜로디가 돋보이는 정통 메탈 넘버 <Memory>로 힘차게 포문을 열고, 이어지는 <So Far Away>, <As Long As It's Love>, <We Gotta Be Free>에서는 날카로운 기타 리프와 거침없는 전개가 그 시절의 열기를 떠올리게 한다.

비록 녹음 상태는 다소 거칠지만, 곡 전반에 흐르는 대중성과 저돌적인 에너지가 교차하는 이들의 연주는 당시 메이저 시장에서 활약하던 크라이 울프(Cry Wolf), 스트라이퍼(Stryper), 도켄(Dokken)과 견주어도 손색이 없었다.

특히 <Memory>는 같은 레이블 소속의 바라쿠다(Barracuda)에 의해 리메이크되어 1989년 그들의 데뷔 앨범 《Open Fire》에 먼저 실렸고, 앨범은 1991년 희지레코드를 통해 《Memory》라는 타이틀로 국내에서도 소개되었다.

선정적인 바라쿠다의 앨범 커버는 라이선스 제작과정에서 멤버사진으로 교체되었다.

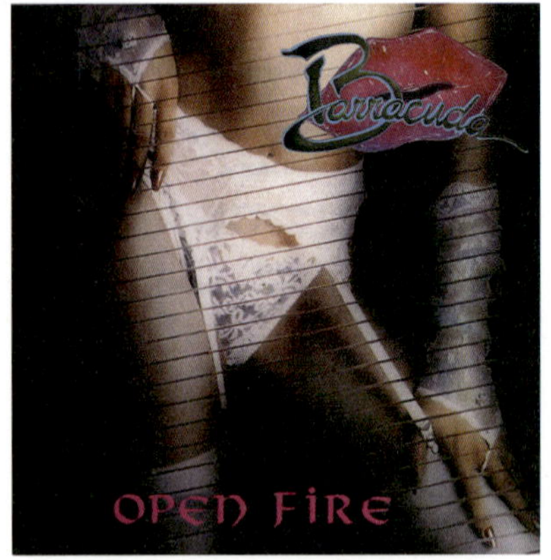

Barracuda 《Open Fire》 미국 발매반

Barracuda 《Open Fire》 한국 발매반

해적반 CD 커버

Steelheart Memories 발매 CD

앨범 《Falling Heart》는 조악한 커버 디자인과 제작사의 미흡한 홍보로 인해 발매 당시 시장에서 거의 주목을 받지 못했다. 한국 내에서는 철저히 외면받았지만, 뜻밖에도 해외의 헤비메탈 마니아들 사이에서 이 앨범에 대한 관심이 서서히 고개를 들기 시작했다. 2000년대 초반에는 CD-R 형태의 해적반이 일본 도쿄 니시 신주쿠의 헤비메탈 전문 레코드숍에서 은밀히 유통되기도 했다.

이 앨범의 가치는 최근 들어 더욱 뚜렷해지고 있다. 이탈리아의 헤비메탈 전문 레이블 'Steelheart Memories'가 《Falling Heart》를 정식 재발매하면서, 오랜 시간 소문 속에만 존재하던 밴드 러너의 실체가 전 세계 메탈 팬들에게 비로소 알려지게 된 것이다.

1991년 희지레코드를 통해 발매된 오리지널 CD는 당시 단 300장만 한정 제작되어 현재는 1,000달러를 웃도는 고가에 거래되는 희귀 음반이 되었다. 반면 LP 버전은 비교적 많은 수량이 생산되어 중고 시장에서 여전히 어렵지 않게 찾을 수 있지만, 이 또한 머지않아 해외 수집가들의 레이더에 포착되며 그 가치가 재조명될 가능성이 크다.

New Horizon : 사랑을 보이자

1975년 4월 4일 | 성음제작소 | 비매품

Side A

1. 사랑을 보이자
2. 욕심없는 마음
3. 나는 누구일까
4. Mr. Bojangles
5. 사랑의 의지
6. After The Sunset

Side B

1. 노래 부르자
2. 어린이의 노래
3. 토요일 밤
4. 꿈의 소녀
5. 행복의 나라
6. Green Green

음반 디깅(Digging)은 작은 탐험과도 같다. 중고 음반점의 진열대를 뒤적이다 보면 오랫동안 찾아 헤매던 앨범을 발견하는 짜릿한 순간을 맞이하기도 하고, 또 때로는 전혀 예상치 못한 순간, 존재조차 알지 못했던 이름의 음반이 불쑥 눈앞에 나타나기도 한다. 관련 기록조차 희미한데, 그 음악까지 훌륭하다면 기쁨은 이루 말할 수 없다. 1970년대 중반에 잠시 등장했다가 자취를 감춘, 밴드 '뉴 호라이즌(New Horizon)'의 앨범이 바로 그런 뜻밖의 발견이었다.

미국의 한 종교 단체 소속 선교사들로 구성된 뉴 호라이즌은 훗날 주한 미군들에 의해 결성된 하드록 밴드 '마주르카(Mazurka, 1988년 아세아레코드 발매)'보다 무려 13년 앞서 음반을 발표하며, 국내에서 활동한 최초의 외국인 록 밴드라는 기록을 남겼다.

뉴 호라이즌은 기타, 베이스, 드럼, 키보드의 기본 편성에 금관악기를 더한 6인조 밴드로, 작곡과 기타를 맡은 랜디 데이븐포트(Randy Davenport)를 중심으로 1960년대 말 미국 소프트 록(Soft Rock) 스타일의 간결한 하모니 중심 음악을 지향했다.

오리건(Oregon) 출신의 랜디 데이븐포트는 학창 시절 '컨트리 블루(Country Blue)'라는 로컬 밴드를 이끌던 열정적인 아마추어 뮤지션으로 1974년 해외 선교사로 파견되어 한국에 머무는 2년 동안에도 교단의 지원 아래 밴드 뉴 호라이즌을 결성·운영했다.

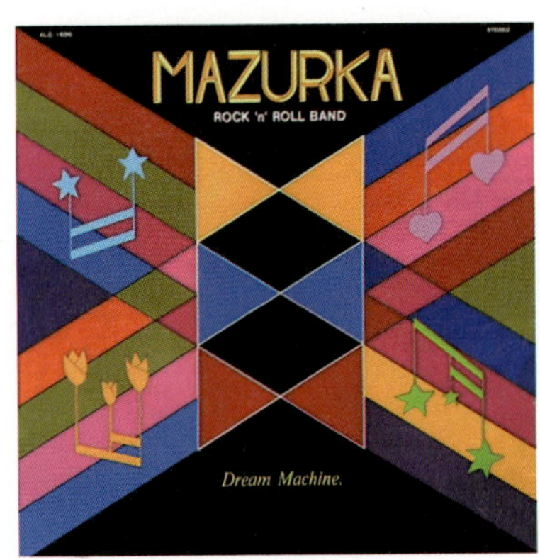

1988년 발매 Mazurka 앨범

이들은 1975년 성음을 통해 정식 앨범을 발표했고, 녹음에 참여했던 텐더 애플스(The Tender Apples) 소녀 합창단과 함께 선교부 산하 지방 교구 순회 공연은 물론, 라디오와 TV 프로그램에도 출연하며 얼굴을 알렸다.

전도 활동의 일환으로 제작된 이 앨범은 단순한 아마추어 밴드의 수준을 훌쩍 뛰어넘는 세련된 연주와 높은 완

공연 장면

TV 방송 출연

성도를 갖추고 있다. 총 12곡의 수록곡 가운데 6곡은 자작곡, 나머지 6곡은 커버곡으로 구성되었다. 그중 3곡(2곡의 커버곡과 1곡의 자작곡)은 영어로, 나머지 곡은 모두 한국어로 녹음되었다.

특히 <욕심 없는 마음>, <토요일 밤> 등의 커버곡은 60년대식 아메리칸 소프트 록 스타일로 재해석되었는데, 가사 속 일부가 종교적 메시지에 맞게 개사되었다는 점이 조금 흥미롭다.

자아 성찰적 메시지를 담은 <나는 누구일까>, 브라더스 포(Brothers Four)의

New Horizon 《크리스마스 캐롤집》(1975)

하모니를 연상시키는 포크 발라드 <어린
이의 세계>, 강렬한 록 비트와 서정성이
공존하는 <After The Sunset>과 <꿈속
의 소녀> 등은 뉴 호라이즌이 단순한 선
교 목적을 넘어 음악적으로도 상당한 역
량을 갖춘 밴드였음을 입증한다.

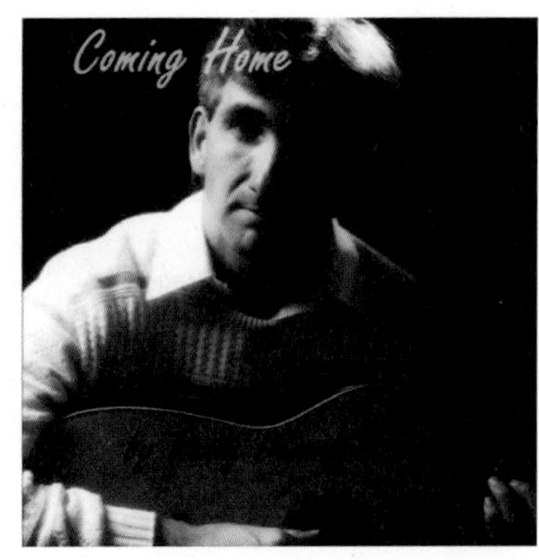

Randy Davenport 《Coming Home》(1987)

　　뉴 호라이즌은 본작 외에도 1975년
《크리스마스 캐롤집》을 남겼다. 이
후 미국으로 돌아간 랜디 데이븐포트
는 선교사에서 음악인으로 길을 이어가며, AOR부터 로커빌리, 컨트리에 이르
기까지 다양한 장르를 넘나드는 솔로 활동을 펼쳤다. 《Coming Home》(1987),
《Grandpa Rock & Friends, Vol. 1》(2007), <Perfect Stranger>(2017), <Father's
Business>(2017) 등의 앨범과 싱글은 그의 음악 여정을 보여주는 작품들이다.

　　한편, 데이븐포트를 제외한 멤버들은 2008년 10월 뉴 호라이즌이라는 이름
을 다시 꺼내 들고 텐더 애플스의 원년 멤버들과 함께 대전, 안양, 서울에서 작은
무대를 마련했다.

　　이 앨범은 1975년 성음을 통해 비매품으로 제작되었다. 레이블에 인쇄된
'Custom'이라는 문구가 말해주듯 전도용으로만 배포되었고, 제작 수량이 극히
적었던 탓에 현재는 수집가들 사이에서 높은 희소가치를 자랑한다.

미평화봉사단원 : 결핵 없는 내일

1969년 1월 15일 | 신세기레코드 | 비매품

Side A

1. 사랑하는 마리아
2. 안개
3. 결핵없는 내일
4. 오봉산 타령
5. 개타령
6. 피리 독주

Side B

1. 진도 아리랑
2. 해녀 노래
3. 밀양 아리랑
4. 낙엽
5. 외롭게 부르는 바람
6. 옛노래
7. 전라도랑께
8. 고향의 봄

1960년, 제35대 미국 대통령으로 취임한 존 F. 케네디(John Fitzgerald Kennedy)는 기존의 군사 중심 정책에서 탈피해 인류 평화에 대한 도덕적 책임과 개발도상국 원조를 핵심으로 하는 '뉴 프런티어(New Frontier)' 정책을 내세웠다.

대통령 수락 연설에서 그는 "국가와 세계를 위한 소명의식"을 강조하며 수많은 미국 청년들의 마음을 사로잡았고, 이는 1961년 '평화봉사단(Peace Corps)' 창설로 이어졌다.

1967년, 당시 선진국의 원조에 의존하던 아시아의 극빈국 중 하나였던 대한민국에도 평화봉사단원이 정식 파견되었다. 이들은 주로 영어 교육과 공중보건 사업에 배치되었으며, 특히 국민 건강의 최대 과제로 여겨졌던 결핵 관리에 중점을 두고 활동했다.

봉사단원의 기본 임기는 2년으로 정해져 있었고, 이들은 대개 근무지 인근의 가정집에 하숙하거나 자취를 하며 지역사회에 자연스럽게 융화되었다. 지역 주민들과 격의 없이 어울리며 생활한 이들 가운데 일부는 임기를 연장하거나 한국인과 결혼해 현지에 정착하기도 했다.

임기를 마치고 귀국한 후 다시 한국으로 돌아와 제2의 삶을 시작한 이들도 적지 않았다.

임기 말기에는 결핵협회 서울지부 국장의 주선으로 음악적 재능을 지닌 평화봉사단원 몇 명이 모여 가요, 민요, 자작곡 등을 담은 기념 음반을 제작했다.

이 앨범은 1969년 1월, 신세기레코드사를 통해 1,000장 한정 비매품으로 발매되어 전국 결핵협회 각 지부 사무실에 배포되었으며, 평화봉사단의 활동을 음악으로 남긴 귀중한 유산으로 평가받고 있다.

앨범에는 <안개>, <사랑하는 마리아> 같은 당대의 인기곡은 물론, <오봉산 타령>, <해녀 노래>,

美平和봉사團 1陣99명
活動마치고 月末歸國

동아일보 1968년 7월 13일자 기사

Gary Rector, 2005년 모습 [출처: 대한민국 정책브리핑]

<전라도랑께> 등 구전 민요를 아메리칸 포크 감성으로 재해석한 독창적인 커버곡들도 수록되어 있다.

이 가운데 특히 주목할 만한 곡은 단원으로 활동했던 게리 렉터(Gary Rector)가 직접 작사·작곡한 <결핵 없는 내일>이다. 이 타이틀곡은 공중보건의 중요성을 강조하며 "가래 검사, 엑스레이 검사 받으라"는 계몽적인 메시지를 담고 있지만, 의외의 사이키델릭한 연주를 통해 독특한 반전의 매력을 자아낸다. 게리 렉터는 이 곡에서 내레이션과 보컬, 기타 연주까지 직접 소화하며, 유창한 한국어 실력과 탁월한 연주력을 유감없이 보여주었다.

그는 한국에 오기 전 미국 미시간주 칼라마주(Kalamazoo)에 위치한 깁슨(Gibson) 기타 공장에서 근무한 경력을 지니고 있다. 평화봉사단 활동을 마친 뒤에는 한국 전통 음악, 특히 농악에 깊이 매료되어 1972년부터 1987년까지 우도굿의 명인이자 설장구의 대가로 알려진 김병섭에게 사사하며 우리 가락의 장단을 몸소 익혔다.

그리고 1994년 법무부 귀화시험에서 사상 최초로 만점을 기록하며 대한민국 시민권을 취득했고, '유게리(柳憩里)'라는 한국 이름을

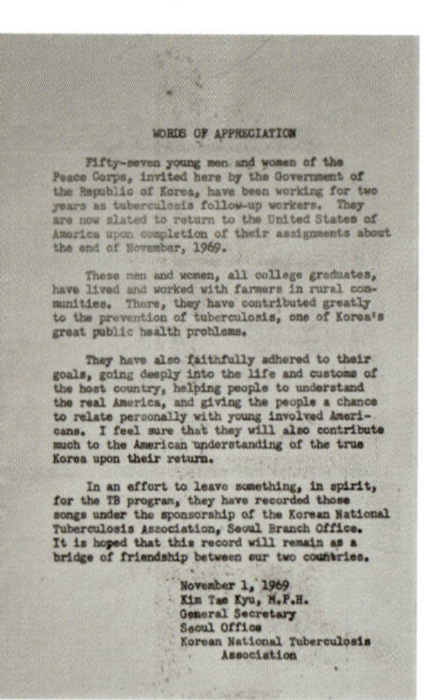

WORDS OF APPRECIATION

Fifty-seven young men and women of the Peace Corps, invited here by the Government of the Republic of Korea, have been working for two years as tuberculosis follow-up workers. They are now slated to return to the United States of America upon completion of their assignments about the end of November, 1969.

These men and women, all college graduates, have lived and worked with farmers in rural communities. There, they have contributed greatly to the prevention of tuberculosis, one of Korea's great public health problems.

They have also faithfully adhered to their goals, going deeply into the life and customs of the host country, helping people to understand the real America, and giving the people a chance to relate personally with young involved Americans. I feel sure that they will also contribute much to the American understanding of the true Korea upon their return.

In an effort to leave something, in spirit, for the TB program, they have recorded those songs under the sponsorship of the Korean National Tuberculosis Association, Seoul Branch Office. It is hoped that this record will remain as a bridge of friendship between our two countries.

November 1, 1969
Kim Tae Kyu, M.P.H.
General Secretary
Seoul Office
Korean National Tuberculosis
Association

앨범에 동봉된 소책자

얼었다. 이후 그는 칼럼니스트이자 통역사, 번역가로서 꾸준
히 활동하다가 2018년 향년 75세로 타계했다.

　　이 음반에는 영문으로 인쇄된 소책자 형
태의 인서트가 동봉되어 있으며, 그 안에
는 수록곡의 가사와 배포처인 결핵협
회 각 지부에 대한 정보가 담겨있다.
소책자가 온전히 보존된 중고 음반
은 현재로서는 거의 찾아보기 어려
울 정도로 희귀하다.

제4부

그 시절
젊음의
노래

70년대 비주류 포크의 숨은 걸작

청춘과 사랑을 노래했던 포크 듀오

세션의 미학, 포크의 진화

연포해수욕장의 추억

싱그러운 청춘의 사운드

비주류의 조용한 반란

1989년, 그해 여름

김의철 : 노래모음

1974년 3월 20일 | 성음제작소 | SEL-20-0025

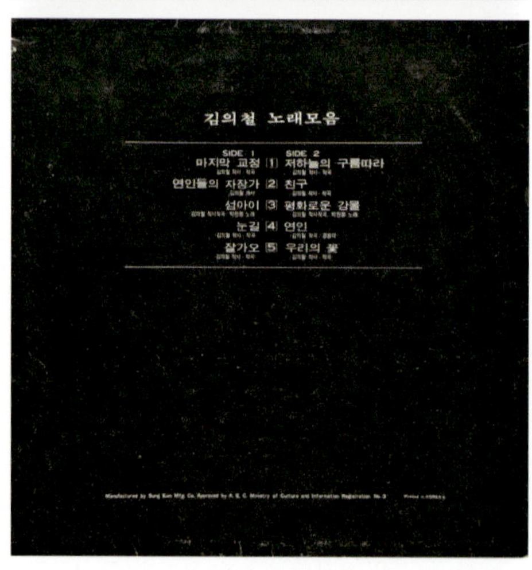

Side A

1. 마지막 교정
2. 연인들의 자장가
3. 섬아이
4. 눈길
5. 잘가오(친구에게)

Side B

1. 저 하늘의 구름 따라
2. 친구
3. 평화로운 물결
4. 연인
5. 우리의 꽃

대한민국 포크 음악을 논할 때 김의철의 존재는 각별하다. 세시봉 출신의 송창식과 윤형주처럼 대중적인 인기를 누리지는 못했지만, 주류 음악과는 다른 결의 냉소적인 정서를 바탕으로 1970년대 마이너 포크의 한 축을 세운 인물이다.

김의철의 음악 여정은 기타리스트 이정선과의 인연과 연결되어 있다. 고등학교 3학년이던 1973년 봄, 남산 드라마센터에서 열린 포크 페스티벌 '봄의 제전'을 통해 처음 이정선을 만났고, 음악과 기타라는 공통의 언어로 두 사람은 빠르게 가까워졌다. 이후 가톨릭 신자였던 김의철의 주도로 명동 가톨릭 여학생회관에서 김영배, 김영미, 이광조 등과 함께 '해바라기'라는 모임을 결성하게 된다. 그는 1974년 자신의 독집 앨범을 발표한 뒤, 이듬해 이정선에게 리더 자리를 넘겨주고 팀에서 조용히 물러난다.

1974년 3월 발매된 김의철의 첫 앨범은 그의 비범한 재능을 높이 산 오리엔트 프로덕션 나현구 사장의 제안으로 만들어졌다. 그는 이 앨범을 통해 '국내 최연소 싱어송라이터'라는 수식어를 얻는다. 해바라기 시절 동료였던 이정선과 김영배가 기타 세션으로 참여했고 <세노야>의 작곡가인 김광희와 윤형주도 각각 피아노와 코러스 등으로 품앗이에 나섰다.

괴벨 리브스(Goebel Reeves)의 <Hobo's Lullaby>를 번안한 <연인들의 자장가>를 제외한 전곡이 김의철의 자작곡으로 채워진 이 앨범은 대중적인 가요 감성과는 거리가 있는 정제된 연주와 컬트적인 분위기가 스며있다. 읊조리듯 담담한 그의 보컬은 유려한 기타 반주와 자연스럽게 어우러졌고, 특히 게스트 보컬 박찬응의 개성 있는 음색이 더해진 <섬아이>와 <평화로운 강물>에

<Hobo's Lullaby>가 수록된 Goebel Reeves 앨범

서는 1960-70년대 영미권의 애시드 포크(Acid Folk)를 연상시키는 독특한 미감을 선사한다.

　타이틀곡 <마지막 교정>은 1974년 1월, 김의철의 보성고등학교 졸업식 날 즉흥적으로 만들어졌다. 당일 방송실 스피커를 통해 전교생에게 그의 노래와 연주가 송출되었다는 일화는 전설이 되었다.

　부모님과 떨어져 친척집에 얹혀 살던 자신의 처지를 담담히 풀어낸 <불행아>는 사전심의 과정에서 <저 하늘의 구름 따라>로 제목이 바뀌어 수록되었고, 박찬응이 부른 곡들은 '창법 저속'이라는 이유로 방송금지 처분을 받았다. 이에 격분한 김의철은 스스로 유통 중단을 선언했고 그렇게 그의 첫 앨범은 대중의 시야에서 사라졌다.

　1980년, 음악 공부를 위해 독일로 유학길에 오른 김의철은 이듬해 미국에 정착하여 교편과 작곡 활동에 전념하다가, 1991년 귀국해 2집《그 산하》(1993)와 3집《연가집》(1993)을 발표한다. 이후 1996년부터는 가수 양희은의 녹음 세션과 공연 음악감독을 맡기도 했다.

　필자가 포크 음악에 심취하기 시작하던 고등학생 시절, 멜라니 사프카

김의철 2집《그 산하》(1993)

김의철 3집《연가집》(1993)

2003년 재발매 CD

(Melanie Safka)의 우울함과 카트린 리베이로(Catherine Ribeiro)의 광기가 느껴지는 <섬아이>와의 첫 만남을 지금도 잊을 수가 없다.

오랫동안 희귀 음반으로 손꼽히며 음반 시장에서 좀처럼 접하기 어려웠던 이 앨범은, 2003년(LP·CD), 2012년(CD), 2022년(LP) 등 세 차례 이상 재발매되었다.

4월과 5월 : Best 4월과 5월

1973년 7월 3일 | 유니버샬레코드 | K-APPLE-781

Side A

1. 옛사랑
2. 산으로 바다로
3. 님의 노래
4. 영화를 만나
5. 딩동댕 지난여름

Side B

1. 和
2. 바다의 여인
3. 욕심 없는 마음
4. 작은 섬
5. 내가 싫어하는 여자

　　외래어 제목과 번안곡이 대세였던 1970년대 초, 순우리말 팀명과 전곡 자작곡 중심의 앨범으로 또렷한 개성과 음악적 신념을 드러냈던 포크 듀오 '4월과 5월'의 1973년 앨범.

　　비틀스의 열렬한 팬이자 록 마니아였던 백순진은 휘문고 재학 시절부터 비범한 음악성과 추진력을 발휘했다. 그는 친구 오승근, 홍두백과 함께 록 밴드 '엔젤스'를 결성해 직접 공연을 기획하고 무대에 서며 또래들 사이에서 일찌감치 존재감을 드러냈다.

　　10대 시절 록의 감수성을 체화한 그는 고교 졸업 후에는 포크로 음악적 관심을 넓혀가며 작곡가로서의 길을 본격화했고, 중앙대 작곡과 진학 후 서울대 농대에 재학 중이던 이수만을 만나 1970년 '4월과 5월'을 결성한다. 백순진은 이수만의 권유로 명동 YMCA에서 매주 열리던 포크 모임 '청개구리' 무대에 함께 오르면서 얼굴을 알리기 시작했고, 그곳에서 서유석, 양희은, 김민기 등 선배 뮤지션들과 교류를 쌓으며 음악 세계를 한층 확장해갔다.

　　1972년 첫 앨범 녹음을 마친 직후, 이수만은 건강상의 이유로 팀을 떠났고, 그의 빈자리는 김태풍이 대신하게 되었다. 시판용 앨범 커버에는 실제 녹음에 참여한 이수만 대신 새로 합류한 김태풍이 백순진과 함께 포즈를 취하고 있다.

　　4월과 5월 음악의 중심에는 언제나 '청춘'과 '사랑'이 있었다. 하이틴 영화의 한 장면을 떠올리게 하는 <영화를 만나>, 사랑하는 여인을 향한 애틋한 순애보 <和>, 청춘의 고뇌와 방황을 그린 <산으로 바다로> 그리고 안분지족(安分知足)의 삶을 노래한 <욕심 없는 마음>(원곡은 Lovin' Spoonfull의 <Butchie's Tune>)까지 백순진의 손끝에서 완성된 이 곡들은 수많은

4월과 5월 작품집 《Oasis Folk Festival Vol.1》(1972)

<いい娘だね>가 수록된 Jacks의 싱글

음악팬의 마음을 두드리며 4월과 5월만의 독창적 감성을 대중의 기억 속에 깊이 새겨놓았다.

첫 앨범 수록곡을 새롭게 편곡한 <和>는 그가 연애 시절 지금의 아내를 위해 작곡한 곡으로 알려져 있다. 당대 록 밴드에 견줄 만한 강렬한 연주가 돋보이는 이 곡은 발표된 지 50여 년이 지난 지금까지도 표절 의혹에서 완전히 벗어나지 못하고 있다.

문제의 지점은 일본 사이키델릭 록 밴드 '잭스(Jacks ジャックス)'가 1968년에 발표한 싱글 《텅 빈 세계(からっぽの世界)》의 B면 수록곡 <착한 아가씨로군(いい娘だね)>과의 유사성에 있다. 코드 진행과 멜로디 라인의 닮은 점을 지적하는 목소리가 오랜 시간 마니아들 사이에서 꾸준히 제기되어 왔다. 또한, 앨범 발매 전 라디오를 통해 릴테이프 녹음본이 먼저 전파를 타며 이미 히트의 조짐을 보였으나, 표절 의혹과 함께 가사 일부 표현이 문제가 되어 결국 금지곡으로 지정되는 우여곡절을 겪기도 했다.

1974년, 김태풍이 돌연 탈퇴를 선언하며 잠시 김정호가 그 자리를 대신하는 해프닝이 있었으나, 김태풍은 결국 백순진과의 우정을 지키기 위해 팀에 복귀했다. 하지만 오래가지 않아 1975년 1월, 4월과 5월은 공식적으로 해체를 선언하게 된다.

김태풍은 경영학을 공부하기 위해 유학길에 올랐고, 백순진은 'OTTO프로덕션'을 설립해 음반 제작과 작곡 활동을 병행하며 새로운 프로젝트를 시작한다. 1978년에는 김영진, 이지민으로 구성된 2기 4월과 5월을 기획해 이정선이 작곡한 <장미>를 수록한 앨범을 히트시키며 다시 한번 대중들에게 다가갔다.

백순진은 4월과 5월 활동 외에도 5인조 록 그룹 '들개들'을 결성하며 포크의 울림과 록의 에너지를 동시에 품어내려 했으나 앨범 발매 같은 가시적인 성과로 이어지지는 못했다. 훗날 한 인터뷰에서 그는 "지나고 보니 행복과 욕심은 함께할 수 없었다"는 자조 섞인 고백을 남기기도 했다. 사실 4월과 5월의 음악 안에서 포크와 록이 절묘하게 공존할 수 있었던 것도 바로 이러한 그의 음악적 갈증과 욕망에서 비롯된 시도라 할 수 있다.

비록 4년에 불과한 짧은 활동이었지만 싱어송라이터이자 4월과 5월의 수장으로서 그가 펼쳐낸 실험과 노력은 1970년대 청년문화의 한 페이지로 남아 지금도 여전히 빛을 발하고 있다.

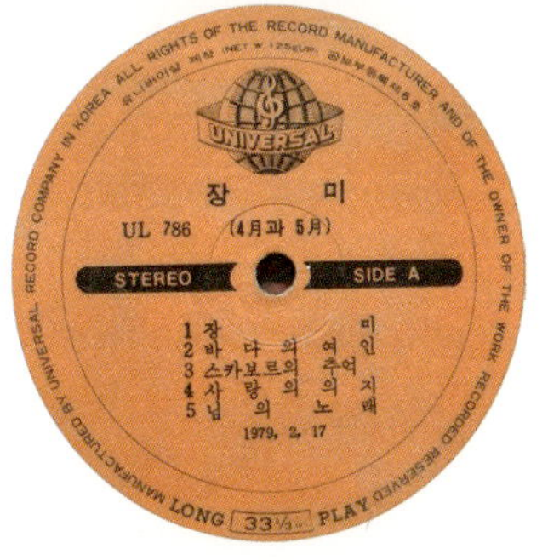

<장미>가 수록된 신생 4월과 5월 앨범

이 앨범은 1973년 유니버설 레코드에서 발매되었다. 앞서 1972년 오아시스레코드에서 《Oasis Folk Festival Vol.1》이라는 타이틀로 4월과 5월의 첫 음반이 나왔으나, 유니버설 이적 후 발매된 《Best 4월과 5월》을 이들의 공식 데뷔작으로 보는 것이 일반적이다. 실제로 이후 공개된 후속작의 제목이 《Vol.2》였던 점을 감안하면, 이러한 해석이 타당해 보인다.

《Best 4월과 5월》에는 <바다의 여인>, <옛 사랑>, <님의 노래> 등 다수의 인기곡이 수록되며 큰 사랑을 받았고, 정규 음반 가운데 가장 높은 판매고를 기록했다. 또한 1972년 음악공동체 《맷돌》의 옴니버스 라이브 앨범에 실렸던 <딩동댕 여름>과 첫 음반(오아시스레코드 발매)에 수록되었던 <내가 싫어하는 여자>, <욕심 없는 마음>, <작은 섬>, <和> 등이 새롭게 녹음되어 실렸다.

2008년에는 리버맨/드림비트의 기획으로 CD 재발매가 성사되었지만, LP 재발매는 아직까지 이뤄지지 않았다.

Golden Folk Album Vol.2

1974년 3월 29일 | 성음제작소 | SEL-20-0026

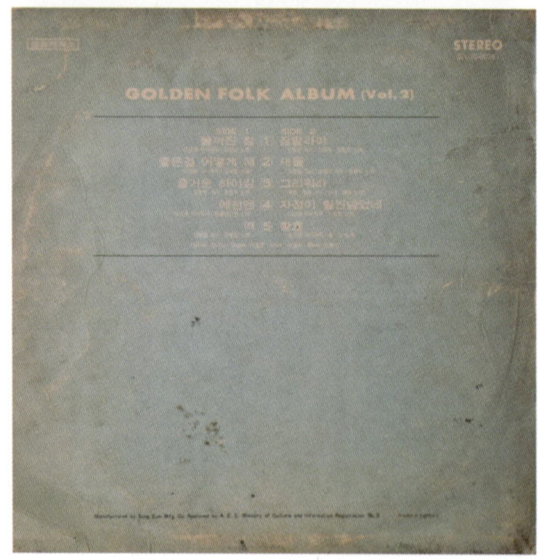

Side A

1. 불 꺼진 창 - 조영남
2. 좋은 걸 어떻게 해 - 김세환
3. 즐거운 하이킹 - 윤형주
4. 예전엔 - 원 플러스 원
5. 역 - 양병집

Side B

1. 잠발라야 - 윤형주 & 이성애
2. 새들 - 송창식
3. 그리워라 - 현경과 영애
4. 자정이 훨씬 넘었네 - 이장희
5. 황혼 - 홍민

　　1970년대는 한국에서 청년문화가 꽃피던 시기로 포크 가수들의 전성시대이기도 했다. 기성세대의 전유물이던 음악 시장에 10-20대가 새로운 소비 주체로 떠오르면서 대중문화의 풍경 또한 변화하기 시작했다. 특히 대학생들이 주도한 청년문화는 기존 가요와는 결을 달리하는 관조적이고 자유로운 세계관을 담아내며 젊은 세대의 열렬한 지지를 받았다.

　　이러한 흐름에 발맞춰 당시 PD 메이커라 불리던 기획사를 비롯한 메이저 음반사들도 포크 계열 가수 영입에 앞다투어 나섰다. 트로트에 강점을 보이던 오아시스 레코드는 'Oasis Folk Festival', 'Oasis Pop Festival' 등의 기획 옴니버스 앨범을 제작했고, 이종환이 이끌던 애플 프로덕션에서는 'Young Festival', 'Young Family', '별밤에 부치는 노래 시리즈' 등을 선보이며 새로운 대중음악 흐름을 주도했다.

　　이외에도 황우루 기획의 '국내 6대 포크 싱어들의 대향연!!' 등 다양한 형태의 기획 음반이 출시되었지만, 누가 뭐래도 한국 포크의 황금기를 대표하는 시리즈로는 단연 'Golden Folk Album'이었다.

　　이 시리즈는 나현구 대표가 이끌던 오리엔트 프로덕션의 기획 작품으로, 송창식, 이장희, 김세환, 윤형주 등 세시봉의 핵심 가수들과 함께 현경과 영애, 원 플러스 원 같은 신예 포크 기대주들이 참여한

Oasis Folk Festival

Young Festival

국내 6대 포크싱어들의 대향연!!

신곡 모음집 형태의 옴니버스 앨범이었다. 1974년부터 1975년까지 총 14장이 발매되며 수많은 히트곡들을 양산했다.

Golden Folk Album이 특별했던 이유는 바로 전속 세션 밴드 '동방의 빛'의 존재였다. 강근식(기타)을 중심으로 조원익(베이스), 이호준(건반), 유영수(드럼)로 구성된 이 4인조 밴드는 시기에 따라 조동진(리듬기타), 배수연(드럼), 이종식(건반), 이수영(베이스) 등이 일시적으로 합류하기도 했다.

비록 '포크'라는 이름을 달고 있지만, 이들은 밴드 편곡을 기반으로 한 음악을 들려주었다. 특히 스트링 편곡이 필요한 슬로우 템포 곡에서는 무그 신시사이저가 그 역할을 대신했고, 브라스 편곡이 들어가야 할 부분에서는 퍼지톤의 기타가 장엄한 분위기를 연출했다. 다른 기획사들의 포크 앨범과는 확연히 다른 동방의 빛만의 독특한 사운드였다.

기본적인 편곡은 사전에 구성되었지만, 때로는 스튜디오의 분위기에 따라 즉흥적인 연주 변화가 허용되기도 했다는 점 또한 이 시리즈의 음악적 깊이를 더해주는 요소였다.

무엇보다도 주목할 점은 곡마다 다른 분위기와 가창자의 개성을 유연하게 소화해낸 이호준과 강근식의 탁월한 편곡 역량이다. 이들은 단순한 세션 연주자

<새는>이 수록된 송창식의 1975년 앨범

<그대 있음에>가 수록된 송창식의 1978년 앨범

이상의 음반 전체의 색채를 결정짓는 핵심
적인 존재였다.

특히 이 앨범에 수록된 송창식의
<새들>은 당시 동방의 빛이 추구했
던 프로그레시브한 음악적 성향을
집약적으로 보여주는 문제작이다.
거친 기타 리프와 무그 신시사이저의
화려한 연주, 의도적인 불협화음 등이
결합 된 이 곡은 단순한 포크의 틀을 넘어선
과감한 실험의 결과물이었다.

빽판 레이블

<새들>은 이후 새롭게 편곡되어 <새는>이라는 제목으로 송창식의 정규 앨
범에 수록되었는데, 이 버전에서는 원곡의 거칠고 그루비한 감각이 다소 누그러
지고 대신 몽환적이고 사이키델릭한 분위기로 재창조되었다.

<새들>에서 보여준 실험적 편곡은 송창식의 또 다른 정규 앨범 수록곡 <그
대 있음에>에서도 이어진다. 플루트, 오르간, 기타가 혼연일체가 되어 이끄는 정
제된 사운드는 포크 음악의 한계를 뛰어넘는 감동을 선사하며, 동방의 빛의 음
악적 완성도를 다시금 입증하고 있다.

판매량이 좋았던 Golden Folk Album 시리즈 가운데 일부는 빽판으로 불
법 복제되어 유통되기도 했다. 특히 이 앨범은 조영남의 <불꺼진 창>, 양병집의
<역>, 현경과 영애의 <그리워라> 등 인기곡들이 포함되어 있었던 탓에 불법 음
반 제조업자들의 타깃이 되었다.

《Golden Folk Album Vol.2》는 2015년과 2017년, 뮤직리서치를 통해 각각
CD와 LP 포맷으로 재발매되었다. 아쉽게도 재발매반에서는 <새들>이 원본 음
원이 아닌 송창식의 정규 앨범에 수록된 재녹음 버전으로 대체되었다.

동양방송 주최 제1회 해변가요제

1978년 8월 31일 | 유니버살레코드사 | K-APPLE 865

Side A

1. 여름 – 징검다리
2. 바람과 구름 – 장남들
3. 내 단하나의 소원 – 블루 드래곤
4. 그대로 그렇게 – 휘버스
5. 그 바닷가 – 벗님들
6. 속삭여 주세요 – 주병진, 주선숙

Side B

1. 구름과 나 – 블랙 테트라
2. 세상모르고 살았노라 – 활주로
3. 요즈음 – 조인숙
4. 사랑의 즐거움 – 도래미
5. 꿈속에서 – 우리들
6. 정말로 사랑하니까 - 조성재

1977년, 침체된 가요계에 새로운 활력를 불어넣기 위해 MBC(문화방송)는 '대학가요제'를 출범시킨다. 이 행사는 대마초 파동 이후 위축되었던 대중음악계의 분위기를 전환하려는 의도와 함께 아마추어 대학생들에게 음악적 재능을 펼칠 기회를 제공하고자 기획되었다.

순수성과 열정을 모토로 내걸었던 대학가요제는 기존의 상업 가요와는 대비되는 새로운 바람을 불러일으키며 단숨에 젊은 세대의 뜨거운 지지를 얻게 된다. 이에 자극을 받은 민영 방송사 TBC(동양방송)는 이듬해인 1978년 7월 22일, 충남 태안 연포해수욕장에서 'TBC 해변가요제'를 개최했다. 여름 해변을 배경으로 펼쳐진 이 음악 축제는 야외공연의 자유로운 분위기와 청춘의 낭만을 결합한 이색적인 무대로 주목받았고 MBC 대학가요제에 출전하지 못했던 숨은 인재들이 대거 참여하면서 한층 더 다채롭고 풍성한 무대를 완성해냈다.

이 대회에서 한양대 혼성 보컬 그룹 징검다리는 작곡가 이정선이 제공한 <여름>으로 대상을 수상했고, 팀의 보컬이었던 왕영은은 이후 1980년대를 대표하는 방송인으로 성장하게 된다. 또한 유일하게 하드록 사운드를 표방했던 항공대 스쿨밴드 활주로는 <세상 모르고 살았노라>로 인기

징검다리 《님에게/소박한 기쁨》(1986)

벗님들 1집 《그런 마음이었어/또 만났네)》
(1979)

블루드래곤 《하이틴을 위한 애창곡집》
(1979)

김성호 《김성호의 회상》(1989)

상을 거머쥐었다. 이들은 3개월 뒤 열린 제2회 MBC 대학가요제에서도 <탈춤>으로 은상을 수상하며 본격적인 가요계 진입의 신호탄을 쏘아 올렸다.

훗날 인기곡 <사랑의 슬픔>(1986), <집시 여인>(1988)으로 소프트 록의 정수를 보여준 벗님들 역시 TBC 해변가요제를 통해 이름을 알렸다. 이용규(이치현의 본명)와 이현식으로 구성된 이 듀오는 섬세한 포크 감성과 유려한 하모니로 청중을 사로잡았고, 인기상을 수상하며 본격적인 활동 기반을 마련했다.

한편 중앙대학교 스쿨밴드 블루 드래곤스는 선이 굵은 연주와 서정적인 감성이 어우러진 <내 단 하나의 소원>으로 장려상을 차지했다. 이 팀의 보컬 김성호는 이후 다섯 손가락 <풍선>, 박성신 <한번만 더>, 김지연 <찬 바람이 불면> 등 굵직한 히트곡들을 남기며 작곡가로서 입지를 다졌고, 1989년에는 <김성호의 회상>을 담은 솔로 앨범으로 가수로서도 의미 있는 성과를 거두었다.

<그대로 그렇게>로 인기상을 받은 휘버스는 수려한 외모와 대중적 감각을 지닌 이명훈을 전면에 내세우며 대중 앞에 한 걸음 다가섰고, <속삭여 주세요>라는 듀엣곡으로 누나 주선숙과 함께 출전한 주병진은 이후 개그맨으로 데뷔해 1980-90년대를 대표하는 국민 MC로 활약하게 된다. 이렇듯 해변가요제는 음악 인재뿐만 아니라 향후 방송계에서 활약하게 될 예비스타들을 배출하며, 단순한 음악 경연의 의미를 넘어 대중문화 전반에 신선한 영향을 미쳤다.

TBC 해변가요제는 1979년부터 '젊은이의 가요제'로 명칭을 바꿔, 보다 폭넓은 음악 장르와 다양한 참가자들을 포용하게 된다. 이 무대를 통해 로커스트, 옥슨 80, 라이너스 등 개성이 뚜렷한 밴드들이 대중 앞에 모습을 드러내며 음악

적 입지를 차근차근 쌓아나갔다. 그러나 1980년, 신군부의 언론 통폐합 조치로 인해 TBC가 KBS에 강제 흡수되면서 '젊은이의 가요제'는 제3회를 끝으로 아쉽게 막을 내리게 된다.

해변가요제 수상곡들을 담은 이 앨범은 1977년 첫 발매 이후 높은 인기를 얻으며 여러 차례 다양한 판본으로 재출시되었

《해변가요제》 서울음반 재발매 버전

다. 1983년에는 서울음반을 통해 새로운 커버 디자인으로 재발매되었고, 2019년에는 세일뮤직에서 오리지널 디자인과 수록곡을 충실히 복원한 LP가 등장하여 가요 음반 애호가들 사이에서 주목을 받았다.

휘버스 : 열기들(Fevers) 걸작모음

1979년 6월 10일 | 서라벌레코드 | SR-0157

Side A

1. 젊음의 노래
2. 내 마음 항상
3. 그대로 그렇게
4. 해지는 바닷가
5. 사랑의 전설

Side B

1. 가버린 친구에게 바침
2. 0시 5분 전
3. 산(山)
4. 우리 모두
5. 시골로 가자

　　1970년대 중후반, 기성 가요계의 통제된 시스템 바깥에서 자생적으로 결성된 젊은 밴드들이 하나둘씩 등장하며 새로운 흐름이 조용히 움트기 시작했다.

　　휘버스의 역사는 1975년, 배명고등학교 동급생이던 정원찬, 문장곤, 이명훈을 중심으로 시작되었다. 수학여행 중 간이 무대에서 첫 연주를 선보인 이들은 이후 타교 축제 무대에 찬조 출연하고 방학 동안 시내 소극장을 빌려 단독 공연을 여는 등 고등학생 신분으로서는 과감한 실행력과 엔터테이너적 감각을 드러냈다.

　　학업을 위해 한동안 활동을 멈췄던 이들은 대학 진학 이후인 1978년 2월부터 송용섭을 새 멤버로 영입하며 본격적인 활동에 들어갔다. 같은 해 7월, 제1회 TBC 해변가요제에 출전해 자작곡 <그대로 그렇게>로 인기상을 수상하며 대중의 주목을 받았고, 이를 계기로 12월 9일과 10일, 남산 드라마센터에서 첫 단독 공연을 개최하게 된다. 총 다섯 차례로 예정되었던 공연은 전석 매진을 기록했고 일부 관객이 입장하지 못해 유리창을 깨는 소동이 벌어지기도 했다.

　　1979년, 기타리스트 김홍수가 팀을 떠나고 이일권이 새롭게 합류하면서 휘버스의 첫 정규 앨범 《젊은이의 우상 이명훈과 휘버스 Golden Parade》가 완성되었다. 그러나 곧 이일권이 군 입대를 위해 팀을 떠나고 김홍수가 재합류와 탈퇴를 반복하는 사이, 실력파 기타리스트 박호준이 새로운 멤버로 영입되었다.

　　같은 해, 서라벌레코드와의 계약을 통해 발표된 《열기들(Fevers) 걸작모음》은 휘버스의 음악적 역량이 본격적으로 드러난 작품으로 심장 질환으로 요절한 학교 선배를 추모하며 만든 <가버린 친구에게 바침>, 해변가요제 인기상 수상곡 <그대로 그렇게> 등이 수록되어 있다.

　　특히 실험적인 성향이 두드러지는 <산>과 <내 마음 항상>이 눈길을 끄는데,

휘버스 《젊은이의 우상 이명훈과 휘버스 Golden Parade》(1979)

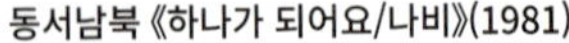

동서남북 《하나가 되어요/나비》(1981)

이명훈 《Fevers》(1982)

그 가운데 <산>은 자연의 아름다움과 변화무쌍한 풍경을 음악적으로 묘사한 대곡으로 국내에서 보기 드문 프로그레시브 록의 수작으로 평가받는다.

정원찬이 작곡한 창의적인 멜로디와 박호준의 감각적인 편곡 위에 다섯 멤버의 치밀한 합주가 어우러지며 독특한 음악적 결을 완성해냈다. 특히 박호준은 기타 솔로와 코러스 파트를 추가해 완성도를 높였고, 서울스튜디오에서 제공한 롤랜드(Roland) 키보드의 스트링 사운드가 더해져 사운드의 입체감과 서정성이 극대화되었다.

1979년 봄, 군 입대와 개인적인 사정으로 문장곤, 박호준, 송용섭이 동시에 탈퇴를 선언하면서 휘버스는 잠시 위기를 맞는다. 이명훈과 오택관은 새로운 멤버를 영입하며 밴드를 이어갔고, 박호준은 '동서남북'을 결성해 보다 실험적이고 자유로운 음악 세계를 펼쳐나갔다.

휘버스는 1980년 2월 고별 공연을 끝으로 공식 해산했다. 보컬리스트 이명훈은 솔로 가수로 독립하여

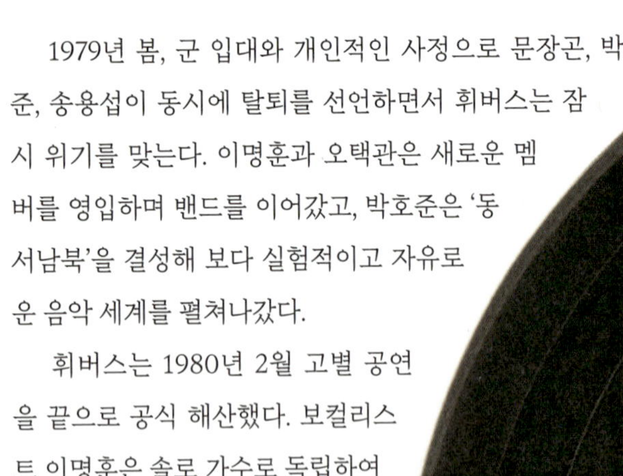

1982년 발표한 <얼굴 빨개졌다네>가 폭발적인 인기를 얻으며 전성기를 맞았다.

1979년 서라벌레코드를 통해 처음 발매된 휘버스의 앨범은 꾸준한 수요 속에서 1980년대 중반까지 수차례에 걸쳐 재발매되었고, 2012년에는 뮤직리서치를 통해 CD로 제작되었다.

어떤날 : 어떤날 II

1989년 6월 20일　|　서울음반　|　SPDR-169

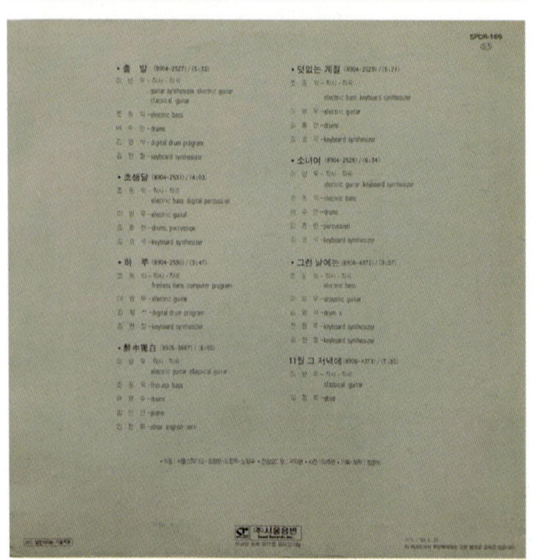

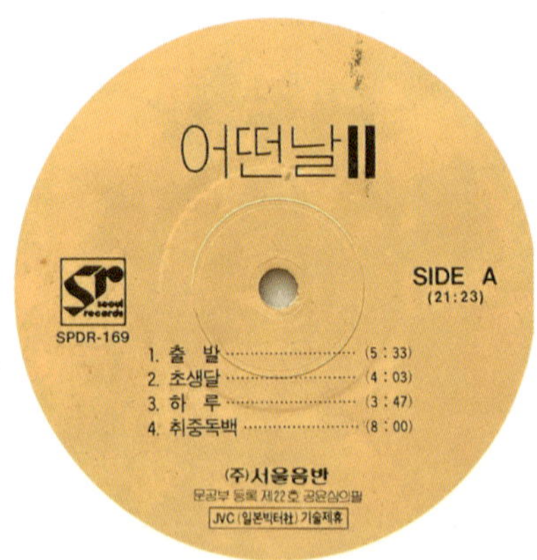

Side A

1. 출발
2. 초생달
3. 하루
4. 취중독백

Side B

1. 덧없는 계절
2. 소녀여
3. 그런 날에는
4. 11월 그 저녁에

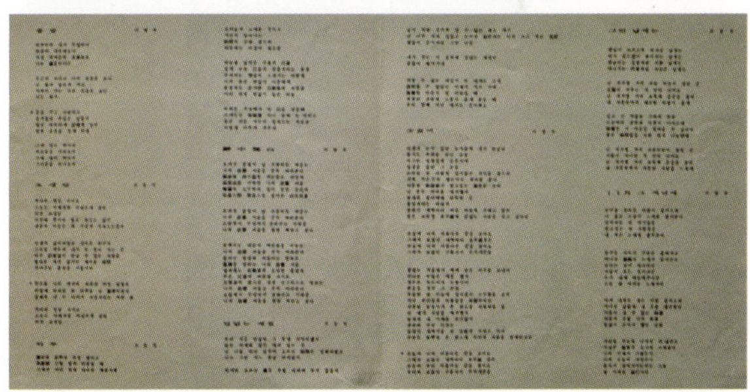

한 장의 음반이 대중의 주목을 받기 위해서는 음악적 완성도와 더불어 제작사의 치밀한 마케팅 전략이 뒷받침되기 마련이다. 그러나 발표 당시 뚜렷한 활동 이력이 없었음에도 소수의 열성 팬들 사이에서 입소문을 타며 오랜 시간 생명력을 이어가는 작품도 있다. 조동익과 이병우가 결성한 그룹 '어떤날'의 음반은 그러한 예외적인 전개를 보여주는 대표적 예다.

어떤날이라는 그룹명은 조동익의 친형이자 한국 포크의 선구자인 조동진이 발표한 2집 수록곡 <어떤 날>에서 비롯되었다.

어떤날 I 《1960-1965》(1986), 각각 두 멤버의 출생 연도를 담은 담백한 커버 디자인이 인상적인 데뷔 앨범에는 포크와 록이 유기적으로 어우러진 절제된 감성과 과감한 실험 정신이 고스란히 녹아 있다. 특히 포근한 음색의 조동익이 포크적 감수성을 바탕으로 풀어낸 어떤날만의 서정성은 <하늘>과 <오래된 친구>에서 뚜렷하게 드러난다.

그리고 들국화 1집 앨범에 수록되어 주목을 받았던 <오후만 있던 일요일>은

어떤날 1집, 《1960-1965》(1986)

김현철 《Vol.1》(1989)

원작자인 이병우의 목소리로 다시 태어나며 한층 더 깊이 있는 감성을 선사했다.

첫 앨범 이후 몇 년간의 공백을 깨고 이들은 더욱 깊어진 음악 세계를 담아 두 번째 앨범을 발표했다. 2집 앨범에서는 퓨전적인 색채가 두드러지며, 일상의 단상을 담담하게 풀어내는 절제된 감성이 인상적이었다. 특히 대표곡인 <출발>은 이러한 음악적 방향성을 잘 보여주는 곡으로 특유의 여유로운 분위기와 이병우의 화려한 어쿠스틱 기타 솔로가 돋보였다.

1집이 내면의 목소리에 집중했다면, 2집은 보다 외향적인 접근을 시도하며 대중과의 접점을 넓혀나갔다. 두 멤버는 손바닥의 양면처럼 상반된 음악적 결을 드러냈으며, 조동익의 <초생달>, <그런 날에는>과 이병우의 <소녀여>, <취중독백>, <11월 그 저녁에>에서 그 차이를 확인할 수 있다.

이 앨범에서 주목할 또 하나의 요소는 김효국(오르간), 임인건(피아노), 배수연·유영수(드럼) 등 당대 최고 수준의 세션 연주자들과 함께 당시 무명이었던 김현철(키보드)의 이름이 크레디트에 포함되어 있다는 점이다.

1989년 초, 대학 진학을 앞두고 있던 김현철은 김수철의 공연을 보러 갔다가 게스트로 무대에 오른 어떤날의 음악에 매료된다. 공연이 끝난 뒤 지하철을 타고 귀가하던 중 그는 지하철 안에서 조동익과 운명처럼 마주치게 되고, 이 만남을 계기로 자연스럽게 교류를 이어갔다.

조동익이 김현철의 비범함을 알아차리는 데는 그리 오랜 시간이 걸리지 않았다. 그는 곧바로 2집 작업에 김현철을 키보디스트로 참여시켰고, 같은 해 여름 동아기획을 통해 정식 데뷔의 길을 열어주었다.

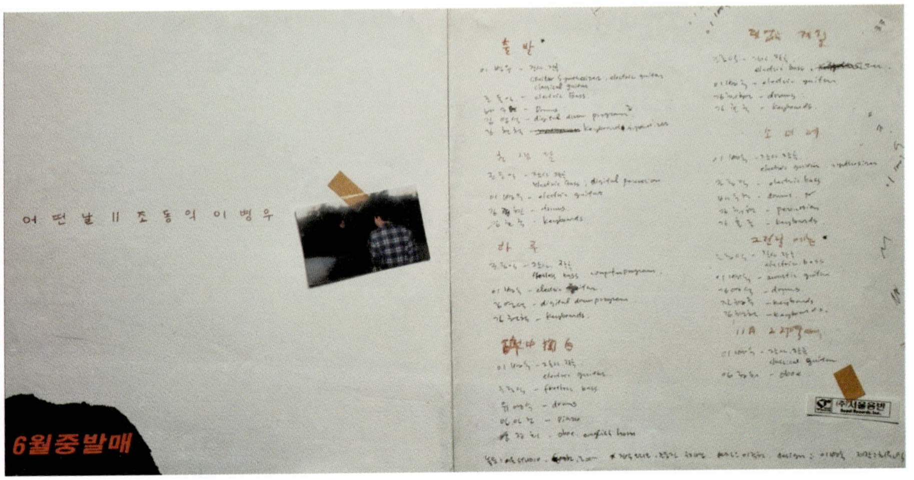

어떤날 2집 앨범 홍보물

2집 발표 이후, 어떤날은 공식적인 활동을 멈췄지만, 두 사람은 각자의 길에서 저마다의 음악적 탐구를 이어갔다. 조동익은 동아기획과 하나뮤직을 거점으로 다수의 가요 앨범 편곡을 맡아 1990년대 한국 대중음악의 진화를 이끌었고, 이병우는 오스트리아 유학을 통해 음악적 시야를 넓힌 뒤 귀국해 영화 음악가로 활동 중이다.

1989년 2집 발매를 앞두고는 앨범 커버를 암시하는 이미지와 수록곡 소개를 담은 홍보물이 배포되었다. 이 홍보물에는 이병우와 조동익이 직접 쓴 손글씨가 각각의 면에 실렸으며, 디자인 구성은 훗날 발매된 이병우의 솔로 앨범 커버로 이어지는 시각적 기반이 되었다.

이병우 솔로 앨범

OST : 굿모닝! 대통령

1989년 6월 10일 ｜ 지구레코드 ｜ JLS-1202266

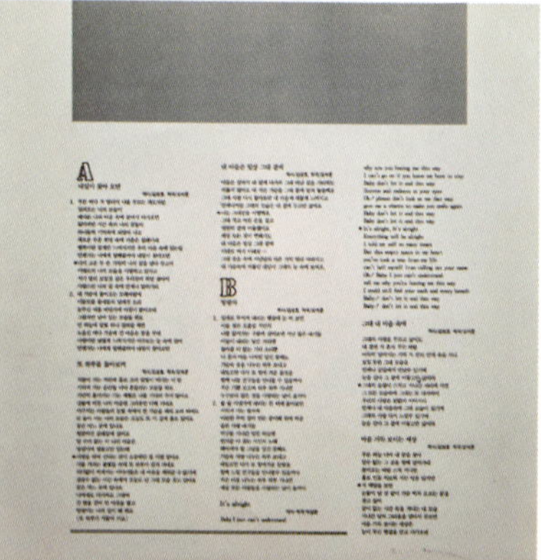

Side A
1. 내일이 찾아오면 – 오석준, 장필순, 박정운
2. 또 하루를 돌아보며 – 오석준
3. 내 마음은 항상 그대 곁에 – 오석준, 장필순
4. 그대 떠난 길목에서 (연주곡)

Side B
1. 방랑자 – 장필순
2. It's Alright – 박정운
3. 그대 내 마음속에 – 오석준
4. 마음 가득 보이는 세상 – 이은미
5. 꿈을 찾아서 (연주곡)

1989년 여름, 영화감독 이규형의 네 번째 작품《굿모닝! 대통령》이 개봉하면서 동명의 OST 앨범도 함께 세상에 나왔다. 스포츠서울 연재소설을 원작으로 한 이 영화는 당시 대중의 사랑을 한 몸에 받던 가수 이상은의 깜짝 연기 도전으로 이목을 끌었다.

1988년 강변가요제에서 대상을 거머쥔 <담다디>로 전국을 들썩이게 했던 이상은은 그 인기를 발판 삼아 또 한 번 색다른 영역에 발을 내디딘 셈이었다.

방황하는 세 젊은이의 여정을 로드무비 형식으로 담아낸 이 작품은 OST 앨범 커버에 이상은이 등장하면서 자연스럽게 그녀가 앨범의 주인공일 것이라는 인상을 주었다. 그러나 실상 이 음반의 중심에는 당시 신예 싱어송라이터였던 오석준이 있었다.

유재하를 떠올리게 하는 비음 섞인 미성과 감성적인 보사노바풍 사운드의 데뷔 앨범으로 이미 주목받고 있던 오석준은 <우리들이 함께 있는 밤>을 비롯한 여러 곡을 통해 특유의 섬세하고 감각적인 음악 세계를 펼쳐 보인 바 있다. 비록 영화는 흥행에 실패해 개봉 26일 만에 막을 내렸지만, OST는 수록된 곡들의 높은 완성도 덕분에 입소문을 타기 시작했다.

파도 소리 효과음과 함께 시작되는 청량한 포크 팝 넘버 <내일이 찾아오면>은 오석준, 박정운, 그리고 포크 듀오 '소리두울' 출신

오석준《Dream & Love》(1988)

의 장필순이 함께한 곡으로 1989년 여름의 낮과 밤, 그 시절 청춘의 감성을 생생하게 담아내며 라디오 전파를 타고 퍼졌다. 이 앨범은 당시 오석준의 정규 앨범에 견줄 만큼 완성도 높은 음악과 사운드로 깊은 인상을 남겼다.

데뷔 앨범의 히트곡 <우리들이 함께 있는 밤>과 자연스럽게 이어지는 보사노바 넘버 <또 하루를 돌아보며>, 장필순과의 섬세한 호흡이 빛나는 <내 마음은 항상 그대 곁에>는 이 앨범의 진가를 보여주는 명곡들이다.

박정운은 자작곡 <It's Alright>을 통해 싱어송라이터로서의 존재감을 확실히 드러냈고, 장필순의 <방랑자>는 그녀 음악의 근간인 포크에 대한 깊은 애정과 진정성을 담아냈다.

이 앨범을 더욱 특별하게 만든 또 하나의 요소는 이병우, 손무현, 송홍섭, 김효국 등 당대 정상급 세션 뮤지션들의 탁월한 연주였다. 지금처럼 미리 듣기나 사전 정보가 넘쳐나던 시대가 아니었기에 크레디트에 적힌 그들의 이름은 음악의 색채와 분위기를 미리 짐작하게 해주는 소중한 단서였다.

이듬해인 1990년, 제작자 서희덕(뮤직디자인)은 OST의 대표곡들과 참여 가수들의 히트곡을 엮은 편집 앨범《오석준/박정운/장필순》을 발표하며 흥행의 불씨를 이어갔다. 그러나 그 세 명의 이름 뒤로 조용히 숨겨져 있던 또 하나의 목

《오석준/박정운/장필순》(1990)

이은미 1집 《외면/추억에 젖어》(1993)

소리가 있었다. 바로 이은미였다.

당시 무명의 대학생 가수였던 그녀는 OST 앨범 B면 네 번째 트랙 <마음 가득 보이는 세상>을 통해 아직 다듬어지지 않은 풋풋한 음색과 거침없는 가창력을 동시에 드러냈다.

많은 이들이 '신촌블루스'에서의 활동을 그녀의 출발점으로 기억하지만, 이은미의 음악 여정은 바로 여기, 《굿모닝! 대통령》 OST에서 조용히 시작되었다.

Bob Welch : French Kiss

1979년 6월 15일 | 오아시스레코드 | OLE-259

Side A

1. Sentimental Lady
2. Easy To Hell
3. Hot Love, Cold World
4. Mystery Train
5. Lose My Heart
6. ~~Outskirts~~

Side B

1. Ebony Eyes
2. Lose Your...
3. Carolene
4. Dancin' Eyes
5. Danchiva
6. Lose Your Hearts

1967년 블루스 록 밴드로 출발한 플리트우드 맥(Fleetwood Mac)은 1970년을 전후로 중대한 전환기를 맞는다. 창단 멤버였던 피터 그린(Peter Green)과 제레미 스펜서(Jeremy Spencer)가 차례로 탈퇴하면서 밴드는 근본적인 변화를 겪게 된다. 이 공백을 메우기 위해 1971년 새롭게 합류한 기타리스트 밥 웰치(Bob Welch)는 잔류 멤버 대니 키르완(Danny Kirwan)과 함께 기타와 보컬을 분담하며 밴드의 새로운 중심축으로 떠오른다. 이 시기 플리트우드 맥은 블루스 중심의 사운드에서 벗어나 보다 멜로디 지향적인 대중 친화적 스타일로 점차 노선을 전환해 나갔다.

밥 웰치는 《Future Games》(1971)를 시작으로 《Bare Trees》(1972), 《Penguin》(1973), 《Mystery To Me》(1973), 《Heroes Are Hard To Find》(1974)까지 총 다섯 장의 앨범에 참여하며, 대니 키르완과 크리스틴 맥비(Christine McVie)와 함께 플리트우드 맥의 사운드를 새롭게 정의해 나갔다. 그러나 1974년 그가 탈퇴한 뒤, 스티비 닉스(Stevie Nicks)와 린지 버킹엄(Lindsey Buckingham)이 새롭게 합류하면서 밴드는 완전히 다른 색채로 변화했고, 《Fleetwood Mac》(1975)과 《Rumours》(1977)의 연이은 대성공 속에서 밥 웰치의 이름은 점차 희미해져 갔다.

밴드를 떠난 밥 웰치는 1975년, 삼인조 록 밴드 파리스(Paris)를 결성해 하드록 사운드를 시도했으나 이 프로젝트는 오래 지속되지 못했다. 결국 그는 1977년 첫 솔로 앨범 《French Kiss》를 통해 팝 록 아티스트로 전환하며 상업적인 성공을 거두게 된다. 파리스 시절의 하드록을 기대했던 팬들에게는 의외의 변신

으로 보였지만, 플리트우드 맥 시절부터 드러
났던 그의 감성적이고 멜로디 중심적인 음악
세계를 떠올려보면 이는 오히려 자연스러운 귀
결이었다.

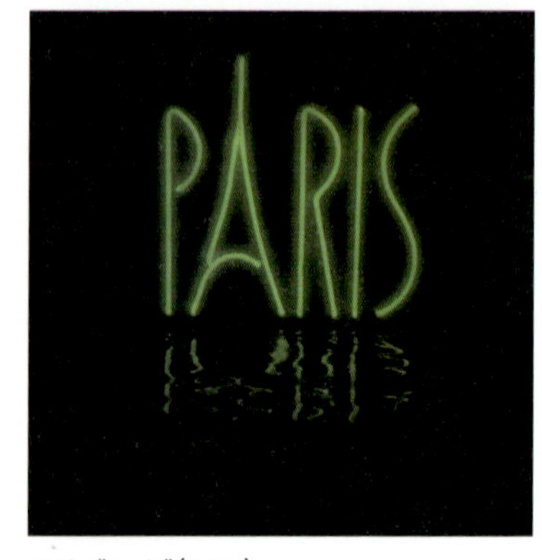

Paris 《Paris》(1976)

앨범 《French Kiss》에는 <Ebony Eyes>와
<Sentimental Lady>라는 두 곡의 히트곡이 수
록되어 있다. 특히 <Sentimental Lady>는 원래
플리트우드 맥의 《Bare Trees》(1972)에 실렸던
곡으로 밥 웰치가 자신의 스타일로 새롭게 편곡하여 다시 한 번 주목을 받았다.

그러나 1979년 두 번째 솔로 앨범 《Three Hearts》 이후 발표한 네 장의 정규
앨범은 아쉽게도 이전만큼의 반향을 일으키지 못했다.

밥 웰치는 1977년 제2회 캘리포니아 잼(California Jam) 무대에 플리트우드
맥과 함께 오르며 여전히 우호적인 관계를 유지하는 듯 보였다. 하지만 시간이
흐르면서 양측의 관계는 점차 복잡해졌다. 1994년에는 미지급된 로열티 문제로
밴드 측과 법적 분쟁을 벌이게 되었고, 이 갈등은 1998년 플리트우드 맥이 로큰
롤 명예의 전당에 헌액될 당시 그가 제외되는 불운한 결과로 이어졌다.

혜은이 《7집》(1979)

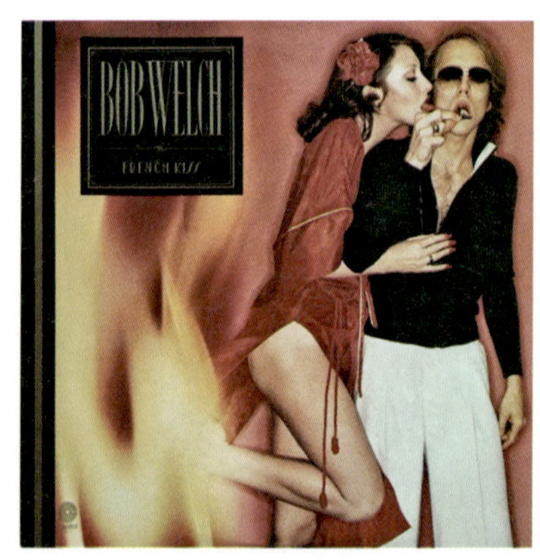

Bob Welch 《French Kiss》 오리지널 커버

한편 <Ebony Eyes>는 고고 열풍이 불던 1970년대 후반, 한국에서도 큰 인기를 끌었다. 특히 가수 혜은이가 이 곡을 <검은 눈동자>라는 제목으로 번안해 발표하면서 원곡의 인기는 한층 더 확산되었다.

국내 발매 권리를 보유하고 있던 오아시스레코드는 《French Kiss》의 인기에 발맞춰 라이선스반 출시를 서둘렀다. 그러나 이미 시장을 선점한 불법 복제 음반들 탓에 정식 발매는 한참 늦어진 1979년에야 이뤄질 수 있었다.

라이선스반 커버로 사용된 《Three Hearts》(1979) 뒷면

정식 발매 과정도 순탄하지 않았다. A면 여섯 번째 곡인 <Outskirt>는 가사 내용이 문제가 되어 금지곡 판정을 받으며 수록곡에서 제외되었고, 오리지널 커버 사진 역시 심의에 통과하지 못하고 사용불가 판정을 받았다. 결국 음반사는 밥 웰치의 두 번째 앨범 《Three Hearts》의 뒷면 이미지를 차용하는 임시방편으로 가까스로 발매를 성사시켰다.

《Three Hearts》의 앞면

이 라이선스반은 사전심의 제도와 불법 음반 유통이 뒤엉켜 있던 당시 한국 음반 시장의 풍경을 여실히 보여주는 일종의 '기형적 산물'이라 할 수 있다. 실제로 현재까지 남아 있는 음반 수량을 보면, 불법 복제반이 압도적으로 많아 오히려 정식 라이선스반이 더 귀하게 여겨지는 역설적인 상황이 펼쳐지고 있다.

Various Artists ： In Harmony

1981년 9월 10일 | 오아시스레코드 | OLW-163

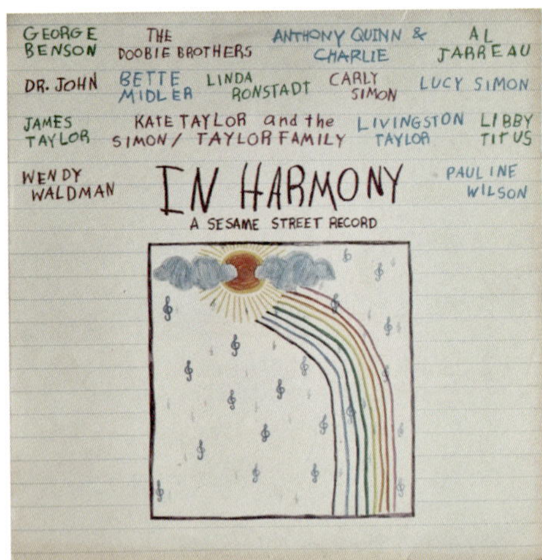

Side A

1. Life Itself Will Let You Know – Anthony Quinn & Charlie
2. Wynken, Blynken And Nod – Doobie Brothers
3. Jelly Man Kelly – James Taylor
4. Be With Me – Carly Simon
5. Blueberry Pie – Bette Midler
6. One Good Turn – Al Jarreau

Side B

1. I Want A Horse – Linda Ronstadt & Wendy Waldman
2. The Sailor And The Mermaid – Liddy Titus & Dr. John
3. Pajamas – Livingston Taylor
4. A Friend For All Season – George

1981년, 앤서니 퀸(Anthony Quinn)과 찰리(Charlie)가 함께 불러 화제가 되었던 <Life Itself Will Let You Know>라는 노래가 있다. 인생을 시작하는 어린 아들에게 아버지가 전하는 삶의 지혜와 사랑을 담은 이 곡은, 국내에서도 <아빠의 말씀>이라는 곡명의 노래로 번안되어 당시 국민학생이던 필자에게도 각별한 추억으로 남아 있다.

<Life Itself Will Let You Know>의 선풍적인 인기에 힘입어 당시로서는 매우 이례적으로 7인치 싱글이 국내에 라이선스반(OSW-1001)으로 소량 발매되기도 했다. 당시 국내 음반 시장에서는 싱글 포맷 자체가 흔치 않았기에 이 같은 발매는 음악 팬들에게도 신선한 사건이었다.

싱글 발매 이후 오아시스레코드는 잠시 고민에 빠졌다. 싱글로만 존재하는 이 음악을 어떻게 앨범으로 만들 것인가였다. 80년대 국내 음악시장에서 싱글은 대중적인 포맷이 아니어서 어떻하든 흥행이 확실히 보장되는 12인치 LP 안에 이 노래를 넣어야만 했다.

한 가지 복안이 있었다. 1980년 미국 세서미 스트리트(Sesame Street) 레코드에서 제작한 《In Harmony》 앨범에 <Life Itself Will Let You Know>를 타이틀곡으로 끼워 넣어 발매하는 것이었다. 《In Harmony》는 미국의 대표 어린이 교육 프로그램인 세서미 스트리트가 주관한 프로젝트 앨범으로 두비 브라더스(Doobie Brothers), 칼리 사이먼(Carly Simon), 벳 미들러(Bette Midler), 제임스 테일러(James Taylor) 등 다양한 장르의 베테랑 뮤지션들이 참여해 평화, 사랑, 희망, 나눔을 주제로 제작한 교육적 성격이 강한 작품이었다.

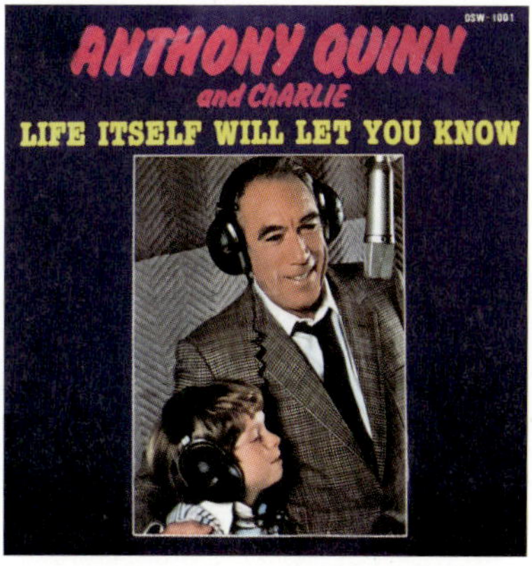

<Life Itself Will Let You Know> 라이선스 싱글

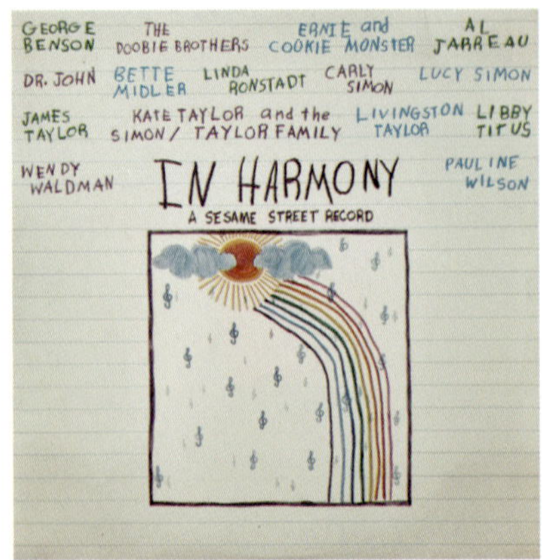

《In Harmony》 오리지널반

어린이를 위한 노래들로 채워진 이 앨범에 앤서니 퀸의 <Life Itself Will Let You Know>를 수록한 것은 탁월한 선택이었다. 《In Harmony》의 다른 곡들이 퓨전 재즈나 포크풍의 따뜻하고 세련된 분위기를 지닌 데 반해, 이 노래는 다소 신파적인 감성으로 가득했음에도 불구하고 전체 흐름 속에서 이질감 없이 자연스럽게 어우러졌다.

수록곡의 밸런스를 고려한 제작사는 몇 가지 과감한 편집을 단행했다. 먼저 오리지널반 A면 다섯 번째 트랙이었던 '어니 & 쿠키 몬스터(Ernie & Cookie Monster)'의 <Share>를 걷어내고, <Life Itself Will Let You Know>를 같은 면 첫 번째 곡으로 배치했다.

아울러 커버 앞면의 아티스트 표기를 'Anthony Quinn & Charlie'로 수정하고, 뒷면 트랙 리스트에도 'Life Itself Will Let You Know – Anthony Quinn &

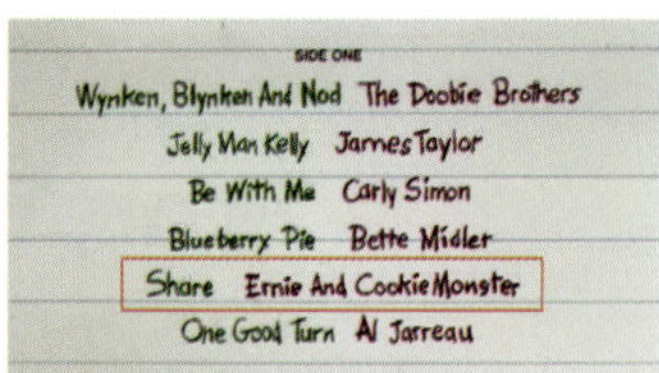

오리지널반 표기

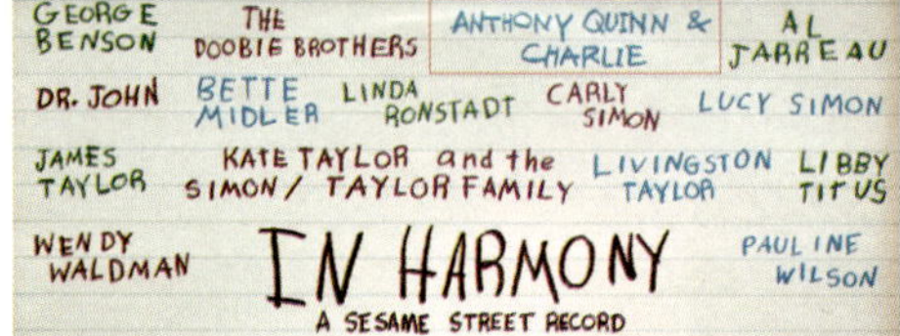

라이선스반 표기

Charlie'를 정교하게 수작업으로 삽입했다. 마지막으로, 오리지널 커버 뒷면에 그려져 있던 초승달 이미지는 <Life Itself Will Let You Know> 싱글 커버 이미지로 덧씌웠다.

이처럼 라이선스 발매사의 치밀한 기획으로 앨범은 좋은 반응을 얻었고, 많은 국내 음악 팬들은 지금도 <Life Itself Will Let You Know>를 들을 때면 자연스럽게 《In Harmony》 앨범을 떠올리곤 한다. 노래 한 곡이 앨범 전체의 정체성을 바꾸어놓은 흔치 않은 사례로 당시 음반사의 유연하고 세심한 기획력이 돋보였던 앨범으로 기억된다.

Scorpions : Lovedrive

1982년 7월 1일 | 오아시스레코드 | OLE-429

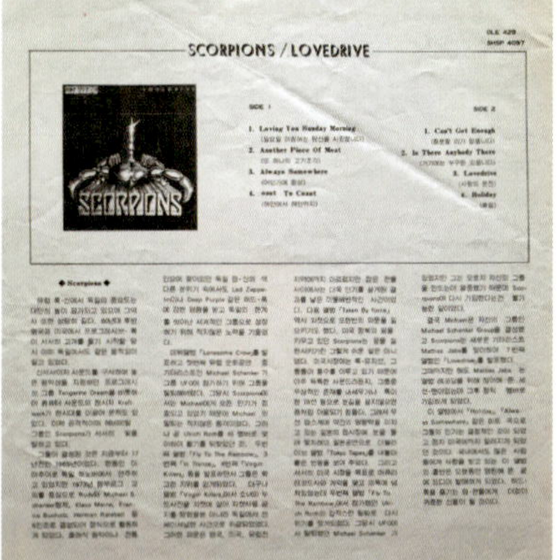

Side A

1. Loving You Sunday Morning
2. Another Piece Of Meat
3. Always Somewhere
4. Coast To Coast

Side B

1. Can't Get Enough
2. Is There Anybody There?
3. Lovedrive
4. Holiday

1965년 독일 하노버(Hannover)에서 결성되어 1972년 정식으로 레코드 데뷔를 한 스콜피언스(Scorpions)는 1970년대 중후반까지 유럽과 일본에서 상당한 인지도를 쌓았지만 미국 시장에서는 여전히 무명에 가까운 존재였다.

그러던 중 밴드의 향후 행보에 중대한 전환점이 찾아온다. 《Fly To The Rainbow》(1974)부터 《Tokyo Tapes》(1978)까지 밴드의 핵심 멤버로 활약해 온 기타리스트 울리히 로스(Ulrich Roth)가 1978년 일본 투어를 마지막으로 탈퇴를 선언하고 그 자리를 신예 마티아스 얍스(Matthias Jabs)가 메우면서 스콜피언스는 기존의 어두운 하드록 색채를 벗고, 보다 대중 지향적인 헤비메탈 밴드로 탈바꿈하게 된다.

여기에 UFO에서 탈퇴한 스콜피언스의 원년 멤버 마이클 셴커(Michael Schenker, 이하 마이클)가 1978년 9월부터 시작된 새 앨범 녹음에 전격 합류하면서 밴드는 세 명의 기타리스트를 동시에 보유한 보기 드문 진용을 갖추게 된다. 특히 <Coast To Coast>, <Another Piece Of Meat>, <Lovedrive>, <Holiday>, <Loving You Sunday Morning> 등에서 마이클은 전매특허인 화려하고 날카로운 연주를 선보이며 팬들의 기대를 증폭시켰다. (앨범 크레디트에는 <Coast To Coast>, <Another Piece Of Meat>, <Lovedrive> 등 세 곡에서 그의 참여가 공식적으로 명시되어 있다.)

이후 마이클은 1979년 2월 독일 순회공연을

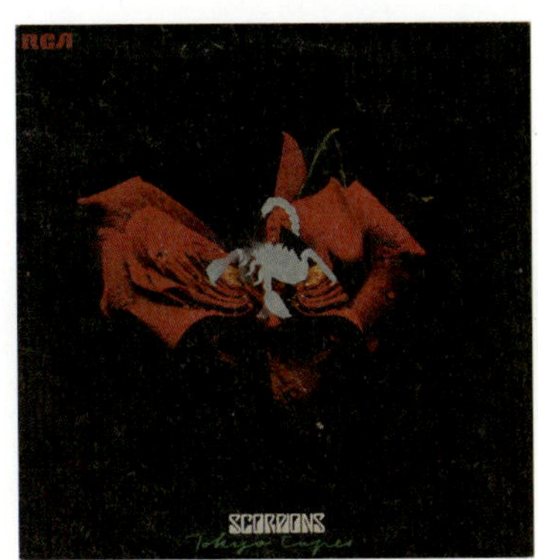

《Tokyo Tapes》(1978)

계기로 정식 멤버로 잔류하게 되지만, 불과 두 달 만에 돌연 밴드를 떠나며 팬들과 멤버들을 당황케 했다. 이 과정에서 마티아스 얍스는 한차례 밴드에서 방출되었다가, 마이클의 돌연한 이탈로 인해 다시 급하게 복귀하는 촌극이 벌어지기도 했다.

결과적으로, 《Lovedrive》는 미국 빌보드 앨범 차트에서 55위를 기록하며, 스콜피언스 결성 이래 가장 큰 상업적 성과를 거두게 된다. 이 앨범은 이후 《Blackout》(1982), 《Love At First Sting》(1984)으로 이어지는 세계적인 성공의 결정적 발판이 되었으며, 밴드는 비로소 미국 시장에서도 강한 존재감을 드러내기 시작했다.

이 음반의 가장 큰 강점은 밴드의 다채로운 재능과 폭넓은 음악적 스펙트럼을 담고 있다는 점이다. <Always Somewhere>, <Holiday>는 감미로운 멜로디 안에 록 밴드의 정체성을 녹여낸 파워 발라드로 한층 성숙해진 밴드의 서정성을 보여준다. 반면, <Loving You Sunday Morning>, <Another Piece Of Meat>, <Can't Get Enough>에서는 날카롭고도 세련된 리프를 앞세운 정통 헤비메탈 사운드로 밴드의 에너지와 역동성을 유감없이 발휘한다.

특히 <Is There Anybody There>에서는 레게 리듬을 도입한 이례적인 접근을 통해 록의 문법 안에서 실험적이고 색다른 질감을 구현해내고 있다.

음악적 성취와는 별개로, 이 앨범은 독특하고 도발적인 커버 아트로도 큰 화제를 모았다. 커버 디자인은 핑크

《Lovedrive》 오리지널반 커버

《Love At First Sting》 오리지널반 커버

《Love At First Sting》 라이선스반 커버

플로이드, 레드 제플린(Led Zeppelin)의 아트 워크로 유명한 디자인 그룹 힙노시스(Hipgnosis)의 스톰 소거슨(Storm Thorgerson)이 맡았다. 그는 파티 복장의 남녀 커플이 자동차 뒷좌석에서 벌이는 도발적 장면을 커버에 담아 적지 않은 논란을 불러일으켰다.

스콜피언스는 이미 1976년 네 번째 앨범 《Virgin Killer》에서 10대 소녀의 누드 사진을 커버로 사용해 충격을 준 바 있다. 이러한 파격적 이미지 전략은 이후 《Love At First Sting》에서도 반복되었다. 한편, 《Lovedrive》의 오리지널 커버는 미국을 비롯한 일부 국가에서 외설 논란에 휘말리며, 검정 배경에 전갈 이미지를 삽입한 대체 커버로 교체·발매되었다.

국내에서는 <Holiday>와 <Always Somewhere>가 라디오 단골 레퍼토리로 리퀘스트 되면서, 라이선스반 발매 역시 자연스럽게 추진되었다. 선정적 커버로 인한 사전심의 반려를 우려한 오아시스레코드사는 제작 단계에서 미리 검정색 대체 커버를 선택함으로써 논란을 사전에 차단했다. 해당 라이선스 앨범은 이후 여섯 차례 이상 재발매되며 국내팬들의 꾸준한 사랑을 받았다.

Peter Frampton : Frampton Comes Alive!

1977년 / 오아시스레코드 / OLE-157

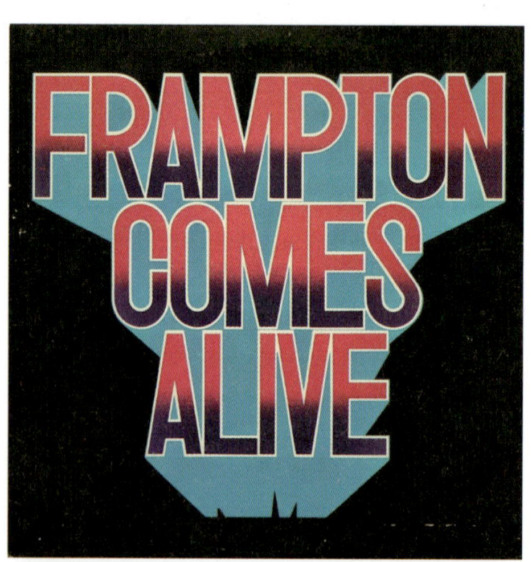

Side A

1. Show Me The Way
2. All I Want To Be (Is By Your Side)
3. Wind Of Change
4. Baby, I Love Your Way
5. (I'll Give You) Money

Side B

1. Something's Happening
2. Lines On My Face
3. Do You Feel Like We Do

음향기술의 발전으로 고음질의 라이브 앨범들이 꾸준히 등장하고 있지만, 라이브 버전이 스튜디오 버전을 능가할 수 있는지에 대한 논쟁은 여전히 이어지고 있다.

특히 1960년대까지만 해도 라이브 음반은 정제되지 않은 사운드와 열악한 녹음 환경 탓에 부정적인 평가를 받기 일쑤였다. 그러나 1970년대 초, 올맨 브라더스 밴드(Allman Brothers Band)의 《Fillmore East》(1971), 딥 퍼플(Deep Purple)의 《Made In Japan》(1972) 등 라이브의 매력을 생생히 담아낸 명반들이 속속 등장하면서 이러한 인식은 서서히 변화하기 시작했다.

비록 공연장의 열기와 감동을 완벽히 담아내기에는 기술적 한계가 따르지만, 실황만의 즉흥성, 거칠지만 생생한 에너지, 관객과의 호흡은 스튜디오 음반과는 또 다른 울림을 만들어냈다. 이외에도 이 라이브 앨범 붐의 정점에 선

Allman Brothers Band 《Fillmore East》(1971)

Deep Purple 《Made In Japan》(1972)

작품이 있으니, 바로 피터 프램튼(Peter Frampton. 이하 프램튼)의 《Frampton Comes Alive!》(1976)이다.

1950년 영국 켄트(Kent)에서 태어난 프램튼은 16세의 나이에 밴드 더 허드(The Herd)에 합류해 매력적인 보컬과 뛰어난 기타 실력으로 주목받았다. 이후 1969년에는 스티브 매리엇(Steve Marriott)와 함께 험블 파이(Humble Pie)를 결성, 블루스 감성 충만한 거친 사운드로 영국 내에서 큰 인기를 끌었다. 1971년 밴드를 떠난 그는 솔로 아티스트로 전향해 음악적 스펙트럼을 확장했고, 마침내 1976년 다섯 번째 솔로 앨범이자 출세작인 《Frampton Comes Alive!》를 발표하며 커리어의 정점을 찍었다.

1975년 6월부터 11월 사이 미국 순회 공연의 하이라이트를 담은 이 라이브 앨범은 발매 직후 미국 앨범 차트 1위에 오르는 기염을 토하며, "라이브 앨범도 스튜디오 앨범 못지않은 걸작이 될 수 있다"는 인식을 대중에게 각인시킨 상징적인 작품으로 평가받는다.

《Frampton Comes Alive!》 오아시스레코드 라이선스 초반

수록곡 가운데 <Baby, I Love Your Way>, <Do You Feel Like We Do>, <Show Me The Way>는 차례로 싱글로 발매되어 당시의 폭발적인 인기를 입증했다.

그 가운데 <Show Me The Way>는 미국 싱글 차트 6위까지 올랐다. 이 곡이 특히 주목받은 이유는 '토크박스(Talkbox)'를 활용한 독특한 기타 연주 덕분이었

다. 기타 소리와 사람의 목소리가 동기화되어, 마치 악기가 노래를 부르는 듯한
이 연주 기법은 이후 프램튼을 상징하는 트레이드마크가 된다.

《Frampton Comes Alive!》는 오리지널 발매 1년 뒤인 1977년, 오아시스레코
드를 통해 국내에 처음 소개되었다. 하지만 사전심의 과정에서 금지곡이 다수
발생하며 2LP 구성의 앨범은 1LP로 축소되었다.

첫 라이선스 발매 당시에는 오리지널과 동일한 게이트폴드 형식이었지만,
이후 재반부터는 검은 배경 위에 아티스트명과 앨범 타이틀만 담은 간소한 싱글
커버로 대체되었다.

성음 발매반 레이블

금지곡 지정은 당시 기준으로는 어쩔 수 없
는 일이었겠지만, 재반에서 갑작스럽게 커
버까지 교체된 점은 다소 의외였다. 사
전검열과 장발 단속이 활발했던 당시
사회 분위기를 고려하면, 긴 머리의
피터 프램튼을 전면에 내세운 오리지
널 커버는 음반사 입장에서도 부담이
되었을 가능성이 높다.

이후 A&M 레코드의 국내 라이선스가 성
음으로 이관되며, 1983년에는 오리지널 구성 그대로의 완전반이 비로소 빛을 보
게 되었다. (카탈로그 넘버: SEL-RA 655)

Rickie Lee Jones & Rod Stewart :
Rickie & Rod

1979년 8월 25일 | 오아시스레코드 | OLW-7001

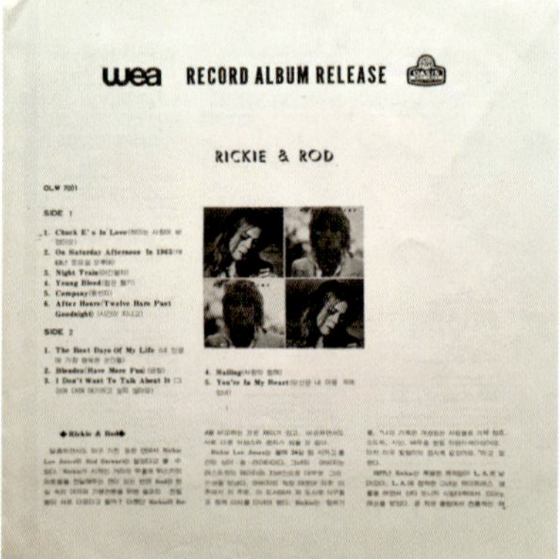

Rickie Side (Side A)

1. Chuck E.'s In Love
2. On Saturday Afternoon In 1963
3. Night Train
4. Young Blood
5. Company
6. After Hours

Rod Side (Side B)

1. The Best Days Of My Life
2. Blondes (Have More Fun)
3. I Don't Want To Talk About It
4. Sailing
5. You're In My Heart

1970년대 후반에서 1980년대 초반에 이르기까지 대중음악계는 변화와 혁신의 물결로 요동쳤다. 디스코(Disco)와 뉴 웨이브(New Wave) 같은 새로운 장르가 대중의 이목을 끌었고, 조니 미첼(Joni Mitchell), 캐럴 킹(Carole King), 칼리 사이먼(Carly Simon) 등 여성 싱어송라이터들의 활약도 두드러졌다.

이러한 분위기 속에서 데뷔 앨범 《Rickie Lee Jones》(1979)로 등장한 신예 리키 리 존스(Rickie Lee Jones, 이하 리키)는 록, R&B, 소울, 재즈를 넘나드는 뛰어난 송라이팅으로 주목을 받았다. 특히, 빨간 베레모를 쓰고 시가를 문 채 포즈를 취한 앨범 커버는 당시로선 파격 그 자체였다. 이는 이전에는 없던, 도발적이고도 당당한 여성 싱어송라이터의 등장을 의미했다.

리키의 음악은 사랑과 상실, 그리고 일상 속 사회 풍자에 이르기까지 개인적 경험을 바탕으로 한 이야기들을 그녀만의 독특한 언어로 대담하게 풀어냈다. 허스키하면서도 섬세한 그녀의 보컬에는 소녀 같은 순진함과 변덕스러움이 공존했고, 무엇보다 기존의 선배 가수들을 모방하지 않으려는 독창적이고 확고한 개성이 자리하고 있었다.

Rickie Lee Jones 《Rickie Lee Jones》
(1979)

국내에서도 리키의 대표곡 <Chuck E.'s In Love>와 <On Saturday Afternoons In 1963>가 라디오 전파를 타고 인기를 얻자,

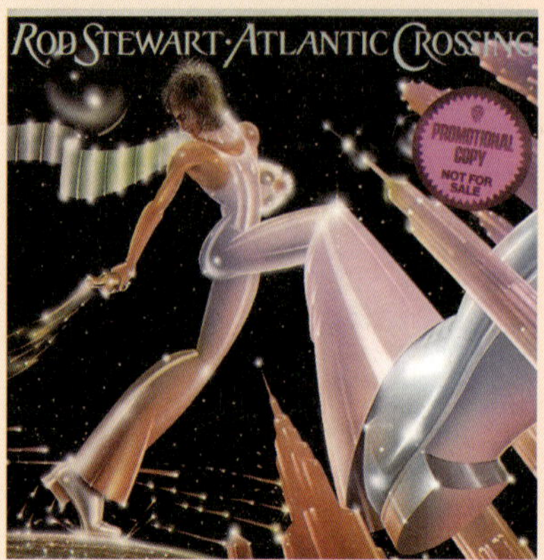

Rod Stewart《Atlantic Crossing》(1975)

Rod Stewart《Foot Loose & Fancy Free》(1977)

Rod Stewart《Blondes Have More Fun》(1978)

정식 라이선스 발매에 대한 기대감이 높아졌다. 그러나 수록곡 상당수가 사전심의 과정에서 금지곡으로 분류되며 원형 그대로 앨범을 출시하는 것은 사실상 불가능해졌다.

이에 라이선스 제작사인 오아시스레코드는 돌파구로 '스플릿 앨범(Split Album)' 형식의 발매를 택한다. 당대 최고의 남성 싱어송라이터 중 한 명이었던 로드 스튜어트(Rod Stewart, 이하 로드)의 히트곡들을 함께 수록해 앨범의 상업성과 완성도를 동시에 확보하려는 전략이었다.

이렇게 완성된 라이선스반은 A면 'Rickie Side', B면 'Rod Side'로 구성되어, 리키의 데뷔 앨범에서 선별한 6곡과 로드의 대표곡들을 양면에 나눠 담았다. 로드의 곡들은 《Atlantic Crossing》(1975), 《Foot Loose & Fancy Free》(1977), 《Blondes Have More Fun》(1978) 등의 앨범에서 추려낸 것으로, 특히 <Sailing>에만 집중되던 국내 시장에 그의 다양한 음악을 소개하는 계기가 되었다는 점에서 이 앨범은 또 하나의 의미 있는 시도였다.

이 음반의 커버는 리키의 데뷔 앨범과 로드의 《Foot Loose & Fancy Free》(1977) 이미지를 조합한 것이다. 보수적이었던 당시 사회 분위기를 감안하면, 담배를 문 리키의 사진이 문제 없이 심의를 통과했다는 사실이 조금 신기하다.

참고로, 수록곡 <On Saturday Afternoon>은 원곡 제목인 <On Saturday Afternoons In 1963>의 오기다.

Prince & The Revolution : Purple Rain

1984년 8월 18일 | 오아시스레코드 | OLW-316

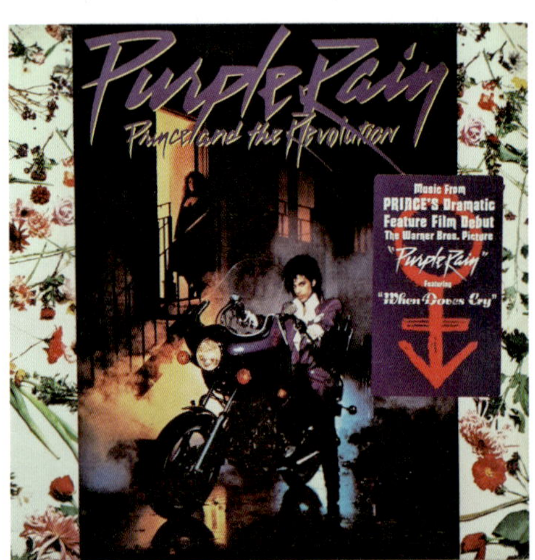

Side A

1. ~~Let's Go Crazy~~
2. Take Me With U
3. The Beautiful Ones
4. Computer Blue
5. ~~Darling Nikiki~~

Side B

1. When Doves Cry
2. I Would Die 4 U
3. Baby I'm A Star
4. Purple Rain

1985년 1월, 세계 팝 음악의 격전장이었던 제12회 아메리칸 뮤직 어워즈(American Music Awards) 무대에 프린스(Prince)는 백밴드 더 레볼루션(The Revolution)과 함께 등장했다. 세계적인 찬사를 받은 앨범 《Purple Rain》(1984)의 발표로부터 불과 7개월 만의 일이었다. 그는 마이클 잭슨(Michael Jackson)의 《Thriller》, 라이어널 리치(Lionel Richie)의 《Can't Slow Down》과 같은 쟁쟁한 경쟁작들을 제치고 '올해의 팝·록 앨범'을 포함한 세 개 부문을 수상하며 그날 밤의 주인공으로 우뚝 섰다.

프린스는 1980년 발매작 《Dirty Mind》에서는 성(性)과 종교를 정면으로 다루며 사회적 논란을 불러일으켰고, 《1999》(1982)에서는 신스팝과 펑크, 뉴웨이브 등을 흡수해 그만의 음악 언어로 재창조했다. 그리고 1984년, 그는 《Purple Rain》을 통해 또 다른 음악적 진화를 실현한다. 이 앨범은 록과 R&B 등 이질적인 장르를 유려하게 융합한 대중음악사의 기념비적 작품으로 평가된다. 수록곡 <Let's Go Crazy>와 <When Doves Cry>는 나란히 빌보드 싱글 차트 1위를 기록했고, 타이틀곡 <Purple Rain>은 격정과 서정을 아우르는 록 발라드로 대중성과 예술성을 완벽히 조화시켰다는 호평을 받는다.

[출처: ABC Photo Archives]

하지만 논란도 뒤따랐다. 수록곡 <Darling Nikki>는 성과 자아의 경계를 대담하게 탐색한 곡으로, 자위행위를 노골적으로 묘사한 가사가 문제로 지적됐다. 이 곡은 미국 내 보수 진영의 강한 반발을 불러일으켰고, 결국 '학부모 음악 자원 센터(Parents Music Resource Center, PMRC)'

Parental Advisory 스티커

의 결성으로 이어진다. 이는 훗날 미국 대중음악 검열의 상징이 된 'Parental Advisory' 스티커가 탄생하는 결정적인 계기가 되었다.

이 앨범과 함께 공개된 동명의 영화 《Purple Rain》은 프린스가 직접 주연을 맡은 자전적 이야기로, 아티스트로서의 갈등과 성장, 가족과 사랑의 서사를 담아내었다. 연출은 다소 투박했지만, 강력한 음악이 이를 압도하며 영화는 상업적 성공을 거두었다.

프린스는 가수를 넘어, 작곡가로서도 탁월한 재능을 지닌 아티스트였다. 그의 자작곡은 신디 로퍼(Cyndi Lauper), 시네이드 오코너(Sinéad O'Connor), 실라 이(Sheila E.), 패티 라벨(Patti LaBelle), 마티카(Martika) 등 다양한 아티스트들에게 새로운 음악적 에너지를 불어넣었다. 그는 때때로 자신의 이름을 전면에 내세우는 대신, 조이 코코(Joey Coco)나 크리스토퍼(Christopher)와 같은 예명을 사용하기도 했다. 케니 로저스(Kenny Rogers) 같은 컨트리 가수부터 록 밴드 뱅글스(The Bangles)에 이르기까지 장르의 경계를 넘나드는 폭넓은 협업은 프린스의 음악 세계가 얼마나 다채로웠는지를 보여준다.

그러나, 기성세대의 눈에 비친 프린스는 도발적이고 불편했다. 당연하게 보수적인 검열이 작동하던 1980년대 한국에서 그의 음악은 쉽게 제동이 걸릴 수밖에 없었다.

노골적인 성적 묘사로 화제를 모았던 <Darling Nikki>와 죽음, 쾌락, 반(反)종교적 메시지를 담은 <Let's Go Crazy>는 결국 금지곡으로 지정되었고, 이로 인해 앨범 수록곡 9곡 중 2곡이 라이선스반에서 삭제되었다. 그 결과 A면 두 번째 곡이었던 <Take Me With U>가 오프닝 트랙으로 바뀌

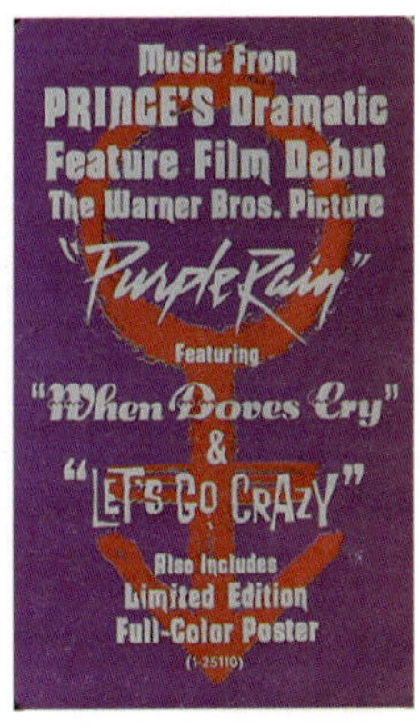

오리지널 Hype 스티커

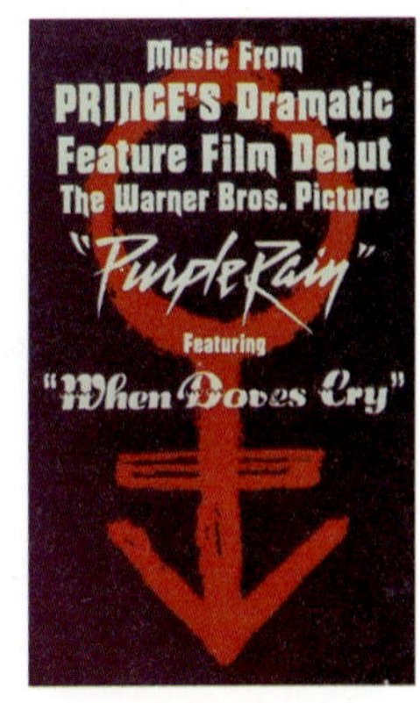

라이선스 커버에 인쇄된
Hype 스티커

는 해프닝이 발생했다. 사전 정보 없이 음반을 구입한 이들은 어딘가 비어 있는 트랙리스트를 보며 적잖은 당혹감을 느꼈을 것이다.

당시 오아시스레코드에서 발매된 국내반에는 미국 오리지널 앨범에 부착되어 있던 홍보용 하이프(Hype) 스티커 이미지가 그대로 인쇄되었으나, 금지곡 <Let's Go Crazy>는 그 흔적마저 완전히 제거되었다.

도발과 절충 사이

Twisted Sister : You Can't Stop Rock 'N' Roll

1985년 1월 | 오아시스레코드 | OLW-341

Side A

1. We're Not Gonna Take It
2. The Price
3. The Kids Are Back
4. I Am (I'm Me)
5. I'll Take You Alive

Side B

1. I Wanna Rock
2. We're Gonna Make It
3. I've Had Enough
4. You Can't Stop Rock 'N' Roll
5. You're Not Alone (Suzette's Song)

헤비메탈은 강렬한 사운드, 무대 위에서의 과격한 퍼포먼스, 그리고 시각적 요소가 결합된 대중예술이다. 그만큼 밴드의 연주력과 무대 비주얼은 단순한 부수적 장치가 아닌, 장르의 정체성을 드러내는 핵심적 표현 수단이었다. 이러한 특성은 1980년대에 접어들며 글램 메탈(Glam Metal)이라는 형태로 분화되었고, 트위스티드 시스터(Twisted Sister)는 그 흐름을 가장 효과적으로 구현한 대표적인 밴드로 평가된다.

1972년 뉴저지 클럽 신에서 출발한 트위스티드 시스터는 긴 무명 시절을 거쳐, 1982년 데뷔 앨범 《Under The Blade》를 통해 주목을 받기 시작했다. 이듬해 발표한 《You Can't Stop Rock 'N' Roll》은 이들의 이름을 세계무대에 각인시킨 전환점이 되었고, 1984년 세 번째 앨범 《Stay Hungry》를 기점으로 전성기에 접어든다.

특히 MTV 황금기에 공개된 싱글 <We're Not Gonna Take It>과 <I Wanna Rock>의 뮤직비디오는 과장된 코믹한 설정과 연출로 대중의 시선을 단번에 사로잡았다. 억압적인 기성세대를 희화화한 영상 속 서사는 그들을 향한 반항과 자아 해방의 욕망을 대변하며 10대 메탈 키즈의 폭발적인 지지를 얻는다.

하지만 시간이 흐르면서 점점 강조되던 비주얼 중심의 전략은 피로감을 불러일으키기 시작했고, 1985년 발표된 《Come Out And Play》부터는 평단의 비판과 동시에 상업적 하락세가 나타났다. 이후 멤버 간의 갈등과 음악 시장의 변화가 겹치며, 밴드는 1988년 사실상 해체 수순을 밟게 된다.

1980년대는 헤비메탈이 세계 대중음악계의 중심으로 부상하며, 강력한 문화적 영향력을 발휘하던 시기였다. 그러나 한국은 여전히 음악사전심의제도가 엄격히 적용되는 사회 환경에 놓여 있었고, 단지 가사 내용뿐 아니라 자극적인 앨범 커버, 밴드의 외형적 이미지까지 모두 심의의 대상이 되던 시대였다. 이러한 분위기 속에서 트위스티드 시스터는 제도적 검열에 가장 쉽게 저촉될 수 있는 그룹 중 하나였다. 전형적인 스타성 외모와는 거리가 있는 데다가, 과장된 메이크업과 도발적인 의상으로 무대 위를 활보하는 모습은 당시 기준으로는 도무지 용납되기 어려운 광경이었을 것이다.

여러 차례의 검열 장벽을 넘기 위한 절충 끝에 1985년 국내에 발매된 이 음반은 《You Can't Stop Rock 'N' Roll》(1983)과 《Stay Hungry》(1984)의 주요 곡들을 선별해 수록한 일종의 편집 앨범 형태였다. 두 앨범의 정수를 담아내려는 시도이자, 동시에 검열의 틀 안에서 최대한 원작의 정체성을 살리고자 한 고육지책(苦肉之策)이기도 했다.

앨범 커버 역시 이러한 타협의 흔적을 고스란히 보여준다. 전면에는 《Stay Hungry》의 대표 이미지가, 후면에는 《You Can't Stop Rock 'N' Roll》의 사진이 각각 배치되어 두 앨범의 시각적 상징을 절반씩 공유하고 있다. 특히 《Stay Hungry》 커버에 등장했던 짐승의 뼈다귀는 검열을 의식해 덧칠로 지워졌고, 그

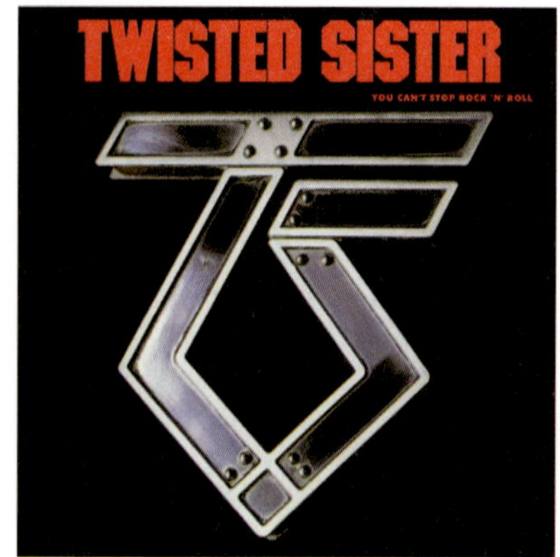

《You Can't Stop Rock 'N' Roll》(1983)

《Stay Hungry》(1984)

위에는 앨범 타이틀을 입혀 흔적을 은근
히 가리고 있다. 원작의 충격적인 이미
지를 어느 정도 순화하면서도, 트위스티
드 시스터 특유의 도발적 정체성을 완전
히 희석시키지 않으려 했던 제작진의 고
심이 엿보이는 부분이다.

한편, 앨범 레이블에서는 두 가지 오
류가 눈에 띈다. A면에 수록된 〈I Wanna
Rock〉은 '〈Wanna Rock〉'으로 축약 표
기되었으며, 발매일 또한 '1984년 1월'로
잘못 기재되어 있다. 원작 앨범 《Stay Hungry》가 1984년 5월에 발매된 점을 감
안하면, 국내 라이선스반의 실제 출시 시기를 1985년으로 보는 편이 보다 합리
적이다.

Queen : The Best Of Queen

1970년대 중반 | 제작사 미상 | 706

Side A

1. White Queen
2. Bohemian Rhapsody
3. You're My Best Friend
4. Some Day One Day
5. The March Of The Black Queen
6. Good Old-Fashioned Lover Boy

Side B

1. Killer Queen
2. Somebody To Love
3. Tie Your Mother Down
4. '39
5. Now I'm Here
6. Long Away
7. Funny How Love Is

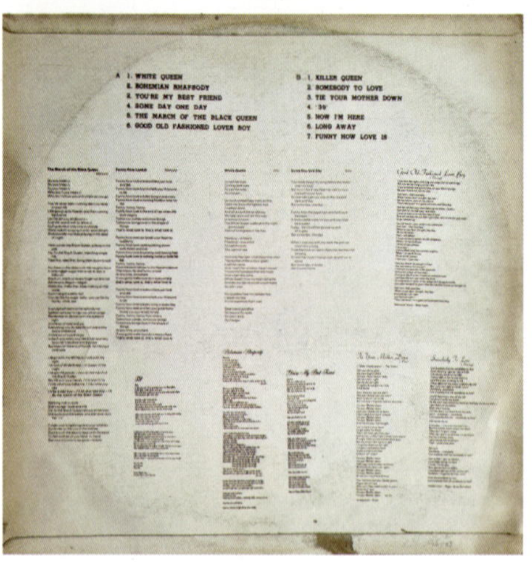

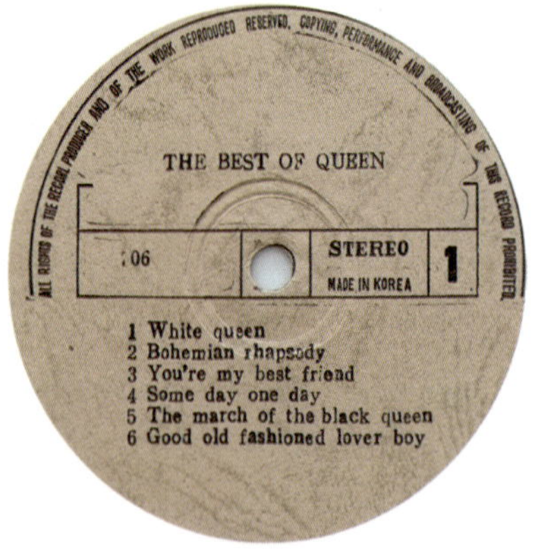

"우린 결코 정치적인 그룹이 아닙니다. 우리는 그저 음악을 만들고자 했을 뿐이에요. 솔직히 그런 조치는 이해가 되지 않고, 앞으로도 이해할 수 없을 것 같아요."

1984년 내한한 퀸(Queen)의 드러머 로저 테일러(Roger Taylor)와 베이시스트 존 디콘(John Deacon)이 음악잡지 《월간팝송》(1984년 5월호)과의 인터뷰에서 <Bohemian Rhapsody>, <Another One Bites The Dust>를 비롯한 다수의 곡들이 국내에서 금지곡으로 지정되어 있다는 사실을 전해 듣고 한숨 섞인 어조로 내뱉은 말이다.

1987년 금지곡 해금 조치가 있기 전까지, 퀸의 수많은 히트곡들은 공연윤리위원회(이하 '공윤')의 심의 문턱을 넘지 못한 채 금지곡으로 지정되어 십수 년간 방송은 물론 정식 음반에도 수록되지 못하는 수난을 겪어야 했다.

<Bohemian Rhapsody>가 빠진 《A Night At The Opera》(1975)를 상상할 수 있을까? 그러나 사전심의제가 존재하던 1970-80년대 대한민국에서는 그것이 현실이었다.

<Bohemian Rhapsody>가 처음 등장했을 당시, 공윤과 방송심의위원회 간의 심의 기준 차이로 인해 이 곡이 잠시 라디오 전파를 탄 적이 있었다. 이 일시적인 혼선 덕분에 <Bohemian Rhapsody>가 수록된 《A Night At The Opera》는 빽판

《A Night At The Opera》 오아시스 레코드 라이선스반

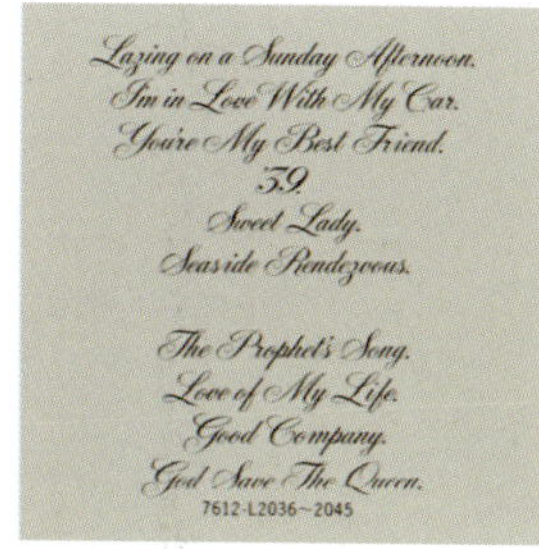

<Bohemian Rhapsody>가 사라진 라이선스반

《A Night At The Opera》 빽판

《Queen II》 베너수엘라 발매반

《Greatest Hits》 오아시스레코드 발매반

시장에서 큰 인기를 끌며, 정식 라이선스반보다 더 높은 수요를 기록하는 이례적인 현상을 낳기도 했다.

　제도권의 검열은 강고했지만, 음악을 향한 대중의 갈증과 열망까지는 통제할 수 없었다.

　《The Best Of Queen》은 커버를 제외하면 편집, 레커 작업, 프레스 등에서 정식 라이선스반과 거의 동일한 공정을 거쳐 제작된 음반이다. 무엇보다

Queen 《Greatest Hits》의 레이블

빽판 재반 레이블

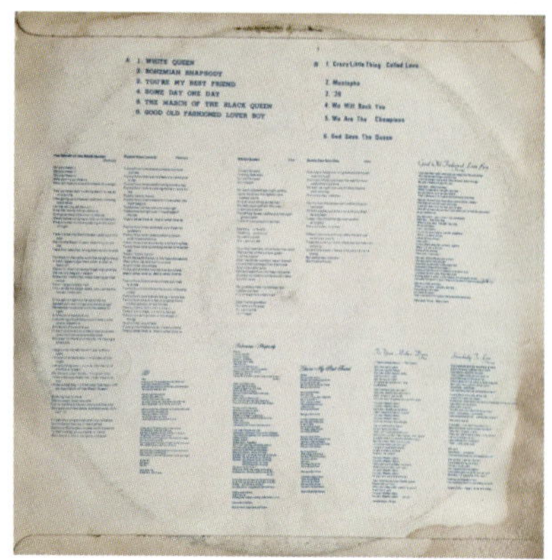

《The Best Of Queen》 버전-2

<Bohemian Rhapsody>, <Killer Queen>, <Tie Your Mother Down>처럼 사전검열로 인해 국내 라이선스반에 수록되지 못했던 곡들과 국내에 정식 소개되지 않았던 퀸 초기 앨범의 수록곡들이 다수 포함되어 있어, 퀸의 음악을 갈망하던 당시 팬들에게는 더없이 반가운 발매였을 것이다.

커버 디자인은 퀸의 두 번째 앨범 《Queen II》(1974)의 폴더 커버 안쪽 이미지를 활용한 것으로, 해당 앨범의 베네수엘라 발매반과도 분위기가 매우 흡사하다.

이 앨범은 앞서 언급된 버전 외에도 별도의 재반(버전-2)이 존재한다. 1980년대에 발매된 해당 음반(제조번호 '90081')은 제조번호뿐만 아니라 B면 수록곡에서도 차이를 보이는데, 1980년 오아시스레코드에서 기획·발매한 《Greatest Hits》(카탈로그 넘버 OLE-7012)의 B면을 그대로 복제해 수록한 것으로 확인된다.

King Crimson : King Crimson(USA)

1970년대 | 제작사 미상 | JB-32

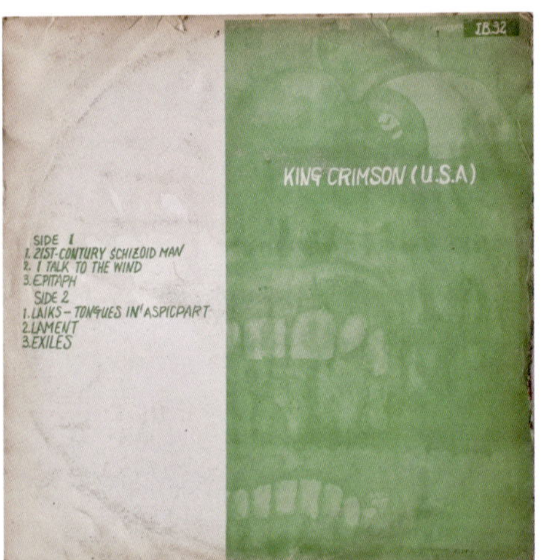

Side A

1. 21st Century Schizoid Man
2. I Talk To The Wind
3. Epitaph

Side B

1. Lark's Tongues In Aspic Part II
2. Lament
3. Exiles

1960년대의 수많은 명반들을 시대순으로 되짚다 보면, 그 여정의 끝자락에서 반드시 마주하게 되는 작품이 있다. 바로 킹 크림슨(King Crimson)의 역사적인 데뷔 앨범 《In The Court Of The Crimson King》(1969)이다.

1969년, 킹 크림슨의 등장은 음악계 판도를 근원적으로 뒤흔든 충격이었다. 멤버들의 클래식·재즈·록이 뒤섞인 음악적 배경은 예측 불가능한 전개를 만들어냈고, 프로그레시브 록이라는 새롭고도 모호한 장르에 완벽한 정의를 부여했다.

이 앨범은 <21st Century Schizoid Man>, <Moonchild>처럼 구조 자체가 파괴적이고 즉흥적인 요소가 농후한 곡들과, 멜로트론(Mellotron)과 플루트가 조우하며 신비롭고 장엄한 분위기를 자아내는 <Epitaph>, <I Talk To The Wind>, <In The Court Of The Crimson King> 등이 합쳐져 당시 음악 시장의 상업적·형식적 관습을 돌파하는 예술적 극한을 보여주었다.

특히 <Epitaph>는 인간의 탐욕과 파괴, 그리고 사회의 타락을 고발하는 듯한 가사와 함께 암울하고 디스토피아적인 정서를 극대화했고, 곡의 절정에서 폭포처럼 쏟아지는 멜로트론의 초현실적인 사운드는 수많은 음악 팬들의 가슴 깊숙이 파고들었다.

킹 크림슨은 이후에도 기타리스트 로버트 프립(Robert Fripp)의 독창적인 음악 세계를 바탕으로 장르의 경계를 허무는 혁신을 이어갔다. 《Lizard》(1970)와 《Islands》(1971)에서는 한층 더 과감하고 실험적인 음악적 시도가 빛을 발했다.

킹 크림슨은 멤버 교체가 잦았던 밴드로, 이러한 변화는 음악적 스타일과 방향성에 결정적인 영향을 끼쳤다. 특히 존 웨튼(John Wetton, 베이스기타), 빌 브루퍼드(Bill Bruford, 드럼), 데이비드 크로스(David Cross, 바이올린)와 같은 뛰어난 연주자들의 합류는 밴드의 사운드를 한층 더 복잡하고 전위적인 방향으로 이끌었다. 《Larks' Tongues In Aspic》(1973), 《Starless And Bible Black》(1974), 《Red》(1974)는 이 시기 멤버들의 창의성과 연주력이 극대화된 결과물로, 킹 크림슨 특유의 실험성이 절정에 달한 작품들이다.

1970년대에 발매되었던 킹 크림슨의 빽판

《In The Court Of The Crimson King》

《In The Wake Of Poseidon》

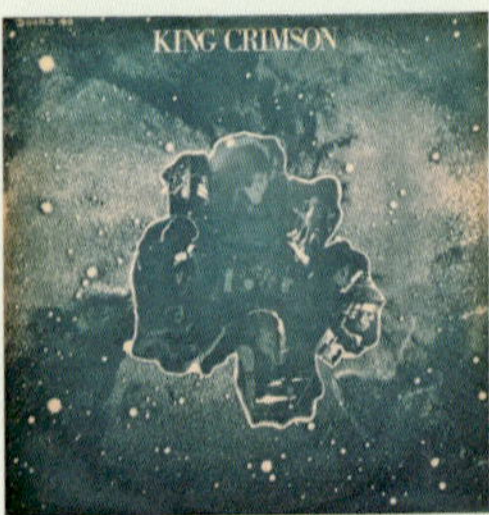

《Islands》

《Larks' Tongues In Aspic》

《Red》

《USA》

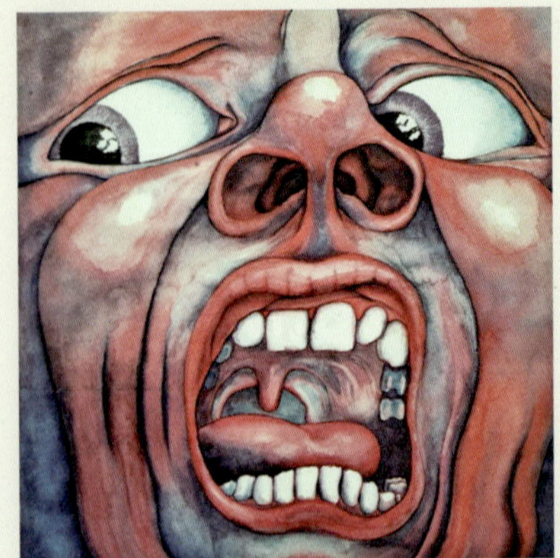

《In The Court Of The Crimson King》 오리지널반

《USA》 오리지널반

《Red》 발매 이후 공개된 라이브 앨범 《USA》(1975)를 끝으로 밴드는 한 차례 해체되었지만, 로버트 프립은 이후에도 새로운 멤버들과 함께 '킹 크림슨'이라는 이름 아래 끊임없는 음악적 실험을 이어가고 있다.

어린 시절, 포터블 라디오를 통해 우연히 흘러나온 신비롭고 환상적인 〈Epitaph〉와의 첫 만남은 지금도 또렷이 기억 속에 남아 있다. '프로그레시브 록'이라는 말조차 생소하던 시절, 이 곡은 장르의 구분 따위는 무색하게 수많은 라디오 청취자들의 마음을 사로잡았다. 8분이 넘는 대곡임에도 불구하고 공중파 심야 라디오에서 종종 선곡되었고, 곡이 수록된 데뷔 앨범은 라이선스반이 발매되기 훨씬 이전부터 다양한 형태의 빽판으로 제작되어 시장에 쏟아져 나왔다.

킹 크림슨이라는 이름이 가진 상징성 때문인지, 이후 《Lizard》(1970), 《Earthbound》(1972) 등을 제외한 대부분의 정규 앨범과 편집 음반들이 빽판으로 만들어졌고, 일부는 국내에서만 볼 수 있는 독특한 편집 형태였다.

그중에서도 특히 눈에 띄었던 음반은 데뷔작 《In The Court Of The Crimson King》과 황금기 라이브 앨범 《USA》(1975)를 한 장에 담은 《King Crimson (USA)》이었다.

이 음반은 각 앨범의 한쪽 면을 앞·뒤 면으로 나누어 배치한 스플릿 형태의 앨범으로, 데뷔 앨범의 주요 곡들과 중기 대표곡인 <Larks' Tongues In Aspic Part II>의 라이브 버전을 함께 즐길 수 있는 영리한 기획이자 탁월한 스탬퍼 재활용의 사례로 꼽을 수 있을 것 같다.

또한, 빽판 특유의 조악한 품질과 오탈자로 가득한 손글씨 커버는 정식 음반에서는 느낄 수 없는 독특하고도 기묘한 매력을 더해준다.

Neil Young : Greatest Hits

1970년대 초 | 히트레코드 | NL-335

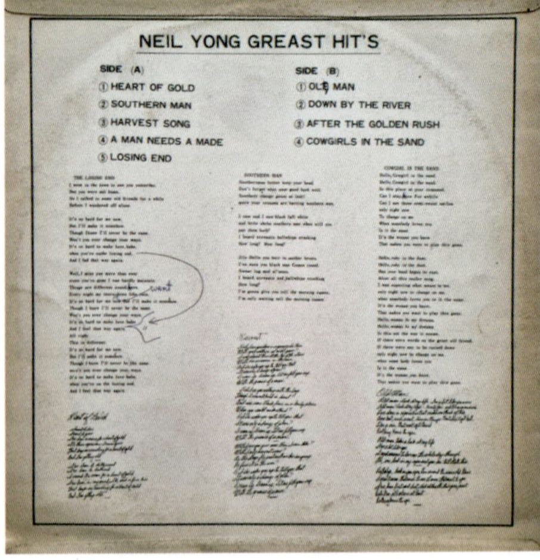

Side A

1. Heart Of Gold
2. Southern Man
3. Harvest
4. A Man Needs A Maid
5. Losing End

Side B

1. Old Man
2. Down By The River
3. After The Gold Rush
4. Cowgirl In The Sand

닐 영(Neil Young)의 음악은 마치 거친 들판을 가로지르는 바람을 연상케 한다. 시류에 안주하지 않고 자신만의 템포를 유지하며 달려온 그 자체로 하나의 장르이자 시대의 목소리였다.

1945년 캐나다에서 태어난 닐 영은 삶의 결을 따라 자유롭게 변화하는 음악을 꿈꿨다. 1965년 미국 로스앤젤레스로 건너간 그는 밴드 버펄로 스프링필드(Buffalo Springfield)를 결성하며 본격적인 음악 인생의 첫 장을 열었다.

1968년에는 솔로로 전향해 데뷔 앨범 《Neil Young》을 발표했고 이듬해에는 거칠고도 진한 호흡을 자랑하는 백밴드 크레이지 호스(Crazy Horse)를 만나며 본격적으로 자신만의 음악 세계를 펼쳐 보였다. 1969년 발표한 2집 《Everybody Knows This Is Nowhere》는 그 첫 결실로, 닐 영 특유의 거침없는 에너지로 빚어낸 명작으로 평가받고 있다.

그는 또한 버펄로 스프링필드 시절 동료였던 스티븐 스틸스(Stephen Stills)가 데이비드 크로스비(David Crosby), 그레이엄 내시(Graham Nash)와 함께 결성한 슈퍼그룹에 합류하며 'Crosby, Stills, Nash & Young'이라는 이름으로, 한 시대를 수놓은 전설적인 명반 《Déjà Vu》를 완성했다.

1970년대 초, 그는 《After The Gold Rush》(1970), 《Harvest》(1972)라는 걸출한 앨범을 통해 포크와 컨트리의 감수성을 품은 사운드로 영미 차트를 석권하며 대중의 마음을 사로잡았다.

Crosby, Stills, Nash & Young 《Déjà Vu》(1970)

그러나 닐 영은 결코 한 자리에 머무르지 않았다. 포크, 컨트리, 사이키델릭 록, 심지어 일렉트로닉까지 장르의 경계를 넘나들며 자신만의 방식으로 시대를 관통해갔다.

1991년에는 노이즈 록 밴드 소닉 유스(Sonic Youth)로부터 자극을 받아 기타 피드백과 노이즈로 가득한 실험적인 라이브 앨범 《Arc》를 발표했고 1995년에는 그런지 록

《Arc》(1991)

《Mirror Ball》(1995)

의 아이콘인 펄 잼(Pearl Jam)과 함께 느슨하면서도 강렬한 울림을 담은 《Mirror Ball》을 만들어내며 변화와 도전을 향한 예술적 본능을 또 한 번 입증했다.

그럼에도 불구하고, 그의 방대한 레퍼토리 가운데 국내에서는 <Heart Of Gold>와 같은 포크 기반의 대중 친화적인 곡들만이 주로 알려져 왔다. 닐 영이라는 음악가가 지닌 다양한 면모를 충분히 조명하지 못한 문화적 수용의 한계에서 비롯된 안타까운 현실이다.

이 음반은 닐 영의 솔로 활동이 정점에 이르렀던 시기, 세 장의 명반 《Everybody Knows This Is Nowhere》(1969), 《After The Gold Rush》(1970), 《Harvest》(1972)에서 선별한 아홉 곡을 수록하고 있다.

앞서 언급한 바와 같이 <Heart Of Gold>는 국내에서 가장 널리 사랑받은 곡으로 이 음반의 A면 첫머리에 배치되어 그 상징성과 인기를 다시 한번 입증하고 있다. 1973년에는 장계현이 이끌던 록 밴드 템페스트가 리메이크하면서 이 곡의

《Everybody Knows This Is Nowhere》(1969)

《After The Gold Rush》(1970)

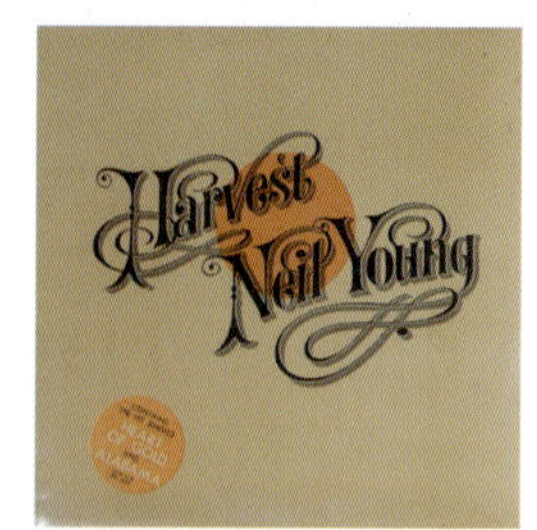

《Harvest》(1972)

감성은 한국 청중에게 한층 더 깊숙이 자리하고 있었다.

이 음반은 히트레코드사(문공부등록 제14호)에서 제작한 편집 앨범으로 정식 라이선싱을 거치지 않은 해적반이다. 당시엔 저작권 개념이 지금처럼 엄격하게 적용되지 않았기에 일반 음반 매장에서도 이 음반은 거리낌 없이 진열·판매되었고 이후 수차례에 걸쳐 복제되며 또 다른 불법 음반들의 모태(母胎)가 되기도 했다.

다른 제조사에서 복제·발매한 '닐 용' 앨범

1970년대 국내 제작 팝송 음반에서 종종 볼 수 있었던 익숙한 오기의 흔적은 이 음반에서도 여지없이 발견된다. 닐 영의 이름은 'Neil Young'이 아닌 'Neil Yong'으로, 'Great'는 'Greast'로 표기되어 있다.

허술했던 당시 제작 환경을 고스란히 드러내는 대목이지만 이상하게도 '닐 용'이라는 표기에는 묘한 정겨움이 스민다. 마치 그 시절, 라디오에서 흘러나오는 노래 제목을 우리 발음대로 불렀던 서투름 속에 배어 있던 그 시대의 공기, 마치 풀린 매듭 같은 여유와 유머가 느껴진다.

제7부

낯선 얼굴로
다시 태어나다

정체불명의 커버가 말해주는 빽판의 시대

커버는 플로이드, 음악은 퍼플

서툰 복제품이 남긴 진한 여운

재활용 빽판의 대표 사례

UFO : Obsession
(a.k.a. Michael Schenker 1985)

1980년대 중반 | Stereophonic | REO 1234

Side A

1. Only You Can Rock Me
2. Pack It Up (And Go)
3. Arbory Hill
4. Ain't No Baby
5. Lookin' Out For No.1

Side B

1. Hot 'N' Ready
2. Cherry
3. You Don't Fool Me
4. Lookin' Out For No.1 Reprise
5. One More For The Rodeo
6. Born To Lose

마이클 솅커 그룹(Michael Schenker Group, 이하 MSG)과 UFO의 로고가 함께 병기된 이 정체불명의 음반은 영국 하드록 밴드 UFO의 일곱 번째 정규 앨범 《Obsession》(1978)의 빽판 버전이다.

불법 음반 제작자의 자의적 감각이 반영된 이 대체 커버는 빽판이라는 대한민국 하위문화의 일면을 보여주는 흥미로운 사례다. 특히 커버 뒷면에는 UFO의 사진 대신 MSG 멤버들의 이미지가 실려 있어 음반의 정체성에 혼란을 더하며, 이 빽판이 만들어진 시대의 허술하면서도 즉흥적인 제작 환경을 드러낸다.

앨범 이야기에 앞서, 먼저 주인공 격인 마이클 솅커(이하 마이클)의 이야기부터 꺼내보자.

독일 출신의 기타리스트 마이클은 17세이던 1972년, 친형 루돌프 솅커(Rudolf Schenker)가 이끌던 스콜피언스의 데뷔 앨범에 참여하며 본격적인 음악 활동을 시작했다.

그와 UFO의 인연은 마치 한 편의 드라마처럼 우연히 찾아왔다. 1973년, 독일 공연을 앞둔 UFO는 기타리스트 믹 볼턴(Mick Bolton)이 탈퇴한 뒤 임시 멤버로 고용한 버니 마스든(Bernie Marsden)이 여권 문제로 입국하지 못하게 되자 오프

초기 Scorpions 멤버들. 좌로부터 Klaus Meine, Rudolf Schenker, Wolfgang Dziony, Lothar Heimberg, Michael Schenker

닝 밴드로 예정돼 있던 스콜피언스의 막내 마이클이 급히 무대에 오르게 된다. 예상치 못한 즉흥적인 상황이었지만 무대 위에서 펼쳐진 그의 세련된 연주와 압도적인 퍼포먼스는 관중은 물론, 밴드 리더 필 모그(Phil Mogg)의 마음까지 단숨에 사로잡았다.

공연 직후, 필 모그는 망설임 없이 마이클을 UFO의 정식 멤버로 영입했다. 마이클 솅커가 가세한 UFO는 이듬해 발표한 세 번째 앨범 《Phenomenon》(1974)에서 <Doctor Doctor>, <Rock Bottom> 같은 명곡들을 선보이며 본격적인 전성기를 맞이한다. 이어 《Force It》(1975), 《No Heavy Petting》(1976), 《Lights Out》(1977), 《Obsession》(1978)까지 연이어 히트를 기록하며, UFO는 이름처럼 쾌속 비행을 이어갔다.

마이클과 함께한 4년은 UFO의 음악적 황금기이자 밴드가 가장 강렬하게 빛났던 시기였다.

《Obsession》은 마이클이 UFO를 떠나기 전 마지막으로 함께한 정규 앨범으로 이전 작품들에 비해 다소 단조롭고 일관성이 부족하다는 평가를 받기도 했

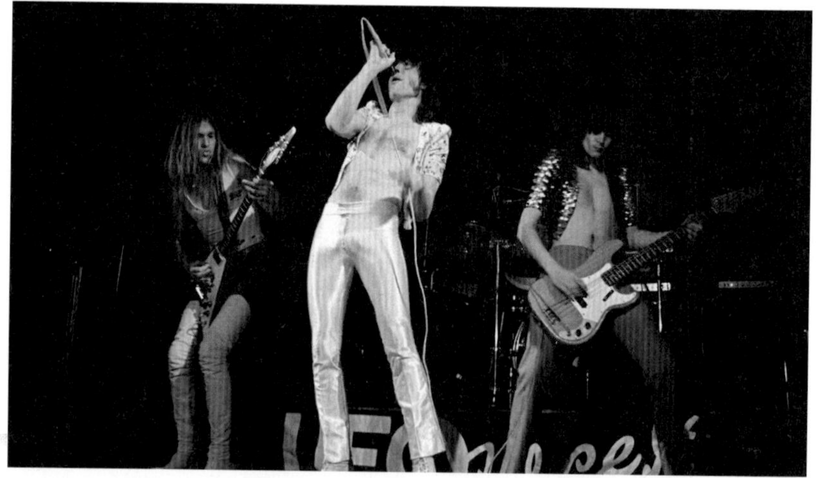

UFO 멤버들. 좌로부터 Michael Schenker, Phil Mogg, Pete Way

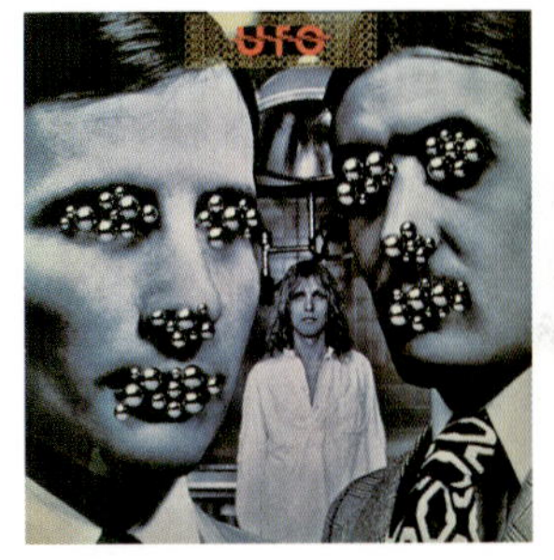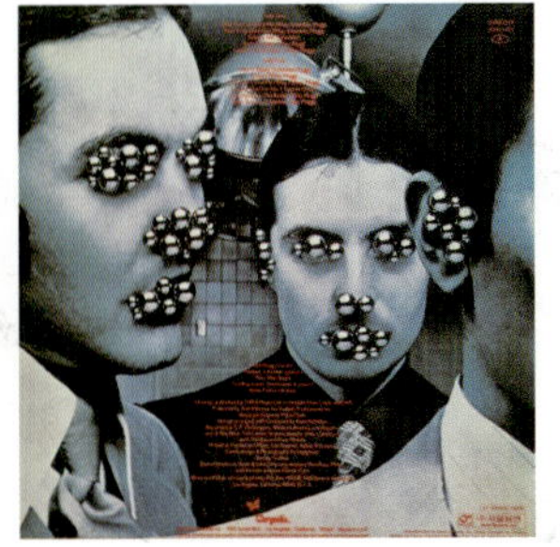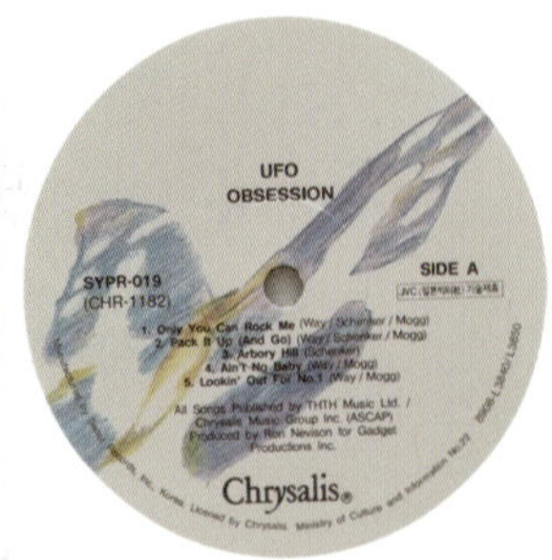

《Obsession》 라이선스반

다. (그는 이후에도 세 차례에 걸쳐 UFO에 재가입과 탈퇴를 반복하며 질긴 인연을 이어갔다.)

이 앨범은 하드 록이나 헤비메탈에 국한되지 않으려는 시도의 산물로 <Only You Can Rock Me>와 <Hot 'N' Ready>에서 그러한 변화의 의지가 뚜렷하게 드러난다.

<Pack It Up>과 <You Don't Fool Me>에서는 여전히 건재한 밴드의 에너지가 느껴지며, 특히 마이클과 드러머 앤디 파커(Andy Parker)의 에너제틱한 연주가 돋보인다. 또한 <Try Me>와 함께 많은 팬들의 사랑을 받아온 발라드 <Born To Lose>는 앨범의 마지막을 감동적으로 장식하고 있다.

본문에서 언급한 빽판 외에도 1970년대 후반에는 오리지널 커버를 그대로 복사한 버전이 유통되었으며, 1988년에는 서울음반을 통해 정식 라이선스반이 출시되었다.

이 앨범의 커버 아트는 힙노시스가 맡았고, UFO 멤버 중 유일하게 마이클이 커버 모델로 등장한다는 점 또한 흥미롭다.

Deep Purple : Shades Of Deep Purple

1970년대 초 / 대도레코드 / EU 13

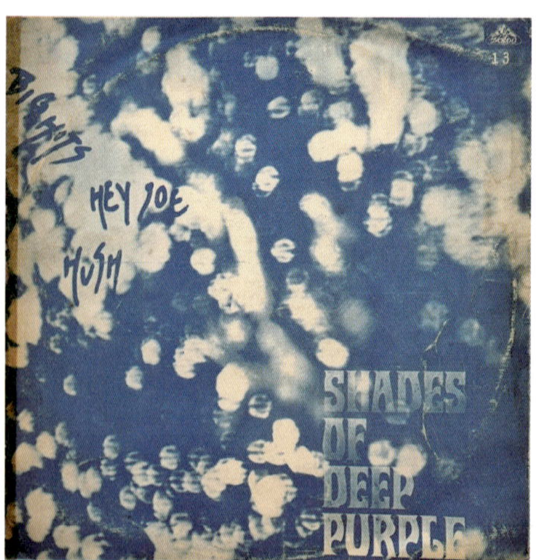

Side A

1. And The Address
2. Hush
3. One More Rainy Day
4. Prelude: Happiness
5. I'm So Glad

Side B

1. Mandrake Root
2. Help!
3. Love Help Me
4. Hey Joe

강렬한 기타 리프와 울부짖는 듯한 야성적 보컬로 대표되는 하드록은 1970년대 젊은이들 사이에서 폭발적인 인기를 끌며 대중음악의 주류로 부상했다. 그중에서도 딥 퍼플은 《In Rock》(1970), 《Fireball》(1971), 《Machine Head》(1972) 등 연속 히트작을 발표하며, '세계에서 가장 시끄러운 밴드'로 기네스북에 이름을 올릴 만큼 막강한 존재감을 과시했다.

레드 제플린, 블랙 사바스(Black Sabbath)와 함께 1970년대 하드록과 헤비메탈의 초석을 다진 딥 퍼플은 초기에는 사이키델릭한 색채가 강한 프로그레시브 록 지향 밴드였다. 멜로디 중심의 보컬보다는 연주적 구성을 강조한 이들의 음악은 오히려 본고장 영국보다 미국에서 먼저 주목을 받았다. 특히 빌리 조 로열(Billy Joe Royal)의 곡을 리메이크한 <Hush>가 미국 빌보드 싱글 차트 4위에 오르며 존재를 알렸고, 블루스 뮤지션 스킵 제임스(Skip James)의 <I'm So Glad>, 그리고 비틀스의 고전 <Help!>를 독창적으로 재해석한 트랙들 또한 신선한 반향을 불러일으켰다.

1968년 미국 테트라그라마톤(Tetragrammaton) 레코드를 통해 발매된 딥 퍼플의 데뷔 앨범 《Shades Of Deep Purple》은 1960년대 후반 다양한 장르가 교차하며 새로운 유행을 만들어가던 실험적 분위기를 고스란히 담아낸 매력적인 작품이다. 빌보드 앨범 차트에서 24위를 기록하며, 영국 출신 신인 밴드로서는 이례적인 성공을 거두기도 했다.

이 음반은 1970년대 초 대도레코드사에서 제작한 딥 퍼플 관련 초창기 음반 중 하나로, 미국 테트라그라마톤 발매반을 복제한 것이다.

오리지널 커버 대신 핑크 플로이드의 《Obscured By Clouds》(1972) 커버 이미지를 차용해 제작되었는데, 이러한 독창적(?) 디자인은 당시 음반 시장의 혼성적인 제작 관행을 보여주는 흥미로운 광경이다.

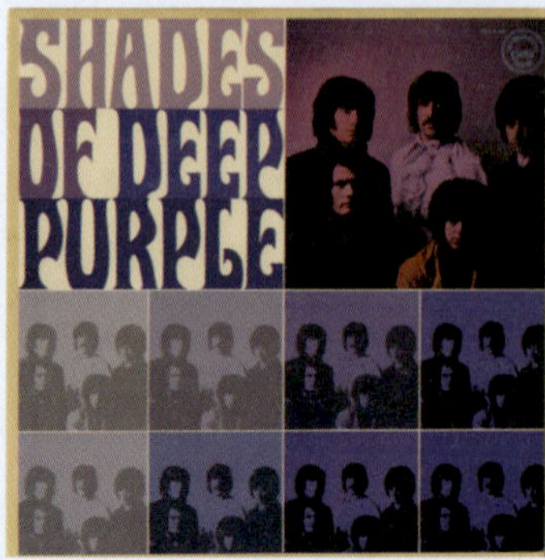

Deep Purple 《Shades Of Deep Purple》 커버

Pink Floyd 《Obscured By Clouds》 커버

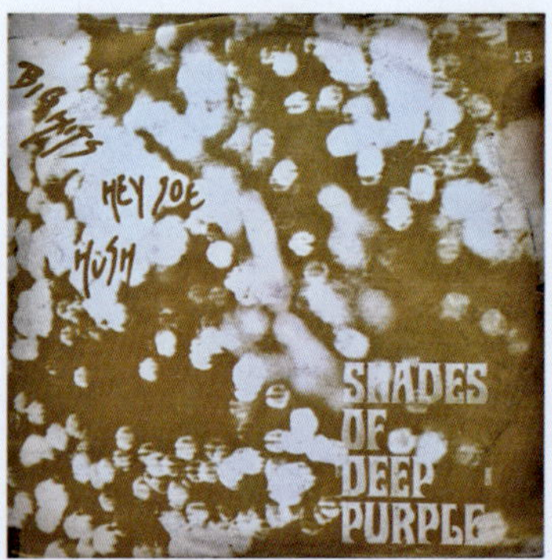

《Shades Of Deep Purple》 재발매 빽판 커버

《Shades Of Deep Purple》 몬스터 커버 빽판

《Shades Of Deep Purple》 라이선스반

커버 우측 하단에 'Shades Of Deep Purple' 로고를 투명 테이프로 부착하는 등 디자인에 나름의 고민을 기울인 흔적이 보인다. 이후에는 커버 우측 상단의 '대도 레코드사' 표기가 삭제된 복제반이 발매되기도 했다.

한편, 또 다른 제작자를 통해 출시된 '몬스터 커버' 디자인의 버전도 존재하는데 《Shades Of Deep Purple》의 빽판 가운데 가장 희귀한 버전으로 꼽힌다.

이 앨범의 정식 라이선스반은 1975년경 오아시스레코드사를 통해 출시되었다. 초반에는 오리지널과 동일한 수록곡이 포함되어 있었지만, 이후 <Hey Joe>가 금지곡으로 지정되면서 해당 트랙이 빠진 수정반이 유통되기 시작했다.

The Jimi Hendrix Experience :
Electric Ladyland

1987년 | 제작사 미상 | TK-512

Side A

1. ...And The Gods Made Love
2. Have You Ever Been (To Electric Ladyland)
3. Crosstown Traffic
4. Voodoo Chile

Side B

1. Little Miss Strange
2. Long Hot Summer Night
3. Come On (Let The Good Times Roll)
4. Gypsy Eyes
5. Burning Of The Midnight Lamp

Side C

1. Rainy Day, Dream Away
2. 1983...(A Merman I Should Turn To Be)
3. Moon, Turn The Tides... Gently Gently Away

Side D

1. Still Raining, Still Dreaming
2. House Burning Down
3. All Along The Watchtower
4. Voodoo Child (Slight Return)

서양 대중음악사에서 1967년은 혁신과 전환의 해로 기억된다.

비틀스는 사이키델릭 록의 걸작 《Sgt. Pepper's Lonely Hearts Club Band》를 발표하며 대중음악 담론의 전환점을 마련했고 핑크 플로이드와 도어스(The Doors)는 개성 넘치는 데뷔 앨범으로 강렬한 첫 신고식을 치렀다.

한편, 미국의 천재 기타리스트 지미 헨드릭스(Jimi Hendrix, 이하 헨드릭스)가 이끄는 '지미 헨드릭스 앤 더 익스피리언스(Jimi Hendrix And The Experience)'는 파격적인 연주로 전 세계 음악계를 격동시켰다. 그의 등장은 일렉트릭 기타의 역사를 새로 쓰는 사건이었다. 데뷔작 《Are You Experienced?》에서 헨드릭스는 다채로운 기타 테크닉과 이펙터를 활용해 전례 없는 사운드를 창조했고, '기타의 신'으로 불리던 에릭 클랩튼에게 조차 위기의식을 안겨주어 록 음악계 전반에 새로운 도전을 촉발시키는 계기를 마련했다.

헨드릭스는 익스피리언스와 함께한 2년의 짧은 시간 동안 총 세 장의 앨범을 발표했다. 그중 1968년에 발표된 세 번째 앨범 《Electric Ladyland》는 헨드릭스가 처음으로 전적인 창작 통제권을 쥐고 만든 작품으로 기존의 트리오 구성을 뛰어넘는 다양한 시도를 담아낸 음악적 실험의 결정체다. 2장의 디스크로 구성된 이 앨범은 록과 블루스를 기반으로 하면서도 극단적인 스테레오 패닝, 백워드 마스킹과 같은 스튜디오 기법을 적극 활용한 실험적인 사운드의 보고(寶庫)였다.

헨드릭스는 바쁜 노엘 레딩을 대신해 베이스 기타를 직접 연주했을 뿐만 아니라 트래픽(Traffic)의 데이브 메이슨(Dave Mason), 스티브 윈우드(Steve Winwood), 크리스 우드(Chris Wood), 키보드 거장 알 쿠퍼(Al Kooper), 제퍼슨 에어플레인(Jefferson Airplane)의 베이시스트 잭 캐시디(Jack Casady) 등 당대 최고의 뮤지션들을 스튜디오로 초대했다. 다양한 뮤지션과의 협업은 앨범 전반에 다채롭고 독창적인 색채를 더하는 데 크게 기여했고 그의 영향력은 수록곡 하나하나에서 뚜렷하게 드러났다.

밥 딜런(Bob Dylan)의 곡을 새롭게 해석한 대중 친화적인 트랙 <All Along The Watchtower>, 잭 캐시디와 스티브 윈우드가 참여한 장대한 블루스 잼 <Voodoo Chile>, 상상력과 실험 정신이 정점에 이른 대작 <1983...(A Merman I Should Turn To Be)>, 그리고 와와 페달(Wah-Wah Pedal)을 활용한 즉흥성과 강렬한 에너지를 집약한 <Voodoo Child (Slight Return)>는 헨드릭스의 존재를 상징하는 명곡들이다.

한편, 앨범 커버 역시 의도치 않게 주목을 받으며 앨범 홍보에 중요한 역할을 했다. 헨드릭스는 린다 이스트먼(Linda Eastman, 후에 폴 매카트니의 아내가 됨)이 촬영한 센트럴 파크의 동상 앞에서 아이들과 함께 앉아 있는 밴드 멤버들의 사진을 커버로 사용하길 원했으나 음반사의 반대로 무산되었다. 그 대신 앨범은 미국과 영국에서 서로 다른 디자인으로 발매되었는데, 특히 19명의 젊은 여성 누드가 담긴 영국반 커버는 당시 큰 논란을 불러일으켰다.

Jimi Hendrix가 구상했던 《Electric Ladyland》의 커버

《Electric Ladyland》 영국반 커버

《Electric Ladyland》 미국반 커버

《Electric Ladyland》의 최종안으로 검토되었던 또 다른 커버

1960년대 말에 제작된 빽판

누드 커버에 대한 대중의 불편한 시선을 의식한 영국 내 일부 판매상들은 게이트폴드 커버의 안쪽 면을 펼쳐 멤버들의 사진이 보이도록 진열하거나, 아예 음반을 갈색 포장지에 싸서 판매하기도 했다. 이 누드 커버는 영국, 독일, 네덜란드, 일본 등 일부 국가에서만 유통되었을 뿐 붉게 물들인 지미 헨드릭스의 얼굴 사진을 커버로 채택한 미국 버전이 통용되어 현재까지 이어지고 있다. 흥미롭게도 이 미국 버전이 완성되는 과정에서 최종 후보로 거론됐던 또 다른 커버 디자인이 근래 공개되며, 당시 제작과정을 둘러싼 또 한 겹의 이야기가 더해졌다.

필자가 처음 손에 넣은 헨드릭스의 음반은 흰색 바탕 커버로 제작된 《Electric Ladyland》의 빽판이었다. 원작의 강렬한 색감은 온데간데없고 미국반을 어설프게 모방한 투박한 그림이 커버를 대신하고 있었다. 사실 1960년대 말에 1장으로 축약된 빽판이 먼저 등장했지만, 1987년에 제작된 이 독특한 버전이 지닌 개성에는 한참 못 미친다.

1989년에 이르러서야 성음을 통해 금지곡이 없는 온전한 라이선스 음반이 발매되었다. 당연히 미국반의 커버 디자인이 사용되었다.

Rainbow : Richie Blackmore's Rainbow

1980년대 초 | Stereo High Light | BR-246

Side A

1. Man On The Silver Mountain
2. Self Portrait
3. Black Sheep Of The Family
4. Catch The Rainbow

Side B

1. Snake Charmer
2. The Temple Of The King
3. If You Don't Like Rock 'N' Roll
4. Sixteenth Century Greensleeves
5. Still I'm Sad

<Highway Star>, <Smoke On The Water>, <Child In Time> 등으로 하드록 전성기를 이끈 딥 퍼플은 이언 길런(Ian Gillan, 보컬)과 로저 글러버(Roger Glover, 베이스)의 탈퇴로 중대한 위기를 맞는다. 새롭게 합류한 보컬 데이비드 커버데일(David Coverdale)과 베이시스트 글렌 휴스(Glenn Hughes)는 밴드에 신선한 활력을 불어넣었지만, 이러한 변화가 모든 멤버에게 환영받은 것은 아니었다. 특히 탈퇴 사건의 발단이자 원인 제공자였던 기타리스트 리치 블랙모어(Ritchie Blackmore, 이하 블랙모어)는 그들이 추구한 소울과 펑크적 색채에 대해 강한 거부감을 나타냈다.

1974년 앨범 《Stormbringer》 녹음 당시에도 이미 그는 밴드 밖의 뮤지션들과 교류하며 내부와 거리를 두었고, 자신과 더 맞는 음악적 방향을 모색했다.

결국, 딥 퍼플의 미국 투어에서 오프닝을 맡았던 밴드 엘프(Elf)를 포섭한 블랙모어는 이들과 함께 레인보우(Rainbow)를 결성하고 자신의 주도권을 강조하기 위해 'Ritchie Blackmore's Rainbow'라는 이름의 데뷔 앨범을 발표하기에 이른다.

1975년에 공개된 이 앨범은 블루스와 포크에 뿌리를 둔 정통 하드록을 중심으로 로큰롤부터 발라드까지 다양한 장르를 아우르고 있다. 훗날 레인보우를 대표하는 명곡이자 하드록의 고전으로 손꼽히는 <Man On The Silver Mountain>, 그리고 보컬리스트 로니 제임스 디오(Ronnie James Dio, 이하 디오)의 절제된 창법과 신비로운 가사가 어우러진 슬로우 넘버 <Catch The Rainbow>, <The Temple Of The King>은 많은 팬들에게 깊은 인상을 남기며 레인보우의 성공적인 출발을 알렸다.

《Ritchie Blackmore's Rainbow》 오리지널반

특히 <The Temple Of The King>과 <Catch The Rainbow>는 1970년대부터 국내 음악 팬들 사이에서 꾸준히 사랑받아온 곡들로, 오늘날까지도 공중파 라디오에서 신청되고 있는 단골 레퍼토리다. 그중에서도 <Catch The Rainbow>의 전반을 감싸는 키보디스트 미키 리 솔(Mickey Lee Soule)의 몽환적인 멜로트론 사운드는 오직 초창기 레인보우에서만 느낄 수 있는 특별한 감성이다.

여러 형태로 제작·유통되었던 《Ritchie Blackmore's Rainbow》 빽판

《Ritchie Blackmore's Rainbow》는 디오가 대중 앞에 본격적으로 자신의 존재를 각인시킨 작품이다. 엘프 시절 여러 앨범을 통해 차근차근 쌓아온 그의 음악적 토대는 블랙모어와의 만남으로 한층 선명하게 빛을 발하고 있다.

앨범을 찬찬히 들어보면 엘프 시절의 흔적이 곳곳에 잔상처럼 남아 있음을 느낄 수 있다. 정통 로큰롤 넘버인 <Snake Charmer>와 <Self Portrait>, 리허설 워밍업에서 출발해 정식 수록곡으로 발전한 부기 록 스타일의 <If You Don't Like Rock 'N' Roll>이 그 대표적인 예다. 하지만 안타깝게도 디오를 제외한 엘프 출신 멤버들은 앨범 녹음을 마친 직후 블랙모어로부터 해고 통보를 받으며, 새로운 장으로 나아가는 길목에서 서로 다른 운명을 마주해야 했다.

1978년 성음에서 정식 라이선스반이 발매되기 전까지 《Ritchie Blackmore's Rainbow》는 다양한 형태의 빽판이 제작되었다. 오리지널 커버를 그대로 복제한 버전, 멤버들의 사진을 덧붙인 버전, 블랙모어와 디오의 사진을 전면에 내세운 버전, 게이트폴드 커버 내부 이미지를 앞면 커버로 가공한 버전 등 제조사에 따

라 커버 디자인이 조금씩 다른 다양한 변형판
들이 존재했다.

그 외에도 제작비 절감을 위해 창고에 남아
있던 여분의 커버를 활용한 이른바 '재활용 빽
판'이 유통되기도 했다. 이 재활용 빽판은 기존
앨범 커버 위에 흑백 복사된 A4 용지를 풀로 덧
붙여 만든 것으로, 조악한 품질에도 불구하고
정가의 절반 수준에 판매되어 주머니가 가벼운
학생들 사이에서 인기를 끌었다.

The Moody Blues 《Days Of Future Passed》 재활용 빽판

한편, 성음에서 제작한 라이선스반은 독일
폴리도르(Polydor)에서 공수한 스탬퍼(매트릭
스 넘버 2391 190 S1/2391 190 S2)를 사용하여
음질이 매우 뛰어나 종종 빽판의 마스터반으로
사용되기도 했다.

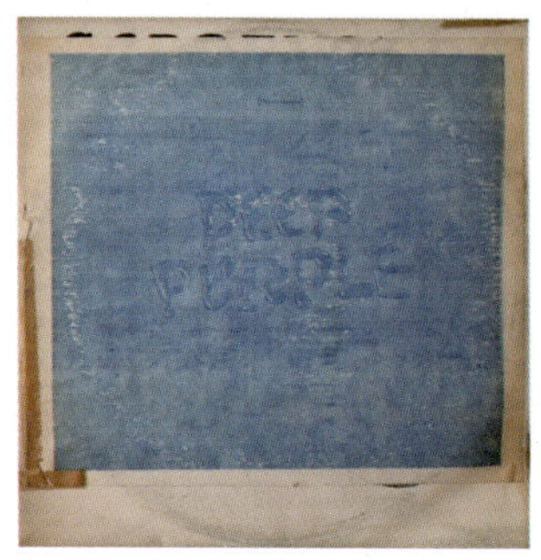

Deep Purple 《Purple Passages》 재활용 빽판

그 외 대부분의 빽판은 미국반(매트릭스 넘
버 PD-6049-AS-MW-1 / PD-6049-BA-MW-1)을 마스터로 하여 제작되었다.

제8부

다양한 버전을 보유한 가요 앨범들

한국형 록 사운드의 전범(典範)

신중현으로부터 전수된 음악 DNA

삼형제의 위대한 등장

초반에만 존재하는 비밀

K-메탈의 문을 두드리다

익숙함을 거스른 이름

80년대 한국형 발라드의 완성

대중음악의 고전이 되다

신중현과 엽전들 : 신중현과 엽전들 Vol.1

1974년 8월 25일 | 지구레코드 | JLS-120891

Side A

1. 저 여인
2. 그 누가 있었나봐
3. 설레임
4. 생각해
5. 긴긴 밤 (미수록)

Side B

1. 나는 몰라
2. 할 말도 없지만
3. 미인
4. 나는 너를 사랑해
5. 떠오르는 태양 (미수록)

1974년 6월, 예정된 녹음을 위해 연주자들이 녹음실 부스로 들어섰다. 통상적으로 기본 밴드 편성에 현악기를 덧붙이는 방식이 일반적이었으나, 이날 녹음실에는 단 세 명의 멤버만이 모였다. 말 그대로 '삼인조 밴드'였던 것이다.

1970년대 초반, 한국 음악 시장에서 삼인조 밴드의 등장은 그 자체로 파격이었다. 1960년대 말 사이키델릭의 전성기를 이끈 지미 헨드릭스 익스피리언스와 크림처럼 신중현은 미니멀한 구성으로 최대의 에너지를 끌어내는 삼인조 편성을 구상했다. 그러나 그의 목표는 단순한 서구 록의 모방이 아니었다. 그는 한국 고유의 정서와 흥을 담은 자신만의 음악을 만들어내고자 했으며, 바로 그 실현 수단이 '엽전들'이었다.

이러한 접근은 당시 주류를 이루던 트로트나 포크와는 전혀 다른 새로운 음악적 시도였고 신중현은 엽전들을 결성하기 전부터 이미 그 방향성을 엿보게 하는 작업들을 선보여 왔다.

드라마 《마부》(1971)의 주제가인 <마부타령>, 그리고 지연의 앨범 《나만이 걸었네》(1973) B면에 수록된 <그리운 그님아>(신중현 가창) 등이 그 예다.

이미 알려진 것처럼, 신중현과 엽전들의 데뷔 앨범은 통상 두 가지 버전이 존재한다. 신중현(기타·보컬), 이남이(베이스), 김호식(드럼)으로 구성된 3인 체제로 녹음된 '초반'과, 드러머가 권용남으로 교체된 뒤 다시 녹음된 '재반'이 그것이다.

타이틀곡 <저 여인>이 수록된 초반은 한 차례의 기타 오버더빙 외에는 별다른 기술적 작업 없이 날것 그대로의 담백한 사운드를 담아냈다. 특히 러닝 타임을 3분 이내로 제한하던 당시 방송국의 편성 규정을 거스르듯, 4분을 훌쩍 넘기는 대곡들로 앨범을 가득 채웠다는 점이 인상적이다.

앨범 작업이 한창이던 시기, 신중현은 이만희 감독 연출, 문숙 주연의 영화 《태양 닮은 소녀》(1975년 1월 24일 개봉)에 주제가 <태양 닮은 소녀>(김명희 노래)와 <미인>을 제공했다. 특히 <미인>은 여주인공의 발랄하고 사랑스러운 캐릭터와 잘 어우러지며 극 중 주요 장면마다 반복적으로 등장했다. 여기서 사용된 음원은 초반 버전이다.

영화 《태양 닮은 소녀》 인트로 장면

《신중현과 엽전들 Vol.1》의 초반은 오리지널 멤버인 드러머 김호식이 참여한 녹음으로, 방송사 배포용 비매품과 소량의 시판용 음반이 존재한다.

오늘날 우리에게 익숙한 공식 발매반은 대중성을 고려한 음반사 측의 요청에 따라 다수의 곡을 재녹음한 '재반 버전'이다. 특히 <미인>이 3분 길이의 간결한 편곡으로 재수록된 것은 결과적으로 대중적 반향을 일으킨 신의 한 수로 평가받는다.

<미인>은 MBC TV '금주의 인기가요'(1975년 2월)에서 1위를 차지하는 등 대중적인 인기를 누렸지만, 동시에 기성세대의 곱지 않은 시선과 비판도 피할 수 없었다.

"신중현의 장타령조 <미인>의 살인적 인기는 가실 줄 모르는 2월이다. 초등학

재반 커버 앞면

재반 커버 뒷면

레이블

교 저학년 꼬마들이 복창해준 덕이 아닌가 생각된다. 유행가 작곡도 이제는 유아
를 상대해서 만들어야 돈을 벌수 있다는 못된 풍조를 남겼다"
(경향신문 1975년 2월 28일자 경향신문 기사)

"전통적인 우리 가락에 서양의 로크와 비트를 가미하여 '엽전풍'을 시도했다는
신중현의 <미인>은 각설이 타령이지 노래가 아니라는 거부반응도 거세지만 디스
크 판매량이 3만장 가까이 육박하는 상반기 최고의 히트송으로 각광을 받고 있다"
(1975년 4월 25일자 조선일보 기사)

<미인>의 대중적 인기를 방증하듯, 신중현은 1975년 5월 신상옥 감독이 대
표로 있는 신필름과 동명의 영화 제작 계약을 체결했고, 같은 달 촬영에 돌입해
6월 말 크랭크업했다. 그러나 8월 개봉을 앞두고 후반 작업이 한창이던 1975년
7월 12일, <미인>, <바람>, <나는 너를 사랑해>, <할 말도 없지만>, <나는 몰라>,
<생각해>, <저 여인>, <담배꽁초>, <너와 나>, <가나다라마바> 등 다수의 신중
현 곡들이 일제히 금지곡으로 지정되는 뜻밖의 사태가 발생한다.

그로 인해 8월 30일 공개된 영화 《미인》은 주제가 <미인>이 금지곡으로 묶
이면서, 부득이하게 가사를 뺀 연주 버전을 삽입해야 했다. 원곡의 폭발적인 인
기와 인지도를 바탕으로 흥행을 기대
했던 제작진 입장에서는 뼈아픈 결
정이었다. 결국, 영화는 단 4,108명의
관객 동원이라는 초라한 성적표를 남
기고 막을 내렸다.

자신의 대표곡 다수가 금지곡으
로 지정되며 활동에 큰 제약을 받게
된 신중현과 엽전들은 대중의 시선을
의식해 장발과 벙거지 차림을 벗고,

영화 《미인》 신문광고

申重鉉의 「엽전들」
거지차림을 벗기로

○‥‥「美人」을 비롯한 10여곡의 노래를 금지처분받은 작곡가 申重鉉씨(사진)는 『거지차림에서 變身할것임』을 宣言했다. 그동안 申씨가 이끄는「엽전들」은 장발에 벙거지 거지차림을 하고 무대를 주름잡아왔는데 이에 대한 지탄의 소리가 높아지자 체질을 개선하고 大悟覺醒을 하게 된것. 그리고 앞으로 부를노래도 팝송판 장타령에서 탈피하여 건전한 가요만을 선택하기로했다.

경향신문 1975년 8월 27일자 기사

《신중현과 엽전들 Vol.2》(1975)

《신중현과 엽전들 Vol.1》(재반) 지구 레코드 발매 CD

《신중현과 엽전들 Vol.1》(초반) Pony Canyon Korea 복각 CD

《신중현과 엽전들 Vol.1》(초반) Lion Productions 재발매 LP

애국심을 내세운 건전가요 중심의 앨범 《신중현과 엽전들 Vol.2》를 1975년 10월 1일, 국군의 날에 맞춰 발표한다.[3]

그러나 불과 두 달 뒤인 12월, 연예계를 뒤흔든 대마초 사건에 신중현과 권용남이 연루되면서 앨범은 판매 금지 처분을 받고 전량 수거된다. 1970년대 한국 대중음악의 암흑기는 그렇게 막이 올랐다.

그로부터 12년이 흐른 1987년, 대한민국은 정치·사회적 변화의 물결 속에서 문화정책의 전환점을 맞이하게 된다. 민주화 운동이 본격화되면서 문화예술에 대한 검열이 완화되고, 그 결과 공윤이 금지곡으로 묶어 두었던 수많은 곡들이 해금된다.

특히 같은 해 8월 18일에는 가요와 팝송을 포함한 186곡의 금지 조치가 공식적으로 해제되고, 이를 계기로 신중현의 과거 히트곡들도 다시금 대중의 재조명을 받기 시작했다. 같은 해 지구레코드는 신중현과 엽전들의 1집(재반)을 다시 찍어내며 흐름에 동참했고, 1994년에는 CD 포맷 음반까지 등장했다.

2003년, 포니캐년 코리아(Pony Canyon Korea)에서 초반을 복각한 CD가 처음으로 선보였으나, 최종 단계에서 신중현의 기타 연주가 새롭게 덧입혀진 사실상 '21세기형 신버전'이었다. 게다가 커버 역시 초반이 아닌 재반 이미지를 사용해 진정한 의미의 복각과는 거리가 있었다.

2012년에는 초반을 독특한 형식으로 재구성한 재발매반이 등장했다. 해당 기획은 미국의 라이온 프로덕션(Lion Productions)이 주관했으며, 앨범 커버는 신중현의 요청에 따라 가부좌를 틀고 앉아 있는 멤버들의 사진으로 교체되었다. 또한 오리지널 발매 당시 수록곡 목록에 포함되었으나 실제 음반에는 담기지 못했던 〈긴긴밤〉과 〈떠오르는 태양이〉가 새롭게 추가되었고, 곡 순서는 재반과 동일하게 배열되었다.

3　통상 비매품 음반은 시판용보다 먼저 발매되는 것이 일반적이지만, 해당 앨범의 비매품 음반에는 시판용보다 두 달 늦은 12월 5일이 발매일자로 표기되어 있어, 정확한 사실 확인이 필요하다.

양키스 : Yankee's Go Go 클럽 초대

1974년 | 대도레코드 | MDF 25

Side A

1. 미스타 소
2. 썸머타임
3. 해지기 전에
4. 내 마음 흔들려
5. 나 혼자 달래야지
6. 나를 웃겼네

Side B

1. 파파
2. 나는 너를
3. 어린 시절
4. 썬다운
5. 우리 함께
6. 불꺼진 창

'양키스(Yankees)'는 함중아라는 이름을 대중에게 각인시킨 상징적 존재다. 1975년 결성된 양키스는 <풍문으로 들었소>, <내게도 사랑이> 등을 히트시키며 윤수일, 최헌과 함께 '트로트 고고록 삼대장'으로 불리며 1970년대 후반 대중음악의 한 축을 이뤘다.

함중아의 음악 여정의 시작점에는 신중현이라는 이름이 함께하고 있었다. 어려운 가정 형편 속에서 전쟁고아와 혼혈아동을 돌보던 펄벅재단에서 성장한 그는 그곳에서 만난 친구들과 함께 신중현의 문하에 들어가 음악과 인연을 맺었다.

1972년 발표된 《신중현 사운드 Vol.3》는 '골든 그레입스'라는 밴드 이름으로 공개된 음반으로, 함중아의 실질적인 데뷔작에 해당한다. 그는 팀 내 키보디스트이자 친형인 함정필과 함께 공동 리더로 활약했으나, 형제간의 음악적 견해 차이로 팀 내 균형이 무너지면서 함중아는 동료 멤버 정동권과 함께 골든 그레입스를 탈퇴한다. 이후 신창호, 이수한, 한태곤을 새롭게 영입해 '리바이블 크로스(Revival Cross)'를 결성, 본격적인 자기 색깔 찾기에 나섰다.

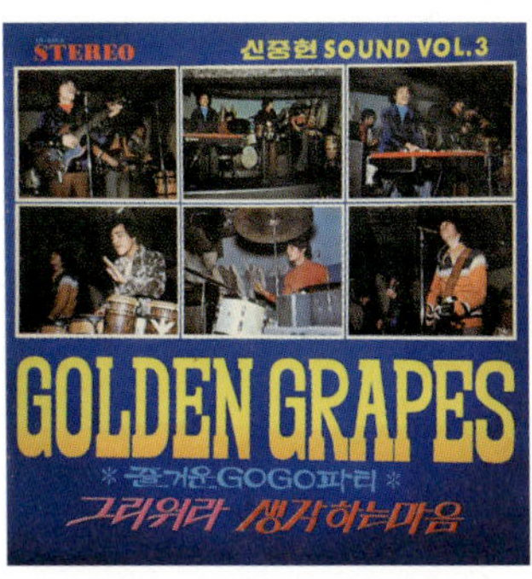

골든그레입스 《신중현 사운드 Vol.3》 (1972)

리바이블 크로스는 국제프로덕션과 전속 계약을 체결하며, 함중아는 소속사의 전속 작곡가 겸 프로듀서라는 직함을 함께 맡게 된다. 1974년, 그는 첫 프로듀싱 작품인 《김지연과 리바이블 크로스》를 발표하는데, 이 앨범은 당시 신중현이 이끌던 '더 멘(The Men)'의 분위기를 놀라울 만큼 생생하게 재현하고 있었다.

김지연 & 리바이블 크로스 《내 마음 흔들려》(1974)

아시아 레코드 발매 버전

보컬「십자가」리더
咸重亞 歌手로데뷔

보컬그룹「십자가」에서 퍼스트 기타와 리더로 활약하고 있는 咸重亞군이 자작곡「나를 웃겼네」를 직접불러 가수로 데뷔했다.

노래는 요즘 히트하고 있는 申重鉉의 「美人과 비숫한 스타일의 리듬으로 연예가의 화제가 되고 있다.

咸군은 69년 보컬 申重鉉과 골든 그레입스의 한멤버로출발, 작년부터는 金知澳양의 「내마음 흔들려」「옷겨 주세요」등 작곡도했다.

경향신문 1975년 3월 8일자 기사

이듬해인 1975년, 리바이블 크로스는 '양키스'로 팀명을 변경하고, 정규 앨범 《Yankee's Go Go 클럽 초대》를 선보였다. 이 음반 또한 <미인>으로 주목받던 '신중현과 엽전들'의 유사한 연주 스타일을 고수하며 편곡과 연주 전반에 걸쳐 신중현 사운드의 영향을 그대로 드러내고 있다.

앨범은 자작곡 5곡과 커버곡 1곡으로 구성된 A면, 그리고 국내 가요와 팝송을 연주곡으로 편곡한 B면으로 나뉜다. A면의 타이틀곡 〈미스타 소〉는 1980년 허윤정이 히트시킨 〈그 사나이〉의 원곡으로 '미스타 소'는 김지연의 매니저이자 남편인 소윤석을 지칭한 것으로 알려져 있다. 1976년, 양키스는 〈미스타 소〉의 동일 MR을 바탕으로 〈그 사나이〉를 재녹음했다.

어둡고 몽환적인 분위기가 지배적이었던 《김지연과 리바이블 크로스》와 달리, 《Yankee's Go Go 클럽 초대》는 보다 대중적인 접근을 시도한 흔적이 뚜렷하다. 특히 <썸머타임>을 제외한 A면의 자작곡들은 전작에 뒤지지 않는 높은 완성도를 자랑한다.

《김지연과 리바이블 크로스》의 타이틀곡이었던 <내 마음 흔들려>는 이번 앨범에서 새로운 보컬과 함중아의 코러스

<그 사나이>가 수록된 양키스 《초록별들 골든 그립스》(1976)

를 덧입혀 재녹음되었다. 길옥윤 사단의 여성 보컬리스트 이예나를 연상시키는 미상의 객원 가수는 <내 마음 흔들려>와 <나 혼자 달래야지>에서 김지연과는 또 다른 나른하고 여유로운 매력을 발산하고 있다. 이 앨범은 시판용보다 프로모션용 음반이 더 자주 발견되며, 함중아 관련 음반 가운데서는 《김지연과 리바이블 크로스》에 이어 희소성이 높다.

특히 1976년에 동일한 커버 디자인으로 발매된 《초록별들(양키스) Go Go 경음악》과 혼동하는 경우가 많아, 반드시 수록곡 목록을 비교·확인할 필요가 있다.

양키스 : 초록별들 Go Go 경음악

1976년 8월 1일 | 히트레코드 | HL-M10

Side A

1. 파파 (Papa)
2. 우리 함께 (We'll Be One By Two Today)
3. 어린 시절
4. 보리밭
5. 고별
6. 그 옛날처럼 (Yesterday Once More)

Side B

1. 날아라 로빈 (Fly Robin Fly)
2. 산타마리아의 기도
3. 둥글둥글한 세상
4. 디지 (Dizzy)
5. 바람아
6. 초원

김대환과 김트리오《드럼! 드럼! 드럼! 앰프키타 고
고! 고고! 고고! 고고!》

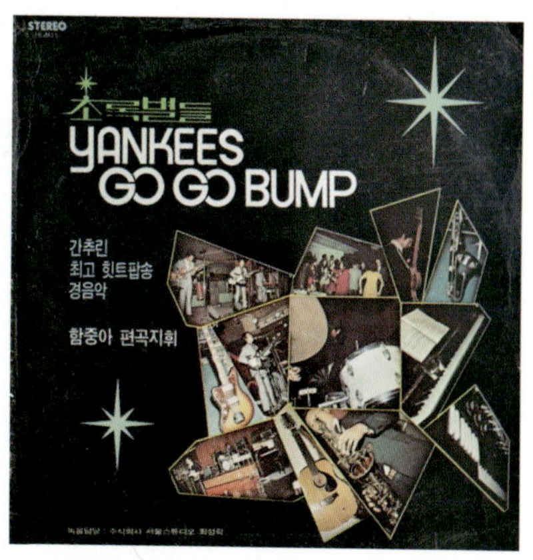

초록별들《Yankees Go! Go! Bump!!》

1976년에 발매된 《초록별들(양키스) Go Go 경음악》은 기존 수록곡인 <파
파>, <우리 함께>, <어린 시절>에 9곡을 추가해 완성된 앨범이다. 당시 디스코
열풍을 반영하듯, B면 첫 트랙에는 실버 컨벤션(Silver Convention)의 히트곡
〈Fly, Robin, Fly〉를 커버한 <날아라 로빈>이 수록되어 있다.

전체적으로는 고고 사운드의 전형을 따르는 평이한 경음악 중심의 구성이지
만, 유독 톤이 다른 한 곡이 눈길을 끈다. 바로 B면 네 번째 트랙 <디지(Dizzy)>로
이 곡은 양키스의 연주가 아닌 미국 뮤지션 휴고 몬테네그로(Hugo Montenegro)
의 원곡을 편집 없이 그대로 수록한 것이다.

이처럼 수록곡 공백을 메우기 위한 '꼼수 편집'은 1970년대 가요 음반에서 종
종 발견되는 관행이었다. 대표적인 예로는 김대환과 김트리오의《드럼! 드럼! 드
럼! 앰프키타 고고! 고고! 고고! 고고!》(1972), 리바이블 크로스의《김지연과 리
바이블 크로스》(1974), 그리고 같은 해 발매된 초록별들의《Yankees Go! Go!
Bump!!》(1978) 등이 있다.

산울림 : 2집

1978년 5월 19일 | 서라벌레코드 | SR-0104

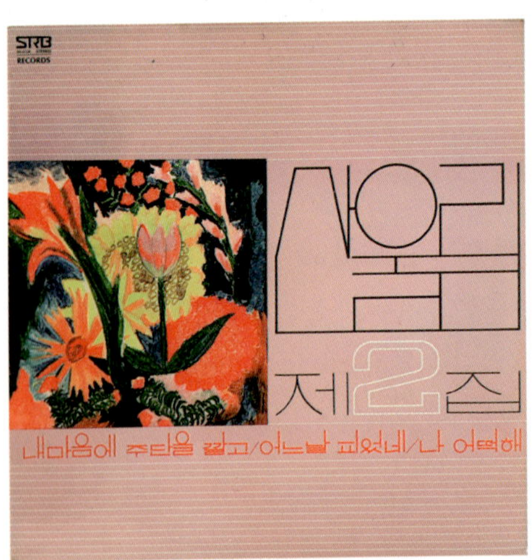

Side A

1. 내 마음에 주단을 깔고
2. 노래 불러요
3. 안개 속에 핀 꽃
4. 둘이서
5. 기대어 잠든 아이처럼

Side B

1. 어느 날 피었네
2. 나 어떡해
3. 이 기쁨
4. 정말 그런 것 같애
5. 떠나는 우리님

　1977년, 산울림의 등장은 한국 대중음악계의 신선한 충격이었다. 연일 방송을 타고 흘러나온 그들의 음악은 낯설면서도 강렬한 파동처럼 대중의 귀를 단숨에 사로잡았다.

　투박하지만 누구도 흉내 낼 수 없는 독특한 질감의 에너지는 당시 가요계의 정형화된 틀을 가볍게 뛰어넘는 것이었다. 특히 김창완, 김창훈, 김창익 세 형제로 구성된 이 밴드는 그 존재만으로도 친근하게 다가왔고, 무엇보다 진솔하고 꾸밈없는 가사들은 많은 이들의 깊은 공감을 이끌어냈다.

　맏형이자 리더인 김창완이 기타와 인연을 맺게 된 것은 대학 1학년 때였다. 처음 기타를 구입한 날, 당시 고등학교 2학년과 1학년이던 두 동생은 신기한 듯 기타 주변에 모였고, 시간이 날 때마다 맏형의 기타 반주에 맞춰 숟가락으로 방바닥을 두드리며 여가를 즐겼다. 이후 둘째 김창훈이 대학에 입학하면서 삼형제는 본격적으로 밴드의 형태를 갖추게 되었고, 매일 집 안에서 합주를 하고 자작곡을 만들어가기 시작했다. 그렇게 만들어진 곡은 100곡을 훌쩍 넘었다.

　군 복무를 마친 뒤 취업을 준비하던 김창완은 오랜 취미였던 음악을 정리하는 의미로 기념 음반을 만들고자 결심했다. 삼형제가 함께 만든 데모 테이프를 들고 서라벌레코드사를 찾았고, 음악 활동을 마무리하려던 이들은 뜻밖에도 1977년 12월, 정식 프로 밴드로 데뷔하게 되었다.

산울림 《1집》(1977)

　데뷔 앨범의 수록곡 대부분을 만들었던 김창완은 학창시절부터 일기를 쓰듯 시를 쓰고 곡을 붙였다. 이렇게 완성된 <아니 벌써>, <불꽃놀이>, <소녀>에는 그 시절의 즐거움과 애틋한 사랑의 감정이 그려져 있다.

　기존 가요에서는 접할 수 없었던 혁신적인 사운드와 직설적 언어로 무장한 산울림의 음악은, 데뷔 3개월 만에 한국 대중음악계를 흔

<내 마음의 주단을 깔고> 싱글

들어 놓았다.

데뷔 앨범의 여운이 채 가시기도 전인 1978년 5월, 이들은 두 번째 앨범을 완성한다. 발매와 동시에 1만 장이 넘게 판매되며 여전한 인기를 입증했고, 라디오를 통해 신곡들이 연일 전파를 탔다.

경쾌한 로큰롤 넘버 <노래 불러요>, 산울림표 발라드의 시작을 알린 <둘이서>, 몽환적인 애시드 포크 풍의 <기대어 잠든 아이처럼>까지, 김창완·김창훈 형제의 손에서 탄생한 곡들은 대중의 마음을 정확히 겨냥하고 있었다. 무엇보다도 3분 16초에 이르는 김창완의 강렬한 기타 전주로 시작되는 <내 마음의 주단을 깔고>의 임팩트는 대단했다. 전주에서 멜로디로 절묘하게 전환되는 부분은 팬들이 가장 애정하는 구간이었지만, 방송에선 종종 전주가 생략되어 멜로디 부분만 흘러나오기도 했다. 곡의 인기가 높아지자 방송용으로 전주를 편집한 3분 내외의 싱글 음반이 별도로 제작되어 방송국과 일부 소매점에 배포되기도 했다.

2집 앨범은 산울림 음악의 정점을 상징하는 '1·2·3집 3부작' 가운데서도 국내는 물론 해외 사이키델릭 팬들로부터 절대적인 지지를 받고 있다. 특히 전위적이고 컬트적인 매력을 자랑하는 <내 마음의 주단을 깔고>는 이 앨범의 가치를 논할 때 결코 빼놓을 수 없는 핵심이다.

1990년대 말, 우리도 모르는 사이 산울림의 음악이 영국에서 해적반으로 유통되었다는 사실은 꽤나 흥미롭다.

산울림의 앨범은 음악뿐 아니라 커버 디자인에서도 독창적인 미감을 자랑하며 수집가들의 소유욕을 자극해왔다. 모든 정규 앨범의 커버를 직접 디자인한 김창완은 자작 삽화를 왼쪽에 배치하고 그 옆에 밴드 로고를 더한 뒤, 위아래로

<h1 style="text-align:center">영국 드래곤 레코드(Dragon Records)에서 발매된 해적반</h1>

산울림 영문로고가 인쇄된 커버

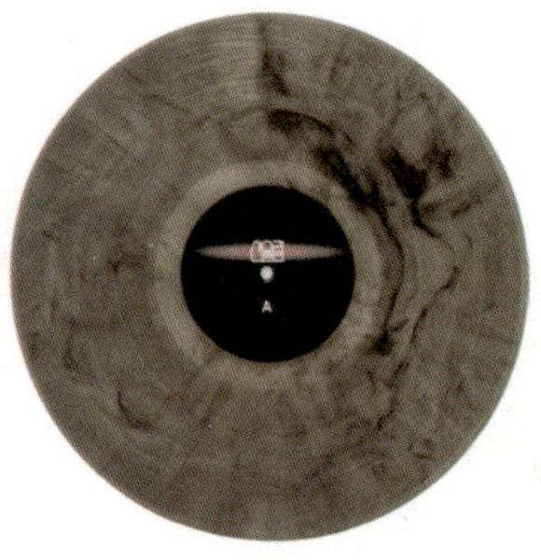

컬러반

인서트

35개가 넘는 횡선을 그어 독특한 시각 언어를 완성했다. 이 디자인 콘셉트는 1집부터 13집(재반)까지 일관되게 적용되어 산울림 음반의 상징적인 정체성으로 자리하고 있다.

1978년 5월 10일 처음 발매된 산울림 2집 앨범은 현재까지 6종 이상의 버전이 확인되고 있다. 그 가운데 외관과 음질 면에서 뚜렷한 차이를 보이는 세 가지 버전을 중심으로 비교해보자.

* 버전 1 (초반): 짙은 보라색 커버로 제작되었으며, 음질 면에서 추후 발매된 다른 버전들과는 비교가 안될 정도로 단단한 저역과 화려한 고역을 자랑한다. 커버 뒷면 우측 하단에는 'KPA' 마크가 인쇄되어 있다. (236쪽 참조)

* 버전 2: 커버 색상이 다소 옅어진 버전으로, 스테레오 좌우 채널의 위상이 뒤바뀌어 있으며, 음질 또한 이전 버전에 비해 저역이 다소 부드러워졌다. (240쪽 참조)

* 버전 3: 커버 색상이 회색에 가까워졌으며, 음질은 명료함이 떨어지고 다소 둔탁해진 인상을 준다. 스테레오 채널은 버전 2와 동일하며, 레이블은 검정색으

1집    2집 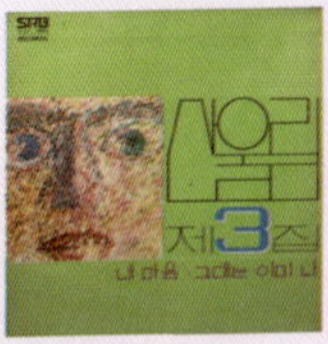   3집 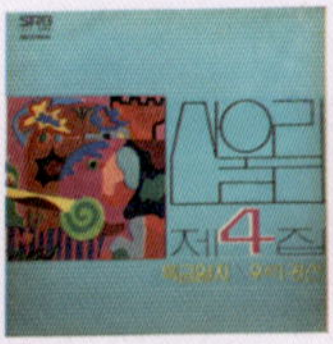   4집    5집

6집    7집    8집    9집    10집

11집    12집    13집

산울림 《2집》 버전-2

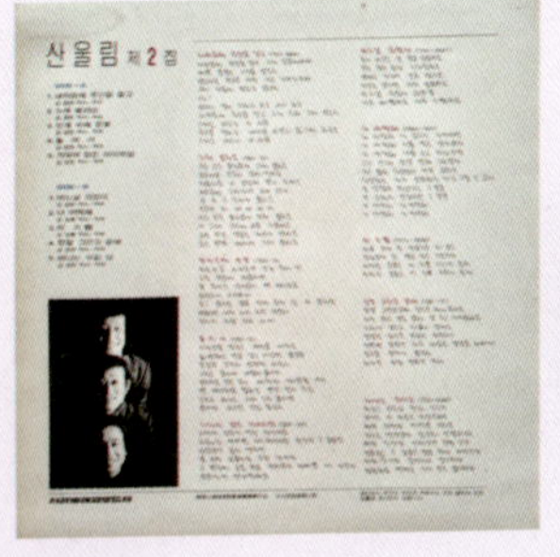

산울림 《2집》 버전-3

로 변경되었다. (240쪽 참조)

이후에도 산울림 2집 앨범은 다양한 레이블을 통해 꾸준히 재조명되었다.

2015년에는 유럽의 해적반 레이블 그라나딜라 뮤직(Granadilla Music), 2016년에는 국내 재발매 레이블 리듬 온(Rhythm On), 2022년에는 산울림 리마스터 프로젝트를 위해 출범한 에꼴 드 고래(Ecole de Gorae)에서 각각 재발매되며 꾸준한 관심을 받고 있다.

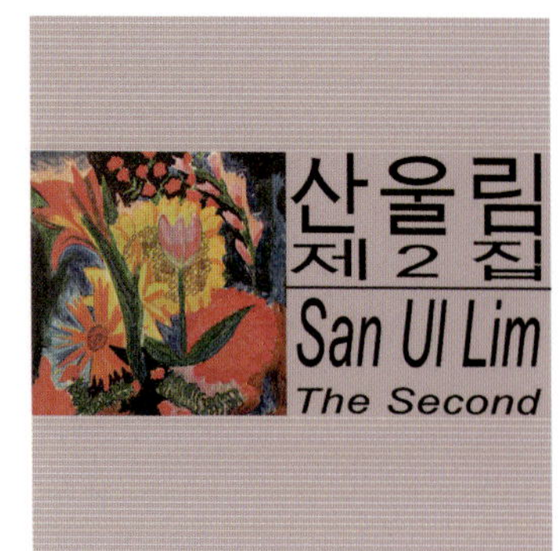

Granadilla Music 발매반

송골매 : 1집

1979년 9월 13일 | 지구레코드 | JLS-1201504

Side A

1. 산꼭대기 올라가
2. 세상만사
3. 길지 않은 시간이었네
4. 지금 내 마음
5. 세상 모르고 살았노라

Side B

1. 오늘 따라
2. 아낙네 마음
3. 나그네들의 축제
4. 친구를 생각하며

1980년대를 종횡무진한 록 밴드 송골매는 하드록 특유의 강렬함에 한국적 서정성을 접목함으로써, 그 누구의 모방도 아닌 자신들만의 음악 세계를 구축했다. 익숙하면서도 신선한 멜로디, 누구나 자신의 이야기처럼 받아들일 수 있는 솔직한 가사는 록이라는 장르에 대한 거리감을 허물었고, 그렇게 그들의 음악은 특별할 것 없는 일상에 잔잔한 여운으로 녹아들었다.

송골매의 시작은 항공대학교 스쿨밴드 활주로로 거슬러 올라간다. 활주로 6기 멤버로 활동했던 배철수는 1973년 학부 2학년 시절, TBC가 주최한 연포해수욕장 '캠퍼스 보컬 그룹 경연대회'에 참가해 <뱃노래>로 입상하며 음악적 가능성을 드러냈다. 이후 군 복무를 마치고 1978년 복학과 동시에 활주로 10기 후배들과 함께 새롭게 밴드를 꾸렸다.

그리고 같은 해 여름, 해변가요제에 출전하여 <세상모르고 살았노라>로 인기상을 수상하는 성과를 거두었다. 원래는 대학가요제 출전을 앞두고 연습 삼아 도전했던 무대였지만 뜻밖의 수상으로 이어지며 주목을 받게 된 것이다.

이후 1개월 뒤 열린 제2회 MBC 대학가요제에 참가한 그는 <탈춤>으로 은상을 수상하며 본격적인 음악 활동의 발판을 마련하게 된다.

수상을 계기로 활주로는 1장의 기념 음반을 발매하며 대학 밴드로서의 활동에 마침표를 찍고, 이후 일부 멤버를 교체하여 1979년 '송골매'라는 이름으로 새롭게 비상한다. 초기 멤버는 배철수(보컬·드럼), 지덕엽(기타), 이응수(베이스), 이봉환(키보드)으로 구성되었다.

활주로 시절의 음악적 분위기를 그대로 계승한 송골매 1집에서는 <세상만사>, <산꼭대기 올라가>, <길지 않은 시간이었네> 등이 좋은 반응을 얻었다.

활주로 《처음부터 사랑했네/탈춤》(1979)

블랙 테트라 《내 마음의 꽃/좋아하노라 좋아하리라》
(1979)

이 앨범은 화려하고 테크니컬한 연주보다는 한국적인 정서가 묻어나는 담백한 멜로디와 서정적인 가사가 돋보였다. 이러한 음악적 색깔은 지덕엽, 이응수와 함께 활주로 출신인 라원주의 작·편곡 참여 덕분에 더욱 명확히 드러날 수 있었다.

하지만 밴드를 프로페셔널한 방향으로 이끌고자 했던 배철수는 좀 더 대중적인 사운드를 구현하기 위해 대대적인 멤버 개편에 나선다. 이 과정에서, TBC 해변가요제를 통해 인연을 맺었던 밴드 블랙 테트라 출신의 구창모(보컬), 김정선(기타), 오승동(드럼)에 이어 김상복(베이스)이 합류하면서 본격적인 2기 송골매의 시대가 열리게 된다.

송골매 1집(초반)에는 골수 음반 애호가들조차 눈치채지 못한 엔지니어가 남겨둔 숨은 보너스가 존재한다. A면의 <지금 내 마음>과 <세상 모르고 살았노라> 사이 약 10초간 이어지는 공백 구간에 오디오 볼륨을 높이고 집중해 들으면, 짧지만 흥미로운 대화 한 토막이 흘러나온다.

"야, <아낙네 마음> 하지 말자... <세상모르고 살았노라>..."

이 짧은 대화에서 알 수 있듯, 당시 녹음될 예정이었던 곡은 <아낙네 마음>이었으나 배철수의 제안으로 <세상 모르고 살았노라>로 교체되었던 것. 또 다른 '이스터 에그(Easter Egg)'[4] 처럼 <세상만사>의 도입 직전에는 외마디 구호가 들

---

4   서양의 부활절 달걀 찾기 놀이에서 유래한 개념으로, 콘텐츠 속에 제작자가 몰래 숨겨놓은 메시지나 장치를 가리킨다. 음악 앨범에서는 주로 히든 트랙, 백워드 마스킹, 암시적인 가사 등 다양한 형태로 나타난다.

초반 매트릭스 넘버

재반 매트릭스 넘버

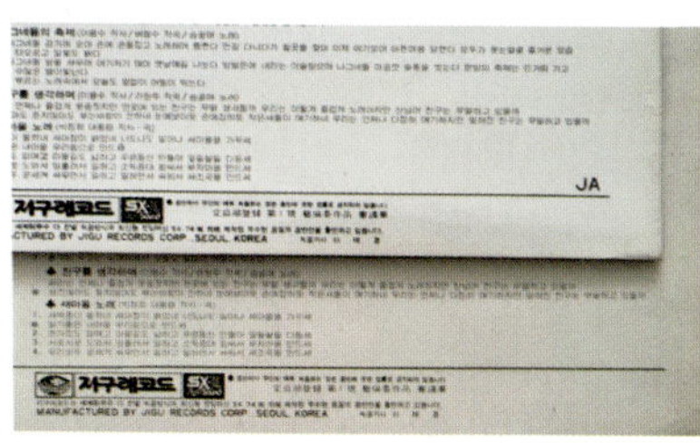

초반/재반 뒷면 커버. 'JA'표기가 재반

초반/재반 스파인. 하단 지구(地球)한자표기가 초반

리는가 하면 <친구를 생각하며>에서는 "하나, 둘, 셋, 넷"이라는 그의 낮은 카운트 소리가 삽입되어있다.

이후 제작된 재반부터는 해당 부분은 완전히 삭제되었고, 현재 유통 중인 CD와 재발매 LP에서도 이 음원은 수록되지 않았다. 편집 방식이 서로 다른 두 버전이 존재하기 때문에 초반과 재반에 사용된 스탬퍼 역시 구분된다.

매트릭스 넘버로도 이를 확인할 수 있는데, 초반은 JLS 1201504 A / JLS 1201504 B, 재반은 JLS-1504-A / JLS-1504-B로 각기 다르다.

시나위 : Heavy Metal

1986년 3월 1일 | 서라벌레코드 | SBK-0056

Side A

1. 크게 라디오를 켜고
2. 그대 앞에 난 촛불이어라
3. 남사당패
4. 젊음의 록큰롤

Side B

1. 잃어버린 환상
2. 아틀란티스의 꿈
3. 1월 (January)
4. 하루 해 마냥 떠가고

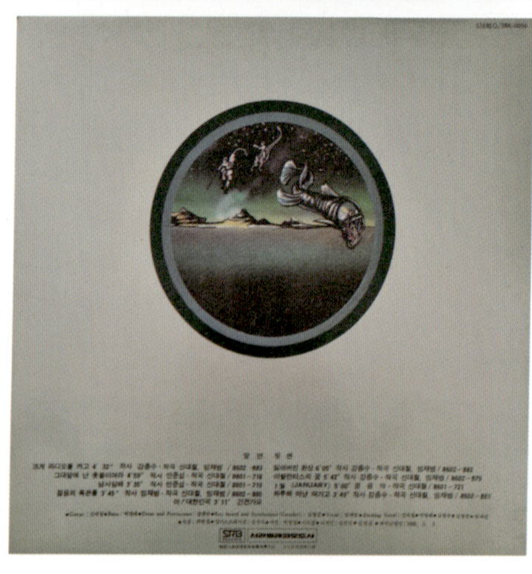

　　1970년대 후반, 하드록의 인기가 서서히 식어가던 무렵, 보다 공격적이고 마초적인 이미지를 앞세운 헤비메탈이 1980년대에 접어들며 세계 대중음악의 중심 장르로 급부상했다. 이러한 흐름은 영미권에 국한되지 않고 아시아를 포함한 전 세계 음악계에 광범위한 영향을 미쳤다.

　　특히 일본에서는 1981년, 보이밴드 '레이지(Lazy)' 출신 기타리스트 다카사키 아키라(高崎晃)와 드러머 히구치 무네타카(樋口宗孝)를 주축으로 결성된 라우드니스(Loudness)가 그 흐름의 선두에 섰다. 1985년, 이들은 미국의 메이저 레이블인 애틀랜틱(Atlantic)과 계약을 체결한 뒤 발표한 다섯 번째 정규 앨범 《Thunder In The East》로 빌보드 앨범 차트 74위에 진입하며, 아시아 밴드 최초로 미국 시장에서 성과를 거둔 헤비메탈 밴드로 기록되었다.

　　한편, 한국에서는 1986년 신대철이 이끄는 시나위가 데뷔 앨범 《Heavy Metal》을 발표하며 국내 헤비메탈의 본격적인 출발을 알렸다. 한국 최초의 헤비메탈 음반이라는 상징성을 띤 이 앨범은 수록곡 <크게 라디오를 켜고>와 <남사당패>를 통해 블랙 사바스를 연상시키는 둔중한 기타 리프와 함께, 1970년대식 하드록과 고전적인 헤비메탈 사운드의 정통성을 계승하고 있었다.

게이트폴드 커버 내부

당시 이태원의 록 클럽 '록 월드'를 주 무대로 활동하던 시나위는 앨범 발매를 앞두고 이례적으로 팝송 전문 라디오 프로그램인 '황인용의 영 팝스'를 통해 처음 소개되며 큰 주목을 받았다. 서양인의 전유물로 여겨졌던 헤비메탈을 20대 초반 한국 젊은이들이 본격적으로 시도했다는 점은 고정관념을 깨는 일대 사건이었다.

비록 TV 출연 기회는 제한적이었지만 시나위는 공연장 무대에서 패기 넘치는 연주력을 유감없이 보여주었고, <크게 라디오를 켜고>, <그대 앞에 난 촛불이어라>, <1월> 등이 라디오를 통해 꾸준히 방송되며 대중적 인지도를 빠르게 쌓아갔다.

앨범 발표 두 달 만에 임재범은 방위 입소로 잠시 팀을 떠나 공백기를 갖는다. 훈련을 마친 뒤 복귀한 그는 틈틈이 활동을 이어갔지만, 위수 지역 제한이 있었던 군인 신분이었기에 지방 공연에는 함께하지 못하는 경우가 많았다.

당시 그 공백을 메운 이는 신예 보컬 이병문이었다. 이병문은 임재범의 허스키한 음색과는 대조되는 개성 있는 하이톤으로 주목을 받았으나, 어디까지나 임재범의 부재를 대신한 임시 멤버였다. 이후 임재범이 다시 보컬 자리를 완전히 되찾으면서 그는 자연스럽게 팀을 떠났고, 짧은 활동 기간 탓에 그를 기억하는 팬은 많지 않다.

1986년에 배포된 일부 보도 자료와 KBS '연예가 중계' 인터뷰는 그가 시나위에서 활동했다는 사실을 확인할 수 있는 몇 안 되는 기록이다.

한편, 많은 팬들은 방위 복무 중이던 임재범이 가발을 쓰고 무대에서 열정적으로 노래하던 모습을 생생히 기억할 것이다. 이 시기의 유일한 TV 출연인 'MBC 젊음의 축제'는 현재 유튜브를 통해 확인할 수 있다.

시나위의 데뷔 앨범 LP는 1986년 3월 1일 발매된 초판을 포함해 총 네 가지 버전으로 출시되었으며, 각 버전은 다음과 같은 차이점으로 구분된다.

* 버전-1: 임재범이 보컬로 참여한 초반.

* 버전-2: 임재범의 방위 입소 이후, 이병문이 보컬로 교체되어 <크게 라디오를 켜고>, <남사당패>, <젊음의 록큰롤> 세 곡이 새롭게 녹음된 버전.

* 버전-3: 임재범의 복귀 시점에 맞춰 발매된 리믹스반으로, 앞선 두 버전에 비해 더욱 무게감 있고 정돈된 사운드를 자랑한다.

* 버전-4: 버전-3과 동일한 마스터를 사용했으나 패키지를 간소화한 싱글 커버 버전.

참고로 버전-1부터 버전-3까지는 게이트폴드 커버로 제작되었으나, 버전-4부터는 싱글 커버로 바뀌었다.

각기 다른 버전들은 시나위의 활동 변화, 멤버 교체 그리고 사운드의 진화를 담아내고 있다. 특히 버전 2에 수록된 이병문 보컬의 <남사당패>에서는 기타 사운드에 묻혀 잘 들리지 않던 김형준의 키보드 연주가 보다 선명하게 드러나 청자에게 새로운 감흥을 선사한다.

1988년, 시나위 1집 일부 음원이 수록된 CD 《베스트 컬렉션》이 발매되었다. 이 앨범에는 <크게 라디오를 켜고>, <그대 앞에 난 촛불이어라>, <남사당패>, <잃어버린 환상> 등 네 곡이 수록되었으며 모두 '버전-3'의 마스터를 사용했다.

시나위 1집의 공식 재발매 CD는 오리지널 발매 17년 만인 2003년, 시완레코

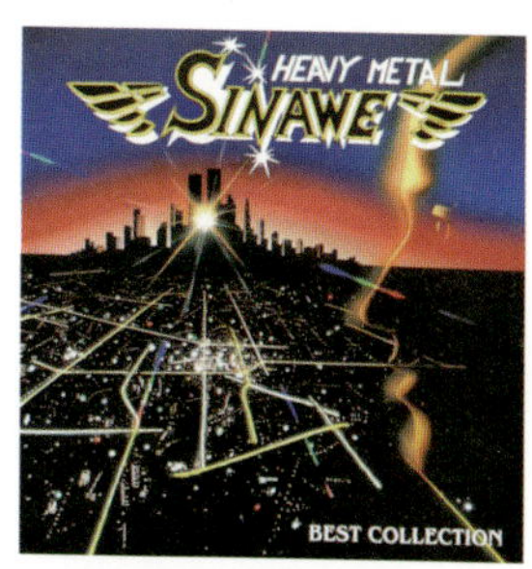

시나위 《베스트 컬렉션》 CD

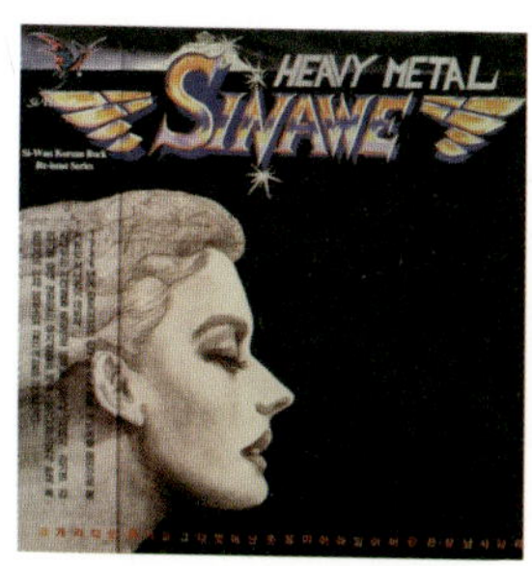

시나위 《Heavy Metal》 시완레코드
재발매 CD

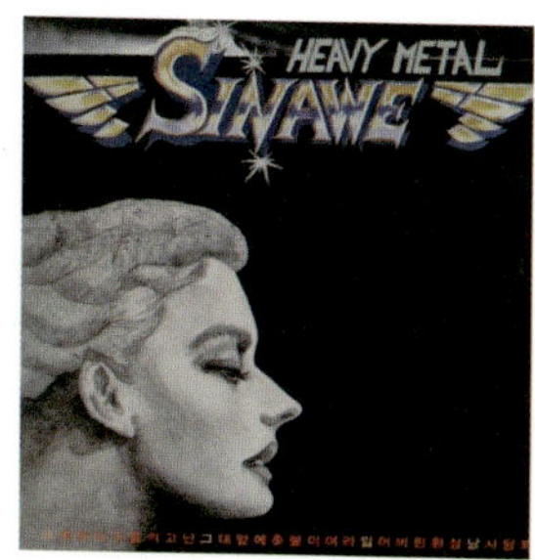

시나위 《Heavy Metal》 예전미디어
재발매 CD

드를 통해 빛을 보았다. 마스터 테이프의 분실로 인해 《베스트 컬렉션》에 실린 음원과 LP 복각 음원을 혼용해야 했고, 이 과정에서 '버전-3'의 음원과 '버전-1'의 음원이 구분 없이 뒤섞여 수록되었다. 시완레코드 발매 CD는 종이재킷 2종과 주얼케이스 1종으로 제작되었는데, 종이자켓 버전은 마감 처리 방식, 오비 디자인의 차이, 그리고 커버 뒷면 숫자 표기 유무에 따라 초반(유)과 재반(무)으로 구분된다. 특히 초반은 재반보다 발매 수량이 현저히 적고, 뒷면 수록곡의 숫자 표기에서 오기가 확인된다.

　2012년에는 판권을 보유한 예전미디어를 통해 또 한 차례 재발매가 이루어졌다. '오리지널 마스터 테이프'를 기반으로 한 리마스터 음원으로 홍보되었지만, 실제로는 기존 재발매 음원과 러프 믹스(Rough Mix)[5]를 혼용한 것으로 보인다. 음향 밸런스가 전반적으로 불안정하고 음질 열화도 두드러져, 완성도 면에서 많은 아쉬움을 남겼다

　전체적으로는 '버전-3'에 가까운 사운드를 들려주지만, <잃어버린 환상>, <아틀란티스의 꿈>, <하루해 마냥 떠가고> 등 일부 곡에서는 기존 버전들과 뚜렷한 차이를 보인다. 특히 키보드에 묻혀 있던 신대철의 기타 아르페지오가 한층 선명하게 드러나는 <잃어버린 환상>과 딜레이 이펙터로 임재범의 보컬을 부각시킨 <아틀란티스의 꿈>은 기존 사운드에 익숙한 감상자들에게는 신선한 발견이었다.

5　녹음된 음원의 초기 믹스 단계로, 최종 믹스를 만들기 위한 기초 역할을 한다

1986년 4월 19일·20일, 록 월드에서 열린 시나위 공연 포스터

시인과 촌장 : 푸른 돛

1986년 7월 15일 | 서라벌레코드 | VIP-20028

Side A
1. 푸른 돛
2. 비둘기에게
3. 고양이
4. 진달래
5. 얼음 무지개

Side B
1. 사랑일기
2. 떠나지마 비둘기
3. 매
4. 풍경
5. 비둘기 안녕
6. 고향의 봄

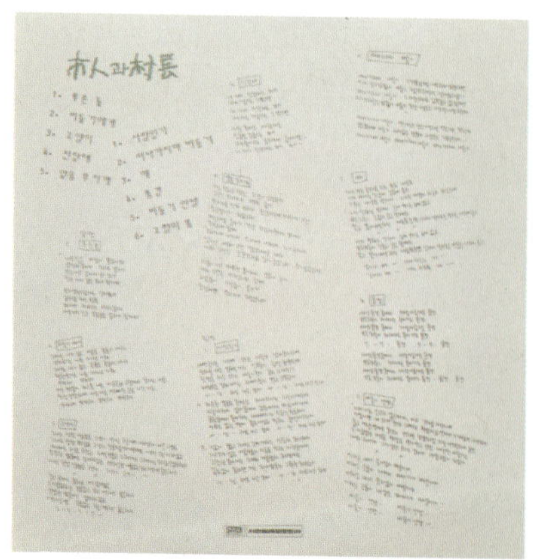

대중의 귀는 언제나 익숙함을 좇는다. 더욱이 유행과 타협이 정체성보다 우선시되던 1980년대, '시인과 촌장'은 그러한 흐름에서 한 걸음 비켜선 존재였다.

어릴 적부터 그림으로 예술적 감각을 키워온 하덕규는 미술대학에 진학했지만, 그의 마음을 강렬히 사로잡은 것은 음악이었다. 결국, 입학 1년 만에 학업을 접고 삶의 방향을 바꾼 그는 선후배였던 오종수, 전홍찬과 함께 포크 트리오 '바람개비'를 결성하며 본격적인 음악 활동에 나섰다. 이후 팀은 듀오 체제로 재편되고 1981년 하덕규와 오종수는 소설가 서영은의 작품에서 영감을 얻어 '시인과 촌장'이라는 이름으로 첫 앨범 《시인과 촌장》을 발표했다. 이들은 포크, 국악, 록의 경계를 넘나드는 대담한 시도를 했지만 정작 대중의 반응은 미미했다. 시대를 앞서간 다소 이른 모험이었다.

1984년, 하덕규는 대성음반의 제안으로 첫 솔로 앨범 《신곡집》을 내놓지만, 이 역시 큰 주목을 받지 못한 채 조용히 잊혀졌다.

하덕규 《신곡집》(1984)

새로운 음악적 방향을 모색하던 하덕규는 그 무렵 서울에서 대구로 터를 옮겨 활동하던 기타리스트 함춘호와 뜻을 함께한다. 1년여의 산고 끝에 완성된 시인과 촌장의 두 번째 앨범은 하덕규의 섬세한 송라이팅과 함춘호의 견고한 연주가 맞물린 수작으로, 포크의 따뜻한 감성과 록의 서사적 구조를 촘촘히 직조해냈다.

일상의 소소한 기쁨을 담아낸 <사랑일기>, 동요처럼 맑고 순수한 감성이 깃든 포크 넘버 <고양이>, 프로그레시브 록의 구성미를 떠올리게 하는 서사적 대곡 <얼음 무지개> 등은 하덕규의 섬세하고 여린 음성과 함춘호의 노련한 사운드 메이킹이 빚어낸 아름다운 결실이었다. 대중가요 음반에 대한 평가가 박하던 시절, 이 앨범은 이례적으로 '명반'이라는 찬사를 받으며 많은 음악팬들의 주목을 받았다.

시인과 촌장 《숲》(1988)

2집 발표 이후 종교에 귀의한 하덕규는 새로운 음악적 길을 모색하며 함춘호와 아쉬운 결별을 고했다. 하덕규는 '시인과 촌장'이라는 이름을 유지한 채, 구도자적 태도로 치유와 성찰의 메시지를 담는 음악 활동을 이어갔다. 한편, 녹음 연주자로서 더욱 분주해진 함춘호는 팀을 떠난 뒤 세션 기타리스트로서 묵묵히 커리어를 차근히 쌓아갔고, 현재는 대한민국을 대표하는 기타리스트로 확고한 입지를 다지고 있다.

2집의 타이틀곡 <비둘기에게>는 원래 1985년 옴니버스 앨범 《우리노래 전시회 1》에 먼저 수록된 곡으로, 어쿠스틱 기타 반주 위에 금속이나 유리로 된 슬라이드 바를 손가락에 끼우고 현을 누르

시인과 촌장 《푸른돛/사랑 일기》 초반에 동봉된 공연 할인권

'숲 이야기' 공연 포스터

지 않고 미끄러지듯 연주하는 보틀넥 (Bottleneck) 주법이 어우러진 포크 넘버다. 앨범 발매 직후 라디오와 음악다방을 중심으로 청취자들의 호응이 이어지자, 제작진은 편곡을 새롭게 다듬은 버전을 재반 LP에 수록하게 된다.

초반 버전은 러닝타임이 5분 4초로 비교적 긴 편이었으나, 재반에서는 전화벨 소리 효과음을 삽입하고 전체 길이를 4분 7초로 줄인 새로운 편곡이 적용되었다. 이와 함께 초반 마스터는 폐기되었고, 이후 발매된 CD 역시 재반 버전을 토대로 제작되었다.

80년대 한국형 발라드의 완성

이문세 : 4집

1987년 3월 10일 | 서라벌레코드 | SBK-0076

Side A

1. 사랑이 지나가면
2. 밤이 머무는 곳에
3. 이별이야기
4. 그대 나를 보면
5. 가을이 오면

Side B

1. 깊은 밤을 날아서
2. 슬픈 미소
3. 굿바이 (Good Bye)
4. 그女의 웃음소리뿐
5. 어허야 둥기둥기

1987년, 대중가요의 중심에는 발라드가 있었다. 그리고 그 흐름의 한가운데 이문세가 있었다.

1978년 CBS 라디오 방송 '세븐틴'의 DJ로 연예계에 발을 들인 이문세는 1983년 정식 가수로 데뷔해 두 장의 앨범을 발표했지만 이렇다 할 주목을 받지 못했다. 히트작을 갈망하던 그는 작곡가 이영훈을 만나면서 비로소 가수로서 존재감을 드러내기 시작했다.

두 사람이 처음으로 호흡을 맞춘 1985년 3집 수록곡 <난 아직 모르잖아요>, <소녀>는 감수성 예민한 10대들 사이에서 폭발적인 반응을 얻었고, 이어 이영훈의 자작곡으로만 채워진 4집의 등장은 대중음악계에 강한 반향을 일으켰다.

1987년 3월 10일에 발매된 이문세 4집은 <사랑이 지나가면>, <이별 이야기>, <그녀의 웃음소리뿐> 등 수록곡들이 고르게 사랑을 받으며, 280만 장이라는 경이로운 판매고를 기록했다. 이 앨범은 그해 가장 큰 상업적 성과를 거둔 음반으로 인정받았고, 연말 골든디스크 시상식에서 대상을 수상하는 영예를 안았다.

이 앨범의 성공은 발라드의 전성기를 여는 신호탄이 되어 이후 변진섭, 신승훈 등 후배 가수들로 이어지는 발라드 열풍의 견

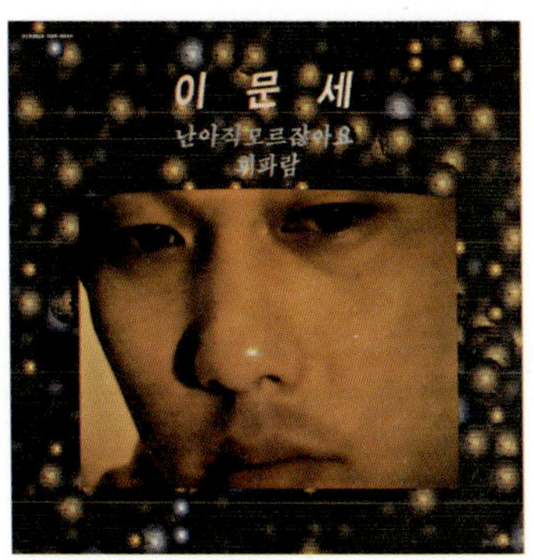

이문세 3집 《난 아직 모르잖아요/휘파람》 (1985)

이문세 4집 《사랑이 지나가면/깊은 밤을 날아서》 초반

리믹스 싱글 커버

인차 역할을 했다. 이영훈이 빚어낸 섬세하고 우아한 선율은 이문세의 담백한 음색과 절묘하게 어우러졌으며, 거기에 김명곤의 세련된 편곡이 어우러져 '한국형 발라드'의 독보적 정체성을 구축했다.

4집 앨범은 초반 물량이 빠르게 소진되며 곧 재반이 제작되었다. 초반 커버는 벽에 기대어 선 이문세의 평범한 모습을 담고 있었으나, 재반에서는 컴퓨터 그래픽을 활용한 이미지로 교체되었다.

재반은 커버 디자인뿐 아니라 사운드에서도 차이를 보였다. 특히 B면 수록곡인 <굿바이(Good Bye)>의 믹스가 달라진 점이 뚜렷하게 느껴진다. 일부 곡은 리믹스와 음향 보정을 거쳤지만, 오히려 초반보다 음질이 덜 선명하다는 아쉬운 평가가 지배적이다.

앨범의 폭발적인 인기로 LP 공장은 풀가동에 들어갔고, 수요를 맞추기 위해 급히 제작된 불량 음반이 유통되면서 대량 반품 사태가 벌어지기도 했다.

이와 별도로 <그女의 웃음소리뿐>, <그대 나를 보면>, <이별이야기> 세 곡을 수록한 12인치 싱글도 발매되어 당시의 인기를 실감케 했다.

대중음악의 고전이 되다

유재하 : 사랑하기 때문에

1987년 | 서울음반 | SPDR-070

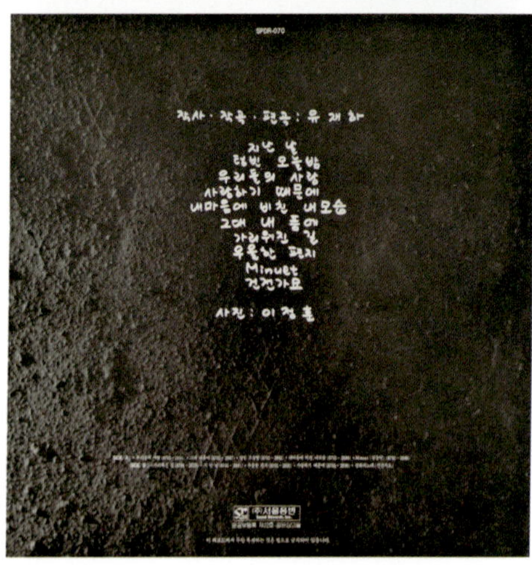

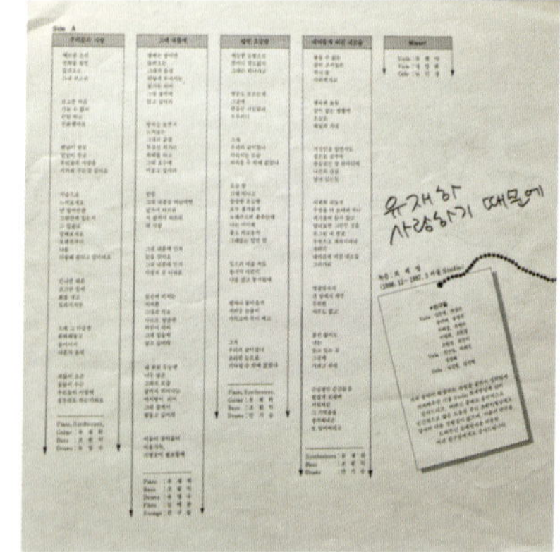

Side A
1. 우리들의 사랑
2. 그대 내품에
3. 텅빈 오늘밤
4. 내 마음에 비친 내 모습
5. Minuet

Side B
1. 가리워진 길
2. 지난 날
3. 우울한 편지
4. 사랑하기 때문에

2018년 '한국 대중음악 100대 명반' 1위에 오른 유재하의 유일한 독집 앨범. 클래식과 대중음악의 경계를 유영하는 그의 음악은 멜로디와 화성이 정형화되었던 당시 가요계의 흐름과는 사뭇 다른 짙은 서정의 기록이다. 1980-90년대 대중음악의 물줄기를 바꿔놓았던 동아기획 사운드와 비견되기도 했지만, 어디까지나 그들과는 다른 지점에서 홀로 이루어낸 음악적 성과였다.

유재하는 1983년 한양대학교 음악대학 작곡과 재학 중이던 시절, 무명가수 이문세의 데뷔 앨범에 <그대 내 품에>를 제공하며 작곡가로서 조용히 음악계에 발을 디뎠다. 그러나 순수음악 이외의 대중음악 활동을 철저히 금기시하던 학교 방침으로 인해, 작사·작곡란에 자신이 아닌 이문세의 이름을 대신 올려야 했다. 숨바꼭질 같은 상황은 이후에도 계속되었다. 1984년에는 조용필과 위대한 탄생의 키보드 연주자로 발탁되었지만, 이번에도 학칙에 따라 두 달 만에 팀을 떠나게 된다.

대학 졸업 후, 유재하는 1986년 잠시 '김현식과 봄여름가을겨울'에 참여한 뒤, 1987년 8월 서울음반을 통해 자신의 자작곡이 담긴 독집 앨범을 발표했다. 이 앨범에서는 이전 이문세, 김현식, 조용필에게 제공했던 <그대 내 품에>, <가리워진 길>, <사랑하기 때문에>를 관현악 편곡의 클래식한 분위기로 재구성하여 수록했으며, 팝 감성이 넘치는 자작곡 <지난 날>, <텅 빈 오늘 밤>, <우리들의 사랑>에서는 기타·키보드 연주자로서의 능력도 유감없이 드러냈다. 청량하고도 감각적인 그의 음악은 이후 대중음악의 또 다른 가능성을 제시하는 데 손색이 없었다.

유재하의 비범함은 특히 <우울한 편지>에서 절정을 이룬다. 재즈 화성을 바탕으로 클래식 현악 사운드를 입힌 이 발라드는, 1980년대 한국 상업 음악의 틀 속에서는 좀처럼 접하기 어려운 독창적 예술성이 돋보이는 작품이다. 특히 간주에서 펼쳐지는 유재하의 피아노 애드리브와 후주를 장식하는 몽환적인 플루트 솔로는 반드시 귀 기울여야 할 명연주이다.

이 앨범이 탄생하기까지는 여러 조력자들의 도움이 있었다. 유재하의 절친이자 음악적 동료였던 이문세는 <지난 날>의 코러스를 흔쾌히 맡아주었고, 당시 진행하던 MBC 라디오 '별이 빛나는 밤에'를 통해 유재하의 곡들을 적극적으로 소개하며 앨범 홍보에 힘을 보탰다.

흥미로운 점은 이 앨범이 1970년대 한국 청춘 영화의 상징이라 할 수 있는 《별들의 고향》,《바보들의 행진》의 OST를 비롯해 이장희의 수많은 명반들을 탄생시킨 '오리엔트 프로덕션'과도 음악적으로 맞닿아 있다는 사실이다. 유재하 앨범의 리듬 파트를 담당한 베이시스트 조원익과 드러머 유영수가 바로 오리엔트 프로덕션 소속의 세션 팀 '동방의 빛' 출신이었다.

특히 조원익은 앨범 제작과 매니지먼트를 자처한 유재하의 가장 든든한 지원자였다. 유재하 생전은 물론 그의 사후에도 추모 공연과 기념사업에 꾸준히 참여하며 조용히 그의 음악을 지켜온 그림자 같은 존재였다.

그러나 앨범이 발표된 지 불과 석 달여 만인 1987년 11월 1일, 유재하는 불의의 교통사고로 안타깝게 세상을 떠났다. 겨우 스물다섯, 이제 막 자신의 음악 세계를 펼쳐 보이려던 순간이었다.

그리고 약 두 달 뒤인 1988년 1월 29일, 그를 추모하는 음악회가 리틀엔젤스 예술회관에서 열렸다. 공연은 김민기가 총연출을 맡았으며, 생전 그와 친밀했던 조동진, 한영애, 이광조, 이문세, 문관철, 김수철 등 당대의 주요 아티스트들이 무대에 올랐다. 밴드 '봄여름가을겨울'과 스트링 앙상블 '친구들'의 연주에 맞춰, 이

추모음악회에서 배포되었던 포스터

들은 <그대 내 품에>, <우리들의 사랑>, <지난 날>, <우울한 편지>, <비애> 등을 진심을 담아 노래했다.

특히 유재하를 친동생처럼 아꼈던 조동진은 자신의 곡 <겨울비>를 부르며 눈시

프로모션 LP

울을 붉혔고, 그의 담담한 목소리는 장내를 깊은 침묵과 울림 속으로 이끌었다.

유재하의 앨범은 1987년 5월, 일명 '담배연기 커버'로 불리는 프로모션용 LP가 먼저 공개되었고, 같은 해 8월에는 검정색 커버의 정식 시판용 음반이 발매되었다.

시간이 흐르면서 이 앨범은 세대를 초월한 변함없는 인기를 증명하며, 90년대 중반까지 수차례 재발매를 거듭했다. 현재까지 서울음반에서 제작된 다양한 LP 버전은 크게 네 가지로 분류할 수 있다.

첫 번째는 프로모션용 '버전-1'(담배연기 커버), 두 번째는 건전가요가 포함된 검정색 커버의 '버전-2'(커버에 미세한 엠보싱 처리), 세 번째는 커버 뒷면 흰색 수록 곡 표기 안에 선이 삽입된 '버전-3', 마지막으로는 건전가요가 빠진 '버전-4'다.

이들 버전 간 음질 차이는 크지 않지만 '버전-4'만이 스테레오 좌우 채널이 반전되어 있다.

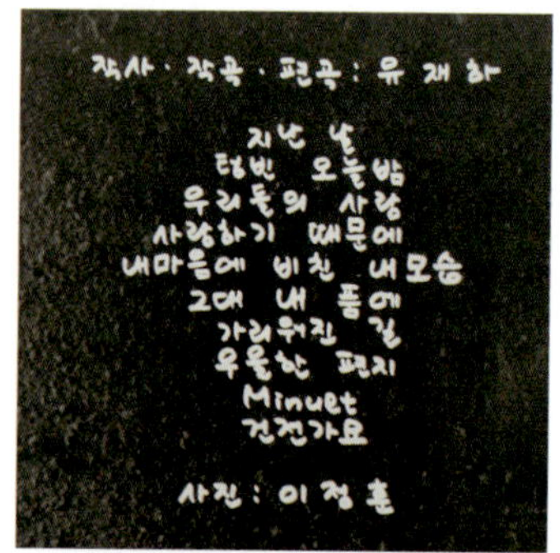

버전-2(시판용 초반) 수록곡 표기

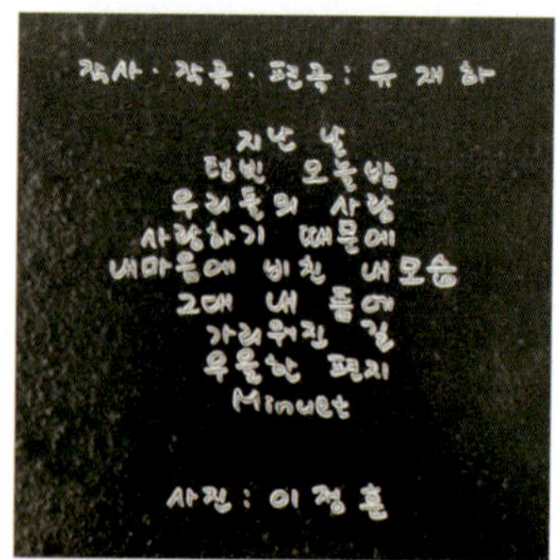

버전-4(시판용 삼반) 수록곡 표기 안에 선(線) 삽입

　　LP 수집 열기가 식지 않는 가운데, 상대적으로 간과되고 있는 것이 바로 CD의 가치다. 주목할 만한 사실은 LP와 CD에 사용된 마스터가 서로 다르다는 점이다. 1년의 시차를 두고 1988년에 발매된 CD는 LP와는 다른 믹스로 제작되어, 곡의 공간감, 악기의 배치, 음색의 질감까지 뚜렷한 차이를 드러낸다.

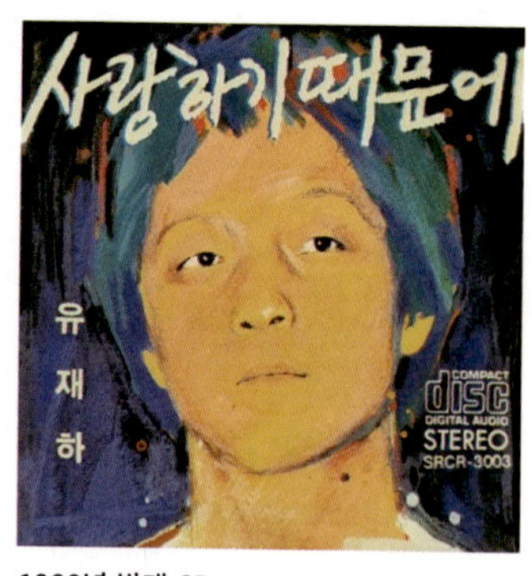

1988년 발매 CD
커버에 사용된 그림은 유재하의 친구인 설치 미술가 서도호의 작품이다.

　　특히 절반 이상의 수록곡은 페이드아웃 구간이 달라 러닝 타임에서도 차이를 보인다. 예를 들어, <지난 날>, <우리들의 사랑>, <텅 빈 오늘 밤>의 종료 시점을 비교하면, LP에서는 각각 4:58, 4:30, 4:55인 반면, CD에서는 5:09, 4:57, 5:18로 마무리된다.

　　<우리들의 사랑>의 경우, CD에 수록된 버전은 후주 기타 솔로가 무려 20초 이상 더 길게 담겨 있어 유재하의 완성도 높은 기타 솔로를 더 오롯이 감상할 수 있다. 이와 같은 악기 질감과 믹스의 차이는 <내 마음에 비친 내 모습>, <우리들의 사랑>, <텅 빈 오늘 밤>에서 더욱 두드러진다. LP 버전은 전체적으로 리버브(에코)가 강조된 반면, CD 믹스는 악기 본연의 음색을 더 부각시키기 위해 공간계 이펙터를 줄이고, 스테레오 분리를 보다 명확히 했다.

　　한편, 유재하의 열성 팬들 사이에서 종종 회자되는 논쟁 중 하나는 LP와 CD의 피치(Pitch) 차이다. 1970-80년대는 가요 LP 마스터링 과정에서 속도를 약 2% 높이는 경향이 있었기에, 유재하의 LP에서도 이러한 관행이 반영되었을 가능성이 제기된다.

제9부

부틀렉을
복제한 빽판

부틀렉으로 남은 전설의 무대
해적 음반은 또 다른 해적 음반을 낳고..
음질은 나빠도 소장은 필수
방송에서 포착된 핑크 플로이드의 진면목

Van Halen : This Is Joe - Live '79 Seattle

1980년대 초반 / Stereo High Light / ■2

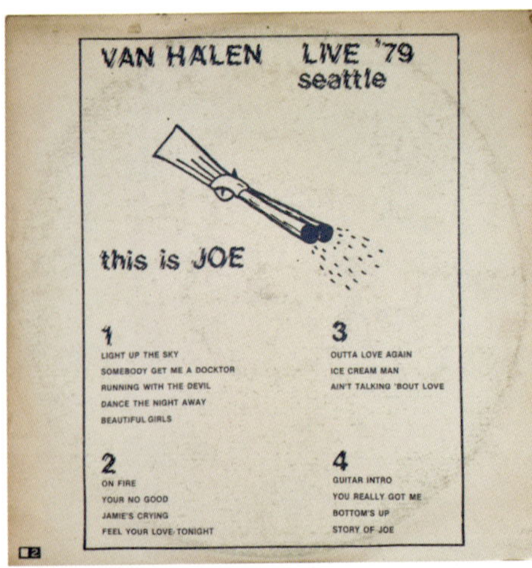

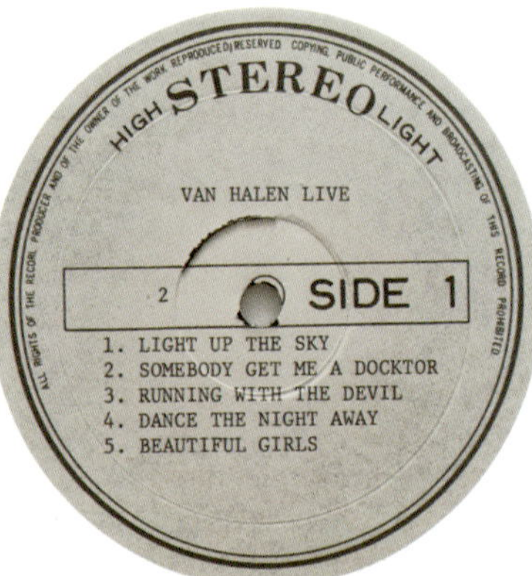

Side A

1. Light Up The Sky
2. Somebody Get Me A Doctor
3. Runnin' With The Devil
4. Dance The Night Away
5. Beautiful Girl

Side B

1. On Fire
2. You're No Good
3. Jamie's Cryin'
4. Feel Your Love Tonight

Side C

1. Outta Love Again
2. Ice Cream Man
3. Ain't Talkin' 'Bout Love

Side D

1. Guitar Solo: Spanish Fly
2. You Really Got Me
3. Bottoms Up!
4. Story Of Joe

저작권자의 허락 없이 불법으로 제작·복제된 음반은 일반적으로 '해적반'이라 불린다. 과거 한국에서 '빽판'이 성행했던 것처럼, 미국·유럽·일본 등 세계 음반 산업의 중심지에서도 유명 아티스트의 미발표 곡이나 라이브 음원 등을 무단으로 편집해 만든 해적반, 즉 '부틀렉(Bootleg)'이 존재했다. 지금도 하위문화의 한 형태로 부틀렉은 여전히 건재하다.

부틀렉의 대표적인 레퍼토리는 단연 라이브 실황이다. 부틀렉 문화가 절정에 달했던 1970-80년대에는 다양한 방식으로 공연장 내 불법 녹음이 시도되었다. 인지도가 높은 아티스트의 공연장마다 녹음 장비를 몰래 반입하려는 해적반 업자들과 이를 저지하려는 단속 요원 사이에는 일종의 숨바꼭질이 벌어졌고, 녹음 행위가 적발될 경우 현장에서 물리적 충돌이 벌어지는 일도 적지 않았다. 심지어 장애인으로 위장해 휠체어에 녹음 장치를 숨기고 입장한 사례도 있었을 만큼 그 수법은 점점 더 치밀하고 교묘해졌다. 당시 부틀렉 LP의 판매가는 약 3-4달러 수준에 불과했지만, 수집 가치가 높은 일부 음반은 시간이 지나며 수백 달러 이상의 가치를 지닌 희귀 음반으로 평가받고 있다.

이 앨범은 하드록 밴드 반 헤일런(Van Halen)이 두 번째 정규 앨범 《Van Halen II》 발매 직후인 1979년 3월부터 북미를 시작으로 유럽을 거쳐, 같은 해 10월 일본에서 마무리한 'World Vacation Tour' 중 4월 12일 시애틀 센터 콜리세움(Center Coliseum) 공연 실황을 담은 부틀렉 음반이다. 정식 음원으로는 좀처

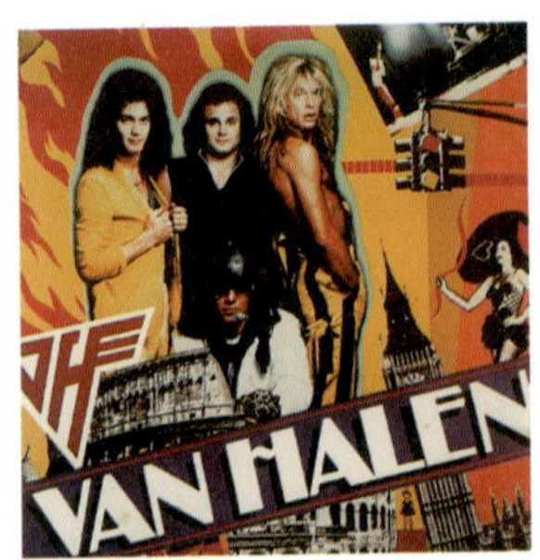

Van Halen의 부틀렉 앨범 《Home Ground》(1981)

럼 접하기 어려웠던 초창기 반 헤일런의 원시적이고 거친 에너지가 생생하게 담긴 귀중한 기록이다.

경쾌한 장내 아나운서의 멘트를 시작으로 <Light Up The Sky>의 파워풀한 기타 리프가 터져 나오며 공연의 막이 오른 순간부터 반 헤일런 특유의 폭발적인 에너지와 정밀한 연주가 무대를 가득 채운다. <Ain't Talkin' 'Bout Love>, <You Really Got Me>, <Runnin' With The Devil> 등 대표곡들은 무대 위에서 더욱 거칠고 강렬한 사운드로 되살아나고, 혁신적인 클래식 기타 연주로 화제를 모았던 <Spanish Fly>는 일렉트릭 기타를 통해 재해석되어 또 하나의 청각적 묘미를 선사하고 있다.

이 음반의 가장 큰 미덕은 밴드의 황금기라 불리는 보컬리스트 데이비드 리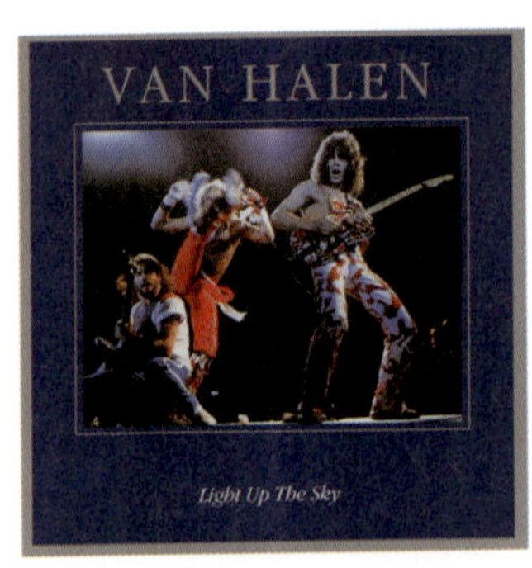로스(David Lee Roth) 재적 시절의 무대를 간접 체험할 수 있다는 점이다. 정제되지 않은 현장음, 관중과의 즉흥적인 호흡까지... 이 모든 요소들이 어우러지며 반 헤일런이 왜 1970년대 말 가장 대중적인 하드록 밴드로 꼽혔는지를 생생히 증명하고 있다.

Van Halen 《Light Up The Sky》(1997)

한편 이 공연 실황은 1997년, 같은 음원을

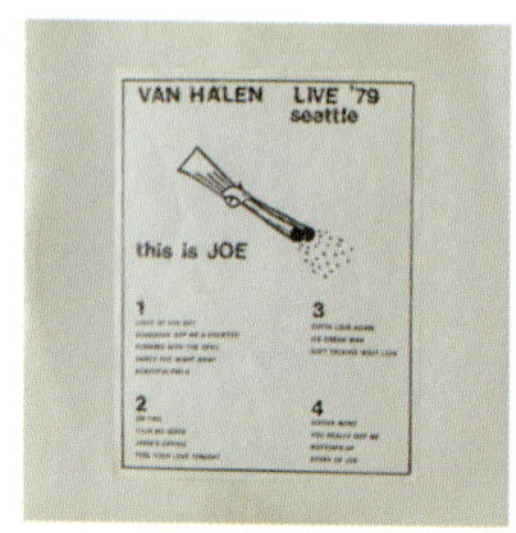

오리지널 커버 앞면

Van Halen 《1984》 커버

Van Halen 《1984》 이너슬리브

사용한 해적반 CD가 《Light Up The Sky》라는 제목으로 일본에서 발매되기도 했다.

　《This Is Joe – Live '79 Seattle》 오리지널 부틀렉 음반은 단출하게 인쇄된 A4 용지를 겉면에 덧붙인 조악한 커버로 제작되었다. 뒷면은 인쇄 없이 흰색 여백으로 남겨져 있었으나, 이후 빽판 제작 과정에서 《1984》 앨범의 이너슬리브 이미지를 커버 뒷면에 삽입했다.

Led Zeppelin : My Brain Hurts
- Live In Japan December 1972

1980년대 중반 / Stereo High Light / D75

Side A

1. Over The Hills And Far Away
2. Misty Mountain Hop
3. Since I've Been Loving You
4. Bron-Yr-Aur

Side B

1. Dancing Days
2. The Song Remains The Same
3. The Rain Song
4. Stand By Me

　　1969년 데뷔하여 1980년 해산할 때까지 레드 제플린은 11년간 총 10장의 앨범을 발표하며 하드록 왕자로서의 자리를 굳건히 지켰다. 레드 제플린은 라이브 밴드로서 강한 면모를 보였는데, 앨범과 동일한 사운드를 재연하기 급급했던 여타 밴드와는 다르게 이들은 즉흥적인 측면을 강조하며 오리지널 버전과는 다른 확장과 변형의 실험을 무대 위에서 종종 펼쳐보이곤 했다.

　　공식 라이브 영상이나 실황 음반이 동시대의 딥 퍼플이나 롤링 스톤스(Rolling Stones)에 비해 상대적으로 적은 것도 이들의 특이점 중 하나였다. 이에 대해 팬들 사이에서는 매니저 피터 그랜트(Peter Grant)가 "라이브는 현장에서 경험해야 한다"는 철학 아래 영상과 음원의 공개에 신중한 태도를 취했다는 이야기가 정설처럼 전해지기도 한다.

　　활동 당시 공식적으로 발매된 실황 음반은 《The Song Remains The Same》(1976) 단 한 장뿐이었지만, 그 빈자리를 채우듯 수많은 부틀렉 음반들이 시장에 유통되었다. 열악한 음질에도 불구하고 공연장의 생생한 에너지를 느끼고자 했던 팬들의 열정은 불법 녹음 음반에조차 기꺼이 지갑을 열게 만들었다.

　　이 앨범은 1980년대 초반 미국에서 제작된 부틀렉 음반 《My Brain Hurts -

Led Zeppelin 《My Brain Hurts》 미국 부틀렉 오리지널

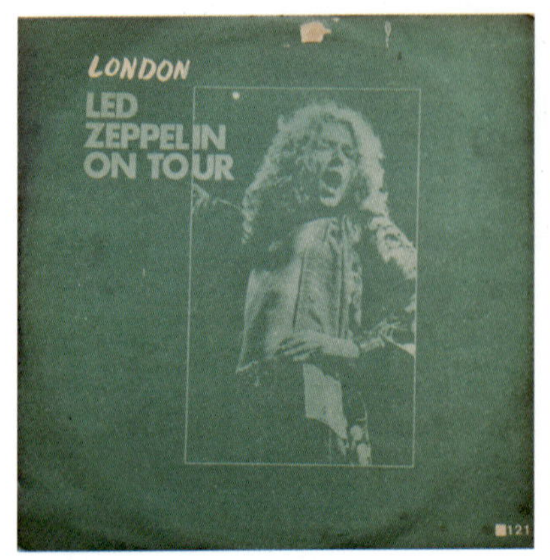

Led Zeppelin 《On Tour》 빽판

Live In Japan December 1972》의 복사본으로 1972년 10월 9일 일본 오사카 공연의 일부가 수록되어 있다. 커버에는 'Live In Japan December 1972'라는 문구가 인쇄되어 있으나, 실제 공연은 10월에 열렸기 때문에 'Live In Japan October 1972'가 정확한 표기다.

레드 제플린은 활동 기간 중 1971년과 1972년, 두 차례에 걸쳐 일본을 방문했으며, 이 중 1972년 투어는 10월 2일과 3일 도쿄를 시작으로 4일 오사카, 5일 나고야, 9일 다시 오사카, 10일 교토까지 총 6회 공연으로 이어졌다. 이 투어는 다섯 번째 앨범 《Houses Of The Holy》의 녹음을 마친 직후 진행된 것으로, 밴드는 이 자리에서 <The Rain Song>, <The Song Remains The Same> 등 미공개 신곡을 처음으로 무대에 올렸다. 참고로 《Houses Of The Holy》는 이듬해인 1973년에 정식 발매되었다.

공연 말미에는 <Heartbreaker>, <Thank You>, <Communication Breakdown>, <The Ocean> 등 다양한 곡들을 공연마다 교차로 앙코르 연주하며 팬들의 열렬한 환호에 응답했다. 특히 10월 9일 오사카 공연에서는 유일하게 <Stand By Me>를 연주하여 현장을 찾은 관객들에게 더욱 특별한 순간을 선사했다.

한편, 《My Brain Hurts - Live In Japan December 1972》 외에도 《On Tour》
라는 제목의 부틀렉을 복제한 또 다른 빽판이 1980년대 중반 국내에서 유통된
바 있다.

해적반 특유의 거칠고 탁한 음질은 감상에 다소 불편함을 주었지만, 정규 라
이브 앨범 《The Song Remains The Same》에는 수록되지 않았던 <Since I've
Been Lovin' You>, <Black Dog>, <Over The Hills And Far Away>의 생생한 라이
브 버전을 들을 수 있다는 점에서 많은 이들이 이 음반을 수중에 넣고자 손을 뻗
었다.

Metallica : For Metallians Only

1989년 | 제작사 미상 | 210.009

Side A

1. Battery
2. Master Of Puppets
3. For Whom The Bell Tolls
4. Welcome Home

Side B

1. Welcome Home
2. Ride The Lightning
3. Bass Solo
4. Whiplash

Side C

1. The Thing That Should Not Be
2. Fade To Black
3. Seek And Destroy

Side D

1. Creeping Death
2. The Four Horsemen
3. Guitar Solo

Side E

1. Am I Evil
2. Damage Inc.
3. Blitzkrieg

Side F

1. Gods Of Wrath – Metal Church
2. The Dark – Metal Church
3. Psycho – Metal Church
4. Watch The Children Pray – Metal Church

감미로운 노래로 선원들을 유혹해 목숨을 앗아간 그리스 신화 속 괴물 사이렌(Siren)을 형상화한 앨범 커버처럼, 메탈리카(Metallica)는 1986년 강렬하고 개성 넘치는 연주로 전 세계 헤비메탈 팬들을 매혹시켰다.

메탈리카는 잔혹하고 공격적인 사운드로 무장한 걸작 《Master Of Puppets》(1986)를 통해 단숨에 음악계의 급등주로 떠오르며, 같은 해 3월 27일부터 'Damage, Inc. Tour'라는 대규모 투어에 돌입한다. 그러나 프로모션을 위해 시작된 이 투어는 시련의 연속이었다.

7월, 보컬과 리듬 기타를 맡은 제임스 헷필드(James Hetfield)가 골절 사고로 부상을 입었고 이어 9월 27일, 덴마크 코펜하겐으로 이동하던 중 스웨덴 융뷔(Ljungby)에서 발생한 투어 버스 전복 사고로 베이시스트 클리프 버튼(Cliff Burton)을 잃는 비극을 맞는다.

큰 상실의 슬픔을 딛고 마음을 추스른 멤버들은 후임으로 제이슨 뉴스테드(Jason Newsted)를 영입한 뒤, 1987년 2월 13일까지 투어를 완주하며 비통한 시간을 음악으로 견뎌냈다.

이 앨범은 1987년 1월 25일, 유럽 투어의 열두 번째 공연지였던 독일 에센 (Essen) 공연 실황을 담고 있다. 무명의 꼬리표를 떼기 시작한 메탈리카의 질주와 포효, 그리고 새롭게 합류한 제이슨 뉴스테드가 야수로 동화되어 가는 과정을 생생히 포착한 기록이다.

또한 메탈리카와 함께 샌프란시스코를 근거지로 활동했던 메탈 처치(Metal Church)의 무대가 보너스로

《For Metallians Only》 Live-2

《For Metallians Only》 Live-3

수록되어 있어, 초기 멤버 존 웨인(John Wayne)의 드라마틱한 보컬을 그리워하는 팬들에게도 뜻깊은 음반일 것이다.

1987년, 영국에서 발매된 오리지널반은 게이트폴드 커버 안에 3장의 LP가 모두 수납된 형태였으며, 1989년, 국내에서 제작된 빽판은 'Live 1, 2, 3'의 스템프가 찍힌 낱장으로 각각 발매되었다. 이 음반이 유통되던 1989년 당시 컬러 빽판 한 장의 가격은 2,500원이었고, 전 세트를 모두 구입하려면 총 7,500원을 지불해야 했으니, 웬만한 클래식 라이선스 3LP 박스 세트에 맞먹는 금액이었다.

음악 애호가들 사이에서 '음질'은 늘 뜨거운 논쟁거리다. 많은 이들이 완벽한 사운드를 추구하며 고해상도 오디오 파일과 고급 장비에 아낌없이 투자한다. 그러나 아무리 예민한 귀를 가진 이들이라도 음질이 떨어지는 부틀렉 음반만큼은 예외로 여긴다. 완성도와는 별개로, 아티스트의 공개되지 않은 생생한 연주를 경험할 수 있는 거의 유일한 창구이기 때문이다.

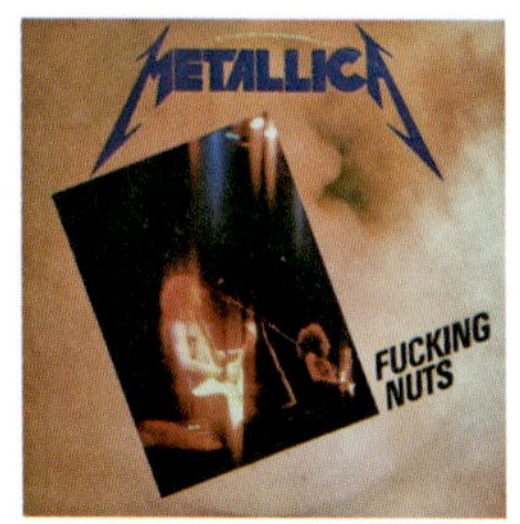

《Fucking Nuts》(1984)

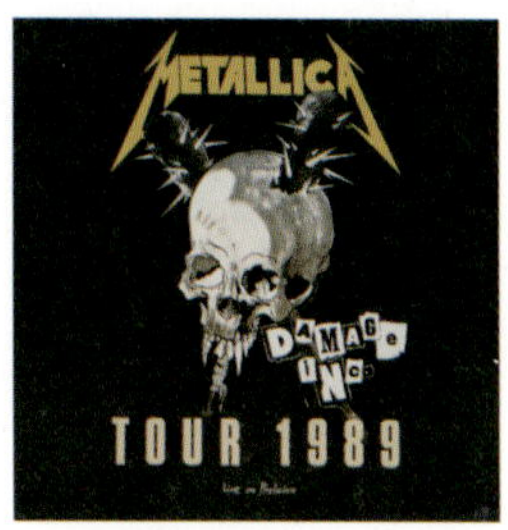

《Damage Inc. Tour 1989 Live In Belgium》(1990)

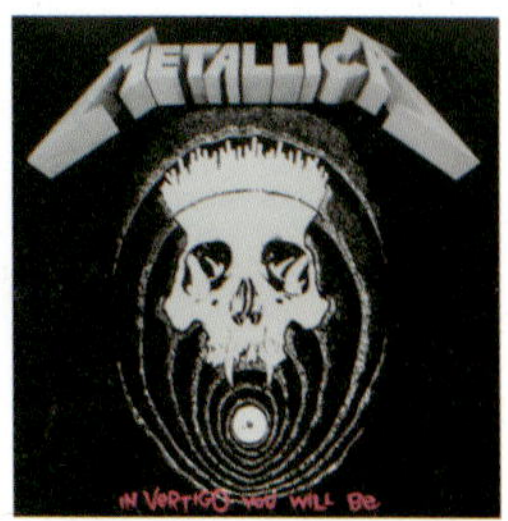

《In Vertigo You Will Be》(1990)

부틀렉 음반 가운데에서도 《For Metallians Only》는 유독 열악한 음질로 악명이 높다. 음반을 재생하면, 스탠딩석의 열광적인 관중들 사이에서 흔들리는 녹음기를 사수하려는 제작자의 사투가 마치 영상처럼 떠오를 정도다. 특히 <Battery>, <Master Of Puppets>, <The Four Horsemen>처럼 템포가 빠른 곡이 연주될 때면 사운드는 상하좌우로 거칠게 요동친다.

프랑스 화가 피에르 라콤브(Pierre Lacombe)의 작품이 사용된 《For Metallians Only》는 메탈리카의 공식·비공식 음반을 통틀어 가장 아름다운 커버 중 하나로 꼽히며 수집가들 사이에서 높은 인기를 누리고 있다. 이 때문인지 해외 중고 거래 사이트에서 제법 높은 가격대에 거래되고 있고, 영국산 오리지널 반과 국내에서 제작된 빽판이 거의 동일한 가격대를 형성할 만큼 꾸준한 인기와 수요를 자랑한다.

Pink Floyd : Eclipse

1991년 | 제작사 미상 | 79

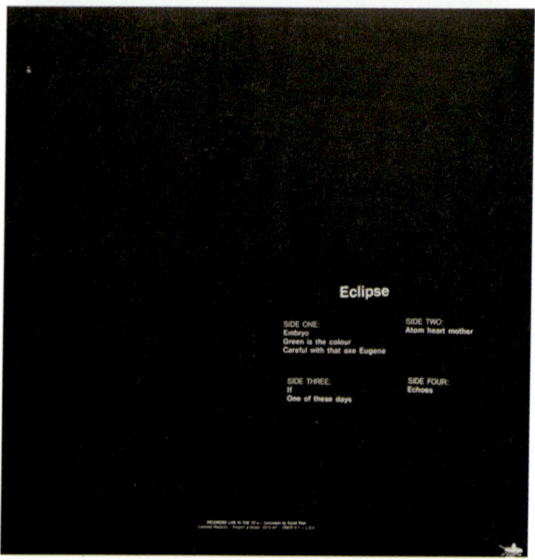

Side A

1. Embryo
2. Green Is The Colour
3. Careful With That Axe, Eugene

Side B

1. Atom Heart Mother

Side C

1. If
2. One Of These Days

Side D

1. Echoes

1991년 봄, 애청 라디오 프로그램인 'KBS 전영혁의 음악세계'에서 핑크 플로이드의 <If>와 <One Of These Days> 라이브 실황이 흘러나왔다. 로저 워터스 시절의 라이브는 정규 앨범 《Ummagumma》(1969)에만 일부 수록된 것으로 알고 있던 터라, 또 다른 라이브 음반이 존재한다는 사실은 필자의 호기심을 한껏 자극했다.

얼마 지나지 않아 세운상가의 단골 음반 가게에서 그 정체를 확인할 수 있었다. 바로 《Eclipse》라는 제목의 부틀렉 앨범이었다. 우연인지 라디오 방송 이후 이 음반은 이미 컬러 빽판 형태로 복제되어 종로와 청계천 일대에서 유통되고 있었다. 얇은 싱글 커버 안에 LP 두 장을 욱여넣은 형태였고 가격은 7,000원이었다. 직배 시대의 도래와 함께 대대적인 해적판 단속이 예고됐지만, 빽판 유통은 여전히 활발했다. 그 와중에 컬러 빽판의 가격은 장당 1,000원씩 인상되어 거

Pink Floyd 《Atom Heart Mother》(1970)

Pink Floyd 《Meddle》(1971)

래되고 있었다.

이 앨범에는 1970년부터 1971년 사이, 영국 런던 BBC 라이브 스튜디오에서 녹음된 방송 실황이 담겨 있다. 수록곡은 <Embryo>로 시작해 사이키델릭 사운드의 여운을 잇고, 이어 음악적 전환기의 중심에 있던 <Atom Heart Mother>로 흐르며, 마침내 핑크 플로이드가 프로그레시브 록 시대로 본격 진입하는 출발점인 《Meddle》의 대표곡 <Echoes>로 마무리된다.

이 앨범의 백미는 단연 <Atom Heart Mother>이다. 필립 존스 브라스 앙상블(The Phillip Jones Brass Ensemble)과 존 알디스 합창단(John Aldis Choir)이 함께 참여해 스튜디오 녹음에 버금가는 정교함과 긴장감을 유지한 연주를 들려준다.

또한, 핑크 플로이드의 영국 제작사 하베스트(Harvest) 레코드의 샘플러 앨범 《Picnic》(1970)에만 수록되었던 <Embryo>는 라이브를 통해 원곡보다 두 배 이상 확장된 구성과 격정적인 연주로 그 특유의 냉소적 분위기를 한층 강조하고 있다. 수록곡들은 영국 국영 라디오 방송 'BBC Radio 1'을 통해 1970년 7월 16일과 1971년 9월 30일에 각각 방송되었던 음원이다. 관객의 박수 소리나 사회자의

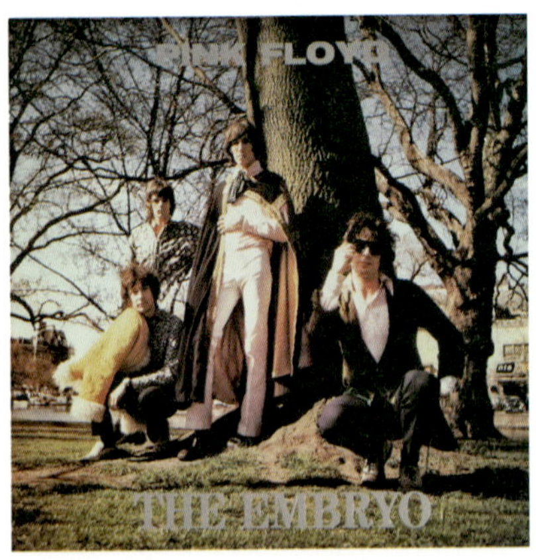

Pink Floyd 《The Embryo》 컬러 빽판

코멘트가 없었다면 정규 앨범의 미공개 트랙이라 해도 무방할 만큼 녹음 상태가 좋다.

1991년에는 이 앨범 외에도 1968-1969년 초창기 BBC 방송 녹음을 편집한 또 다른 부틀렉 앨범 《The Embryo》가 빽판으로 제작·유통된 바 있다. 두 타이틀 모두 1980-90년대에 발매된 핑크 플로이드 관련 복제 음반 중에서 제법 희귀한 것으로 알려져 있다.

바비와 그의 고고 보이스 : 와일드 앰프기타 고고

1972년 | 대도레코드 | STLK-7178

Side A

1. 누가 울어
2. 안개 속에 가버린 사람
3. 돌아가는 삼각지
4. 사랑은 눈물의 씨앗
5. 울려고 내가 왔나

Side B

1. 목포의 눈물
2. 황성옛터
3. 눈물젖은 두만강
4. 비내리는 호남선
5. 타향살이

'레코드(Record)'는 음악이나 소리를 저장하는 매체를 의미한다. 하지만 조금만 시야를 넓히면, 이러한 '기록'은 존재의 증거이자 시간을 초월하는 이야기가 된다.

음악 이야기로 시선을 돌려보자. 아무리 뛰어난 재능을 지닌 아티스트라 해도 단 하나의 음원 기록조차 남기지 못한 채 사라졌다면, 그 존재는 결국 입에서 입으로 전해지는 실체 없는 전설로만 소비되고 말 것이다.

여기, 빛바랜 흑백 사진 몇 장만을 남기고 사람들의 기억 속에서 잊혀진 밴드가 있다. 1960년대 초, 대한민국 록 음악의 여명기를 열었던 최초의 비트록 밴드 김치스(Kimchis)다.

이 앨범은 김치스의 리더이자 기타리스트였던 이성봉이 1972년에 남긴 유일한 녹음 기록이다. 비록 '김치스'라는 이름은 어디에도 남아 있지 않지만, 앨범 커

김치스(1965), 좌로부터 이성봉, 유희백, 심형섭 [출처: 심형섭(Tommy Shim) 블로그]

버에 적힌 '바비(Bobby)'는 그가 활동 당시 사용했던 이름이자, 무대 위에서 살아 숨 쉬던 또 다른 자아였다.

광복 이후, 주한 미군이 주둔한 지역에는 군사시설 외에도 클럽과 같은 문화 공간이 함께 조성되었고, 이를 통해 미국 대중문화는 빠르게 국내에 퍼져 나갔다. 이러한 영향은 1960년대 한국 대중음악에 큰 변화를 불러왔고, 특히 미8군 무대에서 활동하던 연예인들이 일반 무대로 진출하면서 음악계는 신선한 변화를 맞이하게 된다.

비트 음악이 세계 팝 시장을 석권했던 1960년대 초·중반, 김치스는 미8군 무대에서 비틀스의 음악을 전문적으로 연주하며 두각을 나타냈다. 이성봉(기타), 유희백(기타), 심형섭(베이스), 허정희(드럼)로 구성된 이들은 단지 음악만이 아니라 복장과 퍼포먼스까지 비틀스를 완벽하게 재현하며, 특히 20대 미군 병사들 사이에서 폭발적인 인기를 누렸다. 그러나 김치스는 미8군 무대에 머문 채 일반 대중 무대로의 확장에는 실패했고 결국 1960년대 중반 해산의 길을 걷게 된다.

한편, 밴드에서 베이스기타를 맡았던 심형섭은 군 복무를 마친 뒤 포지션을 기타로 바꾸어 새롭게 '피닉스(Phoenix)'를 결성했다. 그는 1970년대 초, 사이키델릭과 하드록을 결합한 독창적인 사운드로 고고클럽 등지에서 큰 호응을 얻었다.

김치스 해산 이후 뚜렷한 활동이 확인되지 않았던 기타리스트 이성봉은 1972년, 자신이 주도한 밴드 '고고 보이스'와 함께 전통가요를 록 사운드 스타일로 재해석한 앨범을 발표하며 다시 무대에 섰다. 당시 국내 음악계에 확산된 경음악 열풍에 편승한 측면이 있었으나, 이들이 시도한 편곡 방식은 기존

피닉스 《산속에서/보슬비 오면》(1974)

관행과 비교할 때 상당히 파격적이고 대담한 접근이었다.

특히 이성봉의 기타 연주는 퍼즈(Fuzz)와 와와 페달(Wah-Wah Pedal)을 적극적으로 활용하여 강렬하고 헤비한 사운드를 구현했다. 앨범 제목《와일드 앰프기타 고고》가 시사하듯, 그의 연주는 거칠고 폭발적인 에너지를 분출하는 동시에 전통가요 해석의 새로운 가능성을 모색한 실험적 시도라는 점에서 의의가 있다.

당시 팬들 사이에서 피닉스가 가장 '헤비한 사운드'를 구사하는 밴드로 알려져 있었지만, 녹음 결과물로만 놓고 본다면 이 수식어는 오히려 이 '고고 보이스' 앨범에 양보해야 옳을 것 같다. 동시에 앨범 전반에 흐르는 견고한 그루브와 긴장감 있는 연주 호흡은 이들의 연주 수준이 동시대 최고 수준에 이르렀음을 명확히 보여준다.

만약 이들이 동일한 품질의 사운드를 기반으로 한 창작곡 중심의 정규 앨범을 남겼더라면, 한국 대중음악사에서 이성봉의 위상은 지금과는 분명히 달라졌을 것이다. 그러하기에 정규 앨범의 부재는 더욱 아쉬움으로 남는다.

지금까지 이런 캐럴은 없었다

조방 : Carols In The '70s

1973년 11월 20일 | 지구레코드공사 | JLS-120 783

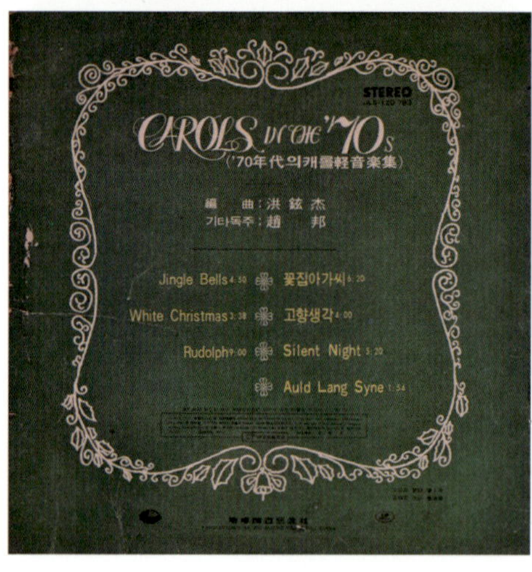

Side A

1. Jingle Bells
2. White Christmas
3. Rudolph

Side B

1. 꽃집 아가씨
2. 고향 생각
3. Silent Night
4. Auld Lang Syne

'연주곡'을 의미하는 '경음악'의 기원은 대중음악을 포함하는 '비(非)고전 음악' 전반을 포괄하는 개념에서 유래했다. 그 출발은 영국의 '라이트 뮤직(Light Music)'에 있으며, 19세기 말 해변 리조트에서 휴양객을 위해 연주하던 '시사이드 오케스트라(Seaside Orchestra)'에 의해 그 형태를 갖추기 시작했다.

이들은 당시 유행하던 대중음악이나 민요를 오케스트라 편성에 맞게 편곡하거나, 클래식 곡의 구조를 간소화해 감상성과 오락성을 겸비한 연주로 풀어냈다. 이러한 경향은 1930년대 이후 라디오와 방송이 보편화되며 '라이트 뮤직'이라는 이름 아래 하나의 장르로 자리매김하게 되었고, 경쾌하고 서정적인 감성으로 유럽과 미국에서 대중적 인기를 누렸다.

한국에서 '경음악'이라는 용어는 이러한 흐름을 수용하면서도 점차 의미가 좁아져, 순수 연주곡, 즉 보컬이 없는 반주 음악이나 무대용 배경음악을 지칭하는 단어로 정착하게 된다. 특히 1970년대, 국내 록과 포크 음악이 절정을 이루던 시기에는 유수의 작·편곡가들이 자신의 이름을 내건 경음악 앨범을 잇달아 선보이며 새로운 대중문화 트렌드를 이끌어갔다.

《Carols In The '70s》(1973)는 고고 리듬을 토대로 캐럴과 민요, 대중가요까지 아우르며 대중성과 시대성을 동시에 반영한 음반이다.

이 앨범의 주인공격인 기타리스트 조방은 1969년 펄 시스터즈의 《소울 크리스마스》 앨범에 참여해, 연주곡 <운명>에서 기타 솔로를 맡은 바 있다. 베토벤의 클래식 곡을 대담하게 편곡한 이 곡은 라디오 전파를 타며 큰 화제를 모았지만, 동시에 정통 클래식 애호가들로부터 거센 비난을 받기도 했다.

《Carols In The '70s》는 표면적으로는 댄스 플로어를 겨냥한 기획물이지만, 실상은 감상용에 가까운 차분하고 탐구적인 성격을 품고 있다. 기타리스트 조방은 대중적으로 널리 알려진 이름은 아니지만, 당대의 쟁쟁한 연주자들과 견주어도 전혀 뒤처지지 않는 유려하고도 본질에 충실한 연주를 들려주고 있다. 특히 록의 문법에만 머무르지 않고, 재즈 화성을 활용한 여유롭고 절제된 솔로는 이

펄 시스터즈 《소울 크리스마스》(1969)

앨범이 지닌 미학적 지향을 뚜렷하게 보여준다.

    <징글 벨>과 <꽃집의 아가씨>에서는 기타, 플루트, 트럼펫이 어우러진 불꽃 튀는 애드리브 대결은 가히 압권이다. 악기들이 교차하며 빚어내는 긴장감과 즉흥성은 앨범의 백미라 할 만하며, 만약 재발매 권리가 주어진다면 익숙한 캐럴 멜로디를 걷어내고, 이 인상적인 애드리브 파트만으로 재구성한 미니 앨범을 선보이고 싶을 정도다.

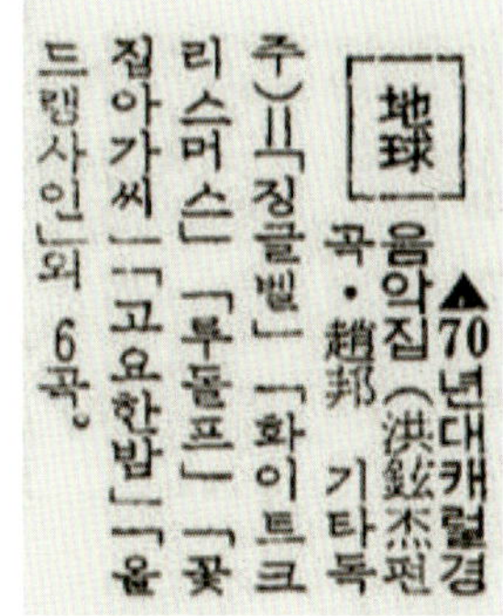

경향신문 1973년 12월 8일자 기사

비록 발매 당시에는 대중의 주목을 받지 못한 채 조용히 사장되었지만, 최근 들어 젊은 수집가들 사이에서 다시금 화제를 모으며 늦은 재조명을 받고 있다. 연주의 완성도 자체도 뛰어나지만, 특히 눈여겨볼 대목은 1970년대 초반 국내 제작 음반으로서는 이례적으로 뛰어난 녹음 밸런스다. 드럼과 베이스 등 리듬 파트의 질감이 또렷하게 살아 있어, 하이파이적 쾌감마저 전해준다.

김희갑 : Go Go는 즐거워

1971년 3월 27일 | 유니버살레코드 | K-Apple-45

Side A

1. 해변으로 가요
2. 초원
3. 그 언제일까
4. 님 떠나갈 시간
5. 사랑은 눈물의 씨앗

Side B

1. 뱃노래
2. 불타는 연가
3. 멀어져간 사랑
4. 정든배
5. 그 사람

"록 음악만 좋아하는 줄 알았는데, 이젠 취향이 다양해지셨네요... 하하."

20여 년 전, 단골 레코드점 한구석에 놓인 경음악 앨범을 집어 들자 가게 사장이 농담처럼 건넨 말이다. 그날따라 왜 그 앨범이 눈에 들어왔는지... 이유는 단순했다. 커버 뒷면 중앙, 기타를 들고 선 김희갑의 모습이 낯설고도 멋져 보였기 때문이다.

오늘날 김희갑은 주로 성인가요 작곡가로 알려져 있지만, 1970년대 초반 혈기왕성한 30대였던 그는 히 파이브, 키 보이스, 라스트 찬스, 트리퍼스 등 유명 록 밴드의 조련사이자 프로듀서로서 큰 성공을 거둔 인물이다. 동시에 <상아의 노래>, <진정 난 몰랐네>와 같은 히트 발라드를 남긴 최고의 작곡가이기도 했다.

1936년 평양에서 태어난 그는 의료업에 종사하던 할아버지와 아버지 덕분에 유복한 환경에서 자랐지만, 6·25 전쟁 발발 이후 아버지와 삼형제는 대구로 피신했고, 이내 실향민 신세가 된다. 음악 재능이 남달랐던 부친의 영향으로 어린 시절부터 자연스럽게 악기를 접했던 김희갑은 1955년 대구 대성고등학교를 졸업한 뒤 본격적으로 음악의 길에 들어선다. 기타리스트로 이름을 알린 그는 지인의 소개로 미8군 무대에 서게 되고, 이후 '에이 원(A1)'이라는 이름의 쇼단을 조직해 이끌었다.

김희갑 작곡 제1집 《사랑아 내 사랑아》(1967)

1967년부터는 작곡가로서 본격적인 활동을 시작했다. <사랑아 내 사랑아>, <진정 몰랐네>, <불타는 연가> 등이 수록된 《김희갑 작곡 제1집: 사랑아 내 사랑아》(1967)는 큰 인기를 끌며, 그를 단숨에 스타 작곡가의 반열에 올려놓았다.

비록 대중에게는 작곡가로 널리 알려져 있지만, 김희갑의 음악적 정체성의 중심에는 여전히 기타리스트라는 본업이 또렷하게 자리하고 있다. 1960년대부터 각종 경음악 앨범과 무대에서 연주자로 활약해온 그는 1971년에 이르러 자신의 연주 역량을 보다 적극적으로 드러낸 독자적인 작품들을 잇달아 선보였다.

특히 신중현의 히트곡들을 재해석한 《Go Go Sound Vol.1》(1971.6.10)과 자신의 대표곡을 새로운 편곡으로 담아낸 《고고는 즐거워》(1971.3.27)는 김희갑이 그동

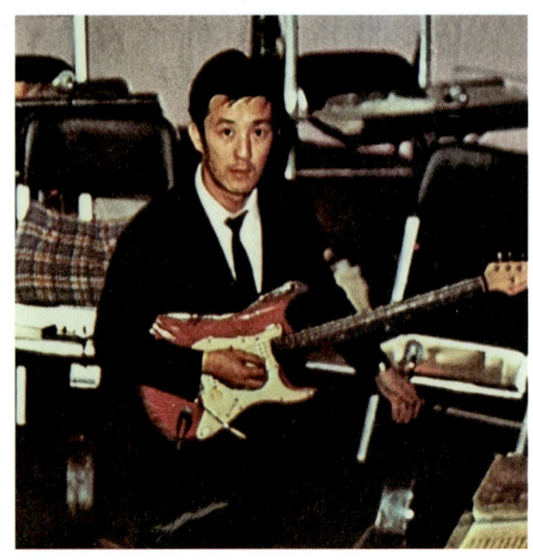

기타리스트 김희갑

안 드러내지 않았던 록 기타리스트로서의 개성을 유감없이 발휘한 앨범이다. 그는 기존 악단이 아닌 새롭게 구성한 7인조 밴드와 함께 록과 라틴 리듬을 결합한 독창적인 연주를 구사했다.

《Go Go Sound Vol.1》에서는 신중현의 대표곡들을 단순히 재현하는 데 그치지 않고, 각 악기가 주고받는 역동적인 대화와 즉흥 연주의 묘미를 마음껏 담아냈다. 밴드의 각 파트가 순차적으로 주도하는 다채로운 잼 세션이 어우러진 이 앨범은 신중현 팬들 사이에서도 희귀 음반으로 손꼽히며 오랫동안 입소문을 탔다.

김희갑 《Go Go Sound Vol.1》(1971)

이보다 3개월 앞서 발매된 《고고는 즐거워》는 보다 여유롭고 경쾌한 분위기를 중심에 두며, 연주 앨범으로서의 감상적 매력을 한층 끌어올린 작품이다. 특히 여유로운 템포로 재해석한 <해변으로 가

요>는 청량한 기타 톤과 탄탄한 리듬이 어우러지며, 원곡과는 또 다른 신선한 감흥을 전했다. 앨범 전반을 관통하는 그루비한 베이스라인은 '고고'라는 제목에 걸맞는 리듬감을 안정적으로 이끌고 있으며, <뱃노래>에서는 빠른 템포와 강렬한 리듬 위에 오르간의 전주, 휘몰아치는 색소폰 애드리브가 어우러져 긴장감을 고조시킨다.

이 앨범에서 김희갑은 멜로디 라인을 충실히 이끌면서도 즉흥 연주의 중심을 오르간과 색소폰에 맡겼다. 반면 <불타는 연가>에서는 절제된 기타 솔로를 통해 곡 전체의 감정선을 매만지듯 리드하고 있다.

김희갑 《고고는 이것이다》(1971)

《고고는 즐거워》에 참여한 세션 라인업에 대한 정확한 기록은 남아 있지 않지만, 김희갑(기타), 유복성(콩가), 박남수(오르간), 김인성(드럼), 강승용(색소폰), 전병찬(봉고), 경윤(베이스)으로 추정된다. 이들은 같은 해 10월, 퍼커션 파트를 제외한 구성으로 또 다른 연주 앨범 《고고는 이것이다》를 발표했다.

그룹사운드? 그냥 '밴드 음악'이라 불러주세요

트리퍼스 : Trippers Go Go

1971년 | 유니버살레코드 | K-apple가43

Side A

1. 옛님
2. 그 언제일까
3. 메아리
4. 산으로 와요
5. 얄미운 그대

Side B

1. Evil Ways
2. Molina
3. Knock Three Times
4. Feelin' So Good
5. By The Time I Get To Phoenix

"한국인들은 '그룹사운드'라는 용어의 의미를 정확히 이해하지 못한 채 남용하고 있어요. 심지어 헤비메탈이나 모던 록 밴드에게도 그룹사운드라는 명칭을 붙이더군요." (좌중 웃음)

1998년 봄, 도쿄의 한 소규모 음악 클럽에서 무명의 일본 뮤지션이 무대에서 한 발언이었다.

한국에서는 오랫동안 밴드 혹은 밴드 형식의 음악을 통칭해 '그룹사운드'라는 표현을 사용해왔지만, 이 용어가 일본에서 비롯된 것임을 아는 이는 많지 않다.

그룹사운드라는 개념의 기원을 되짚어보면, 그 뿌리는 1960년대 일본 대중음악과 깊이 맞닿아 있다. 1966년, 비틀스의 일본 무도관(武道館) 공연을 계기로 일본에서 밴드 문화는 유행처럼 번지기 시작했고, 비틀스, 벤처스(The Ventures), 롤링 스톤스 등 서구 록 밴드들의 영향을 받은 수많은 팀들이 잇달아 등장하며 음악계를 활기차게 흔들었다.

초기 일본 밴드들은 활동 초반, 주로 서구 록 음악의 커버곡을 중심으로 무대를 꾸몄다. 작곡 역량이 부족했던 일부 팀들은 기성 작곡가에게서 제공 받은 가요풍의 곡이나 팝송 번안곡으로 앨범을 채우며 대중성을 확보했다. 이들이 만들어낸 독특한 음악 스타일은 '그룹사운드(Group Sounds. グループ・サウンズ)'라 불리며, 1967년부터 1969년까지 쇼와 시대 청춘의 상징으로 자리 잡았다.

키보이스 《Key Boys' Soul & Psychedelic Sound》(1969)

키보이스 《키보이스 특선 2집》 (1970)

키보이스 《키보이스 스테레오 앨범 Vol.3》(1970)

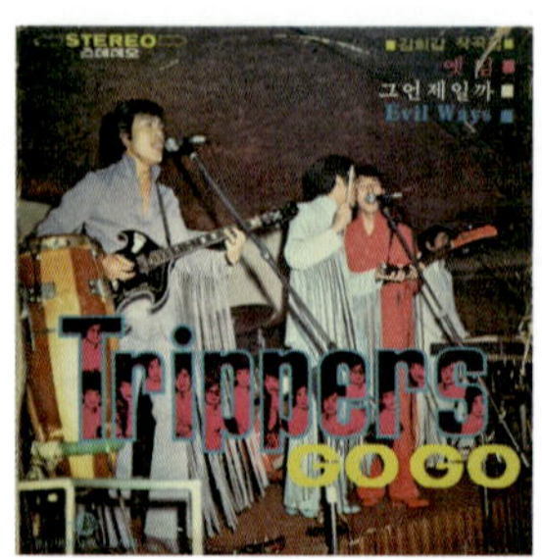
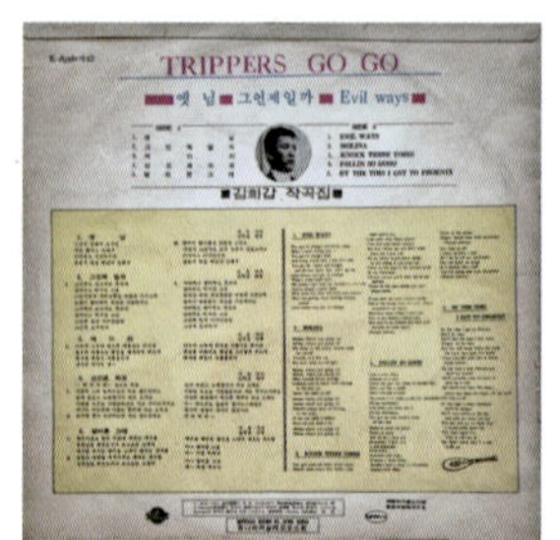

트리퍼스 《김훈과 나그네들》(1975)　　트리퍼스 《Trippers Go Go》 재반

전자기타와 드럼, 화려한 무대 퍼포먼스를 앞세운 그룹사운드 문화는 스파이더스(Spiders), 카나비츠(Carnabeats), 타이거스(Tigers) 같은 밴드들의 활약 속에 전성기를 누리며 일본 음악계를 풍미했다.

　한편, 1970년대 초까지 영어권과 비영어권의 대중음악 트렌드는 일본을 경유해 한국으로 전해지는 경우가 많았고, 그 과정에서 일본의 그룹사운드 문화 역시 자연스럽게 국내에 유입되었다. 일본에서는 그룹사운드가 아이돌적인 이미지와 스타성을 중심으로 대중적 인기를 끌었던 반면, 한국에서는 연주력과 감성에 집중한 '한국형 그룹사운드 지향 밴드'들이 등장해 주목을 받았다.

　그중 가장 핵심적인 위치를 차지했던 밴드로는 키보이스(2기)와 트리퍼스를 들 수 있다. 두 팀 모두 작곡가 김희갑의 프로듀싱 아래 음반을 발표했다는 공통점이 있으며, 멤버들의 통일된 의상, 앨범에서 커버곡이 차지하는 높은 비중 등에서도 그룹사운드의 전형적인 스타일을 엿볼 수 있다.

　김훈이 이끌었던 트리퍼스는 커버 연주에서 높은 평가를 받았으며, 아치스(The Archies)의 <Feelin' So Good>과 산타나(Santana)의 <Evil Ways>에서는 원곡에 견줄 만한 완성도와 노련한 연주를 들려주었다. 김희갑이 작곡한 오리지널 곡들 역시 가요적 감수성과 비트 록의 에너지를 결합한 스타일을 추구했는데, 특히 강렬한 퍼즈 기타 사운드를 앞세운 <그 언제일까>와 <얄미운 그대>는 가장 빛나는 트랙이었다.

트리퍼스는 서정적인 멜로디의 타이틀곡 <옛님>이 큰 인기를 끌면서 고고클럽 무대에서 단숨에 주목받는 스타 밴드로 떠올랐다. 그러나 대중적 성공은 내분을 불러왔고, 1973년 트리퍼스는 '김훈과 트리퍼스', '신시봉과 트리퍼스', '자이언트'로 갈라섰다. 이 가운데 브라스 록 사운드로 재편된 8인조 밴드 '김훈과 트리퍼스(나그네들)'는 1975년 <나를 두고 아리랑>을 히트시키며 짧지만 눈부신 전성기를 누렸다.

전 세계 희귀앨범을 집대성한 참고서《5001 Record Collector Dream》에 소개된 트리퍼스 앨범

앨범《Trippers Go Go》는 게이트폴드 커버로 제작된 초반과 싱글 커버 형태로 제작된 재반으로 나뉜다. 재반은 초반의 뒷면을 앞면 커버로 활용했으며 뒷면에는 수록곡에 대한 정보와 가사가 인쇄되어 있다.

어언간 1960-70년대의 양질의 국산 록 음악 앨범들이 소수의 해외 마니아들 사이에서도 그 가치를 인정받는 시대가 되었다. 이제는 한국 대중음악사에서 오랫동안 관습처럼 쓰여 온 '그룹사운드'라는 이름을 내려놓고, 그 성취가 '한국 밴드 음악'이라는 이름으로 올바르게 기록되고 기억되어야 할 것이다.

제11부

한국 대중음악의 다양성을 추구했던 수작 앨범들

김상희 : Sang Hee Kim / Golden Hit Album

1971년 9월 20일 | 성음제작소 | SEL-100 002

Side A

1. Raindrops Keep Fallin' On My Head
2. Love Me Tonight
3. This Girls In Love With You
4. Delilah
5. I'll Never Fall In Love Again
6. It's Not Unusual

Side B

1. Do You Know The Way To San Jose
2. Green Green Grass Of Home
3. The April Fools
4. I'll Never Fall In Love Again
5. Little Green Apples
6. Say A Little Prayer

　　1995년 6월 1일, 세계적인 재즈 피아니스트 10인을 한 무대에서 만날 수 있는 '100 골드 핑거스(100 Gold Fingers)' 공연을 위해 미국의 재즈 피아니스트 로저 켈러웨이(Roger Kellaway)가 김포공항에 도착했다. 입국 직후 그는 동료 연주자들과 함께 서울 용산구 동부이촌동에 위치한 서울스튜디오로 향했다. 그리고 그곳에서는 대한민국의 원로 가수 김상희가 그들을 맞이하고 있었다.

　　당시 녹음은 일본의 프로모터 이시즈카 타카오(石塚貴夫)의 기획으로 성사된 프로젝트로, 3년 뒤인 1998년 《Kim Sang Hee with Grady Tate, Roger Kellaway Trio》라는 타이틀로 일본과 한국에서 동시에 발매되었다. 김상희는 1970년대 초, 성인가요 <대머리 총각>으로 알려진 가수였기에 세계적인 재즈 뮤지션들과의 협업 음반이 제작되었다는 소식에 국내 재즈 팬들의 놀라움과 의아함이 뒤섞인 반응이 이어졌다.

　　하지만 김상희의 해외 재즈 뮤지션들과의 교류는 당시가 처음은 아니었다. 이야기는 그보다 25년 앞선 1970년으로 거슬러 올라간다. 그해 일본 오사카에서는 만국박람회가 성대하게 개최되었고 김상희는 패티김과 함께 한국을 대표하는 문화사절단의 일원으로 초청받아 국제관광공사 도쿄지사가 주최한 '아리랑 페스티벌' 무대에 찬조 출연했다.

　　행사에는 일본 음악계의 주요 인사들이 대거 참석했는데, 일본을 대표하는 재즈 트럼펫 연주자 히노 테루마사(日野皓正)는 김상희의 담백하면서도 세련된 음색에 매료되어 그녀의 목소리로 담아 낸 스탠더드 팝송 커버 앨범을 직접 기획하게 된다.

　　이 프로젝트는 1970년부

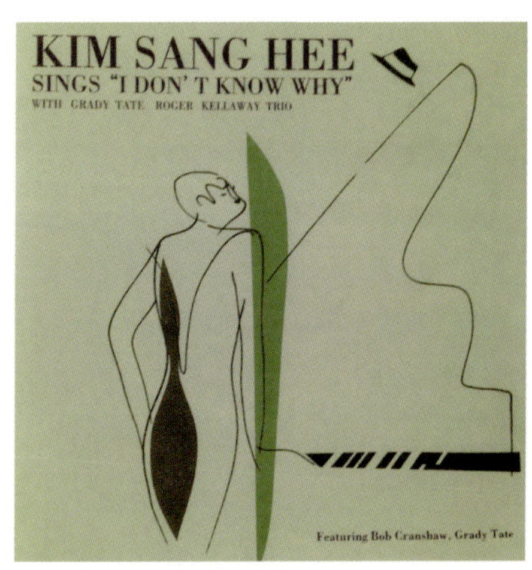

《Kim Sang Hee with Grady Tate, Roger Kellaway Trio》 CD

《Sang Hee Kim : Tom Jones & Burt Bacharach》(1970)

터 1971년에 걸쳐 진행되었고, 일본 캐년(Canyon) 레코드사를 통해 두 장의 앨범이 발매되었다. 그중 첫 번째 앨범인 《Sang Hee Kim : Tom Jones & Burt Bacharach》는 1970년 3월 일본에서 출시, 그리고 같은 해 9월 한국에서도 정식 라이선스 발매가 추진되었다.

국내 제작·유통은 당시 뛰어난 제작 기술로 명성을 얻고 있던 성음제작소가 맡았고, 《Sang Hee Kim / Golden Hit Album》이라는 타이틀로 제작되었다.

앨범 타이틀에서 짐작할 수 있듯, 이 음반은 톰 존스(Tom Jones)와 버트 배커랙(Burt Bacharach)의 대표곡들을 각각 절반씩 수록한 커버 앨범이다. 반주는 일본 재즈계의 두 거장이 이끄는 연주 팀이 담당했는데, 미야마 토시유키(宮間利之)의 빅밴드 뉴 허드(New Herd)와 사토 마사히코(佐藤允彦) 재즈 트리오가 각 곡의 색채에 맞춰 배치되었다. 특히 버트 배커랙의 곡들에서는 미야마 토시유키의 유려한 피아노 반주와 김상희의 차분한 음색이 어우러져, 마치 처연한 가을 햇살을 닮은 감성적인 분위기를 자아내고 있다.

흥미로운 지점은 수록곡의 배열 방식에서도 드러난다. 일본 오리지널반은 톰 존스의 곡을 A면에, 버트 배커랙의 곡을 B면에 분리 수록하여 테마별 구성이 명확한 반면, 성음 발매반은 두 아티스트의 곡들을 번갈아서 배치하였다. 덕분에 빅밴드와 재즈 트리오라는 상이한 편성이 자연스럽게 교차되며, 김상희가 선보

이는 보컬 스타일의 다채로운 변화를 한층 생
생하게 체감할 수 있다.

2023년 일본 재발매반

《Sang Hee Kim : Tom Jones & Burt
Bacharach》는 1970년 일본에서 처음 발매된
이래, 수집가 사이에서만 전해지던 희귀 음반
이었다. 그리고 반세기가 지난 2023년, 일본
의 솔리드(Solid) 레코드사를 통해 재발매되
며 김상희의 빛나던 활약상을 많은 이들이 확인할 수 있게 되었다.

작은 거인 : 별리 / 어쩌면 좋아

1981년 4월 17일 ｜ 오아시스레코드 ｜ OL-2359

Side A

1. 별리
2. 새야
3. 행복
4. 어둠의 세계

Side B

1. 어쩌면 좋아
2. 외로움
3. 알면서도
4. 일곱 색깔 무지개

한국 대중음악사에서 김수철은 장르의 관습에 얽매이지 않고, 끊임없이 자기만의 색깔을 일관되게 지켜온 뮤지션이다. 그는 록을 근간으로 국악, 영화음악 등 다양한 음악적 어법을 흡수하며 한국 대중음악의 표현 영역을 넓혀온 인물로 평가받는다. 특히 '작은 거인' 시절은 김수철 음악이 본격화된 초기 실험의 기록이자, 이후의 방향성을 예고한 출발점이라 할 수 있다.

1977년, 광운대학교 전자통신학과에 재학 중이던 김수철은 4인조 대학 연합 밴드 '퀘스천(Question)'을 결성한다. 이들은 YMCA 공연과 KBS 방송 출연 등을 통해 점차 이름을 알렸으나, 당시 아마추어 뮤지션들의 등용문이었던 MBC 대학가요제와 TBC 해변가요제에서는 연이어 예선 탈락의 쓴맛을 봐야 했다. 절치부심한 김수철은 이듬해 겨울, 새로운 밴드 '작은 거인'을 결성하고 1979년 제1회

《제1회 전국대학가요 경연대회》(1979)

작은 거인 1집 《작은 거인의 넋두리》(1979)

전국대학가요 경연대회에 출전한다.

자작곡 <일곱 색깔 무지개>로 금상을 수상하며 마침내 중앙무대에 이름을 올린 그는 같은 해 유니버살레코드를 통해 1집 앨범을 발표한다. 하지만 개성 넘치는 이들의 연주와 음악은 음반에 온전히 담기지 못했고 상업적인 성과 역시 기대에 못 미쳤다.

그러나 이들의 가능성을 눈여겨본 오아시스레코드는 작은 거인에게 다시 한 번 기회를 제안했고, 김수철은 대학 시절 완성해두었던 50여 곡의 자작곡 중 가장 애착이 가는 8곡을 선별해 새 앨범 작업에 나섰다. 그중 <새야>는 한 소형 영화 동아리의 16mm 영화 주제가로 처음 만들어진 곡이었는데 앨범 콘셉트에 맞춰 원곡과는 전혀 다른 분위기로 재탄생했다. 경연대회 참가곡이자 데뷔 앨범의 타이틀곡이기도 했던 <일곱 색깔 무지개>는 애드리브가 강조된 잼 형식으로 재구성되고 러닝 타임도 두 배 이상 길어진 확장 버전으로 수록됐다.

김수철의 감각적인 리듬 플레이와 날카로운 기타 솔로가 빛을 발하는 <어쩌면 좋아>는 단연 이 앨범의 백미로 손꼽힌다. 1980년대 초, 이 곡을 부르며 방송무대를 누비던 김수철의 모습은 당시로서는 매우 파격적이고도 신선한 충격이었다.

앨범의 유일한 연주곡인 <어둠의 세계>에서는 퓨전 재즈 풍의 그루브와 실험적인 감각이 절묘하게 어우러지며 신인답지 않은 노련미를 유감없이 드러냈다.

검정 바탕의 도발적인 커버만큼이나 이 앨범에서 가장 강렬하게 빛났던 건 단연 사운드였다. 그 인상적인 사운드를 가능케 한 숨은 공로자는 바로 일본인 엔지니어 기타가와 마사토(北川正人, 이하 기타가와)였다. (앨범 커버에는 '지다가와'로 오기)

그는 1980년대 초 일본 음악계에서 활약하던 실력파로, 베테랑 엔지니어 오가와 마사요시(大川正義)의 어시스턴트로 경력을 쌓아가던 인물이었다.

1981년 어느 날, 업무차 이촌동 서울스튜디오를 방문한 기타가와는 녹음 부

다양한 버전의 레이블과 커버

스에서 흘러나오는 작은 거인의 연주에 매료되어 예정에 없던 믹싱 작업을 자청한다. 허락된 시간은 단 하루뿐이었다. 언어는 통하지 않았지만, 김수철은 손짓·발짓을 섞어가며 자신이 그리고자 했던 사운드를 설명했고, 기타가와는 이를 놀랍도록 정확하게 포착해 곡마다 정교한 입체감을 불어넣었다. 미완으로 끝난 데뷔 앨범과 달리, 두 번째 앨범은 치밀하게 다듬어진 송라이팅, 노련한 퍼포먼스, 그리고 정제된 엔지니어링이 절묘하게 맞물린 완성작으로 거듭났다.

국악의 음계와 리듬을 바탕으로 만들어진 <별리>는 라디오 방송을 통해 꾸준히 소개되며 대중의 귀를 사로잡았고, 그 인기에 힘입어 이 앨범은 비교적 준수한 판매 성적을 기록했다. 현재까지 이 앨범은 총 네 가지 이상의 버전이 확인되고 있다.

레이블 디자인이 서로 다른 발매반들 외에 '작은 거인'의 금박 로고가 누락된 버전과, 금박 로고가 세로로 인쇄된 버전도 존재한다. 2020년에는 오리지널 커버와 레이블 디자인을 충실히 재현한 리이슈 LP가 사운드트리를 통해 정식 재발매 되기도 했다.

나미 : 유혹하지 말아요 / 슬픈 인연

1985년 / 태양음향주식회사 / TYL-2064

Side A

1. 유혹하지 말아요
2. 슬픈 인연
3. 우리 잠시 떠나요
4. 님의 계절
5. 첫 포옹

Side B

1. 보이네
2. 나비
3. 빗길
4. 허수아비
5. 당신은

　1980년대 초, 한국 가요계는 남성 중심의 기조가 강했지만, 그 안에서 나미의 존재는 단연 독보적이었다. 평범한 대중가수라는 명제로는 결코 정의할 수 없는 그녀의 이력은 이미 유년기부터 무대 위에서 시작되었다.

　나미는 8세에 미8군 무대에서 데뷔한 뒤, 1971년부터 여성 밴드 해피돌스(Happy Dolls)의 리드 보컬로 활동하며 미국, 캐나다, 베트남 등지에서 약 7년간의 해외 공연을 이어갔다. 1979년 귀국한 나미는 <미운 정 고운 정>, <영원한 친구> 등 디스코 기반의 댄스곡을 발표하며 새로운 방향을 모색했지만, 대중의 반응은 미온적이었다.

　그 분위기를 단숨에 뒤집은 곡은 1984년 발표된 <빙글빙글>이었다. 당시 세계적으로 유행하던 신스팝의 감각을 국내 가요 안에 이식한 이 곡은, 나미 특유의 허스키한 보컬과 신시사이저 편곡이 어우러져 그녀를 트렌디 댄스 팝의 아이콘으로 올려놓았다. <빙글빙글>은 일본에서도 <Midnight Focus>라는 제목으로 싱글이 발매되었고, 이를 기점으로 미국 시장 진출 계획도 언론을 통해 발표되었지만 실현되지는 못했다.

　나미의 성공 뒤에는 천재 프로듀서 김명곤의 존재가 있었다. 그는 '사랑과 평화' 전성기를 이끈 빼어난 연주자이자 리더였고, 1984년 <빙글빙글>의 히트 이후 작곡가와 편곡자로서도 빛나는 커리어를 이어갔다. 같은 해 작업한 정수라

<Midnight Focus> 싱글

의 <푸른 시절>은 독창적인 그루브와 높은 완성도로 뮤지션들 사이에서 큰 화제를 모았고, 이후 그는 혜은이, 유열, 이문세, 한돌, 변진섭, 원준희 등 다양한 아티스트들과의 작업을 통해 숱한 히트곡을 탄생시켰다.

이듬해 발표된 나미의 4집《유혹하지 말아요/슬픈인연》(1985)에서 두 사람의 호흡은 정점에 이른다. 전작이 <빙글빙글>을 제외하면 성인 취향의 발라드 위주였다면, 4집은 전체적으로 젊고 트렌디한 사운드를 과감하게 포용하고 있었다. 경쾌한 뉴웨이브와 록 비트를 절묘하게 결합한 <유혹하지 말아요>, 이국적인 리듬과 신시사이저 텍스처가 인상적인 <보이네>는 큰 사랑을 받으며 앨범 흥행을 견인했다.

앨범 수록곡 가운데 <슬픈 인연>의 배경이 흥미롭다. 이 곡은 1984년, 일본 킹레코드를 통해 <키즈나(絆)>라는 제목의 싱글로 먼저 발표된 곡으로, 원작자는 일본 록 밴드 '다운타운 부기우기 밴드(ダウン·タウン·ブギウギ·バンド)'의 리더이자 영화배우로도 활약한 우자키 류도(宇崎竜童)였다. 이미 일본에서 하시 유키오(橋 幸男), 츠카다 미키오(塚田三喜夫) 등이 차례로 이 곡을 취입했지만 뚜렷한 반응을 얻지 못했고, 뒤늦게 나미의 목소리를 통해 비로소 생명력을 얻게 되었다.

<슬픈 인연>이 수록된 일본 발매 싱글의 B면에는 한국어 버전이 함께 담겨 있었는데, 이는 곡 제작 초기부터 한국 시장을 염두에 두고 있었음을 보여준다. 그러나 당시의 정서적·정치적 분위기 속에서 일본 작곡가의 이름을 그대로 표기하는 데는 어려움이 따랐고, 결국 작곡 크레디트는 프로듀서 김명곤의 이름으로 대체되었다. 이로 인해 한때 표절 논란이 제기되기도 했지만, 곡의 진정성과 감

<슬픈 인연(絆)> 싱글

동은 시간이 지나도 흔들리지 않았다.

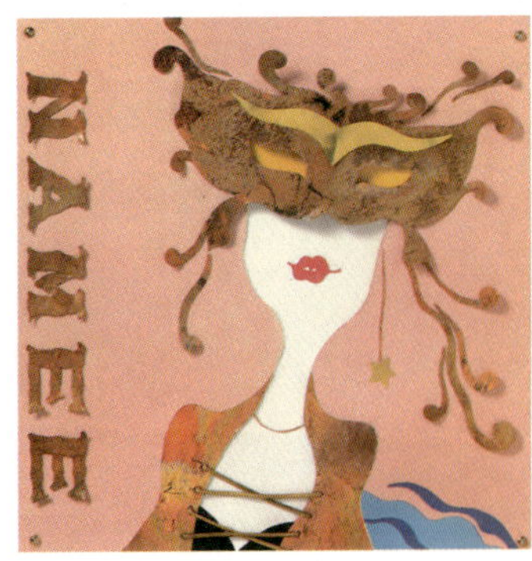

나미 《Cameleon》(1992)

　최근 가요계에는 복고 열풍이 거세다. 특히 일본 버블 시대를 상징하는 시티 팝 붐과 맞물리며 1980-90년대 대중의 레이더를 비껴갔던 숨은 명곡들이 다시 조명받고 있다. 그런 흐름 속에서 1992년 발표된 나미의 7집 《Chameleon》이 2022년 비트볼 뮤직을 통해 재발매된 것은 의미 있는 사건이었다.

　복고 열풍이 여전히 유효한 지금, 1980년대 대중음악의 트렌드를 주도했던 이 앨범 역시, 향상된 음질과 게이트폴드 커버 등 새롭게 업그레이드된 패키지로 다시 만날 수 있기를 기대해 본다.

1980년대 대중음악의 결정적 순간

조용필 : 7집

1985년 4월 10일 | 지구레코드 | JLS-1201933

Side A
1. 눈물로 보이는 그대
2. 어제, 오늘, 그리고
3. 프라마돈나
4. 나의 노래
5. 내가 어렸을 적엔
6. 그대여

Side B
1. 들꽃
2. 사랑하기 때문에
3. 미지의 세계
4. 아시아의 불꽃
5. 여행을 떠나요

1985년 발표된 조용필의 정규 7집 앨범은 그의 음악 여정에서 중요한 전환점이 되는 기념비적 작품이다. 전작 6집이 이범희, 이봉조 등 기성 작곡가 중심으로 전개되었다면, 본 앨범은 음악적 주도권을 스스로 회복하고 밴드 지향의 사운드를 전면에 내세운 과감한 변화의 결과였다.

그 변화의 서막은 1984년 7월 11일, 도쿄 고라쿠엔 경기장에서 열린 제1회 팍스 뮤지카(Pax Musica) 무대에서 펼쳐졌다. 조용필은 홍콩의 알란 탐(譚詠麟), 일본의 타니무라 신지(谷村新司)와 함께 아시아를 대표하는 아티스트로 초청되었고, 이 자리에서 자신이 만든 테마곡 〈아시아의 불꽃〉을 최초로 공개했다.

당시 '조용필과 위대한 탄생'은 대대적인 멤버 재편을 단행했다. 기존 멤버인 송홍섭(베이스)을 제외하고, 일본 밴드 '쿠와나 마사히로(桑名正博) & Tear Drops' 출신의 기타리스트 아라이 키요타카(新井清貴), 드러머 오카모토 사무엘(岡本サミュエル), 그리고 오르간의 김효국, 키보드의 김효성이 새롭게 합류하며 팀은 사실상 재결성에 가까운 과도기를 겪었다.

특히 아라이 키요타카는 이후 '박청귀'라는 이름으로 한국 음악계에 정착하며, 1980-90년대 작곡가이자 세션 기타리스트로 폭넓은 활약을 펼쳤다. 그러나 2002년, 뇌출혈로 향년 47세에 안타깝게 세상을 떠나며 한국 대중음악사에서 아련한 이름으로 남게 되었다.

Tear Drops 시절의 아라이 키요타카

일본 발매반 《アジアの花火》(1984)

팍스 뮤지카 이후, 조용필은 본격적인 신곡 작업에 돌입한다. 그리고 그해 11월, <아시아의 불꽃(アジアの花火)>과 <잠 못 드는 사연(眠れないわけ)> 등 세 곡의 신곡을 비롯해 기존 발표곡들을 함께 담은 앨범 《아시아의 불꽃(アジアの花火)》을 일본에서 공개했다. 이 앨범은 한국어와 일본어 두 가지 버전으로 각각 제작되었고, 특히 <나의 노래>와 <잠 못 드는 사연>은 훗날 발표될 7집의 타이틀곡으로서의 가능성을 염두에 둔 듯 당시 MBC 주말 대표 음악방송인 '쇼 2000'의 용평 특집 방송을 통해 공개되었다. 이 가운데 <잠 못 드는 사연>은 이후 멜로디와 가사에 대대적인 수정을 거쳐 조용필 7집 수록곡 <그대여>로 다시 태어났다.

1985년 3월 16일, 서울 정동 문화체육관에서 열린 '신체장애자 돕기 자선콘서트'는 조용필의 음악적 전환이 수면 위로 모습을 드러낸 무대였다. 이날 선보인 다수의 신곡들은 정규 7집 앨범에 실리게 되는데, 공연 영상을 면밀히 살펴보면 곡들의 형태가 최종 앨범 버전과는 가사와 멜로디 모두에서 적잖이 다름을 알 수 있다. 이는 1985년 4월 10일로 기록된 7집의 공식 제작일을 감안했을 때, 조용필이 앨범의 완성도를 높이기 위해 얼마나 많은 고심과 수정을 마지막 순간까지 거듭하는지 보여주는 방증이라 할 수 있다. 참고로 7집 앨범의 앞·뒷면 커버 사진은 이날 자선 공연장에서 촬영된 것이다.

이전 작품들이 조용필과 기성 작곡가들 간의 분업 구조 속에서 만들어졌다면, 7집의 반 이상은 조용필 본인의 창작곡들로 채워졌다. <어제 오늘 그리고>, <그대여>는 각각 KBS '가요톱 10'에서 5주 연속 1위를 기록하며 골든 컵을 수상했고 <미지의 세계>, <아시아의 불꽃>, <여행을 떠나

일본 발매반 《昨日、今日、そして》(1985)

요> 등도 차트 성적과 무관하게 폭넓은 사랑을 받았다.

위대한 탄생의 연주는 확실히 팝과 록을 아우른 세련된 사운드로 진화했는데, 팝스 뮤지카 이후 새롭게 합류한 김광민(키보드), 최진영(기타)의 탁월한 편곡 감각이 이런 질적 도약을 이끌어냈다.

이 앨범이 주목받고 있는 또 다른 까닭은 유재하의 <사랑하기 때문에>를 최초로 수록하고 있기 때문이다. 비록 편곡의 방향성이 원작자의 의도와는 다소 거리를 두고 있다는 후일담이 존재하지만, 1980년대 대한민국 가요계를 대표하는 로맨틱 발라드의 명곡으로서 조용필의 가창 버전을 으뜸으로 꼽고 싶다.

1985년 7월 21일에는 <어제, 오늘, 그리고>, <여행을 떠나요>, <들꽃>, <미지의 세계>, <내가 어렸을 적엔> 등이 수록된 일본 제작 앨범 《昨日、今日、そして(어제, 오늘, 그리고)》가 발매되었다.

1997년 6월 28일, 매일경제와의 인터뷰에서 조용필은 자신의 대표작으로 7집과 13집을 선택한 바 있다. 전쟁터 같았던 음악 인생사 속에서 아티스트 조용필의 고집과 미학이 온전히 녹아든 명반의 탄생은 1980년대 한국 대중음악의 축복이었다.

예비 스타들의 음악 놀이터

우리노래전시회

1985년 1월 15일 | 서라벌레코드 | SRB-0142

[제공: 최규성]

[제공: 최규성]

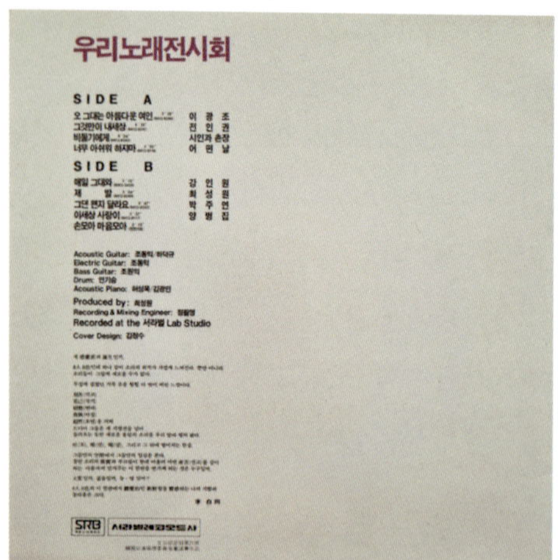

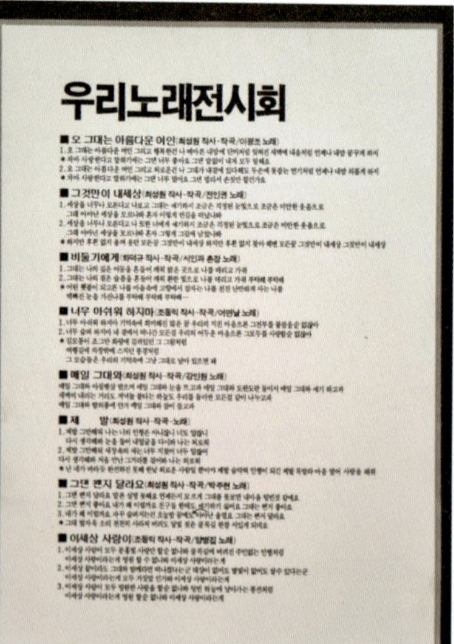

Side A
1. 오 그대는 아름다운 여인 – 이광조
2. 그것만이 내 세상 – 전인권
3. 비둘기에게 – 시인과 촌장
4. 너무 아쉬워 하지마 – 어떤날

Side B
1. 매일 그대와 – 강인원
2. 제발 - 최성원
3. 그댄 왠지 달라요 – 박주연
4. 이 세상 사람이 - 양병집

"음반 한 장을 제작하는 데는 어느 정도의 비용이 들까요?"

1980년대 중반, 중학생 시절 즐겨 듣던 라디오 프로그램에 한 익명의 청취자가 엽서로 보낸 질문이었다. 그날 방송에 출연한 모 음악 관계자는 "보통 곡비, 세션 비용, 스튜디오 대관료, 음반 제작비 등을 모두 포함하면 최소 3천만 원 이상이 소요됩니다"라고 답했다. 그리고 방송 말미에는 작곡가 최성원이 기획한 옴니버스 앨범 《우리노래전시회》가 단 60만 원에 제작되었다는 예외적인 사례도 언급했다.

"《우리노래전시회》는 최성원과 동료 뮤지션들의 재능 기부와 스튜디오 무료 사용 등으로 완성된, 언더그라운드 음악가들의 순수한 열정이 깃든 독창적인 작품이라 할 수 있습니다."

최성원의 기획 아래 '8인 옴니버스'라는 부제로 제작된 이 앨범에는 이광조, 최성원, 전인권, 시인과 촌장, 어떤날, 박주연, 강인원, 양병집 등 총 여덟명의 가수가 참여했다. 지금은 이들 모두가 한국 대중음악사에서 전설로 불릴 만큼 뚜렷한 족적을 남긴 인물들이지만, 당시 양병집을 제외하면 대부분이 언더그라운드 신에서 이제 막 이름을 알리기 시작한 신인들이었다. 앨범 수록곡들을 찬찬히 들여다보면, 훗날 명반으로 평가받게 될 《들국화 1집》, 《시인과 촌장 2집》, 《어떤날 I》의 음악적 싹이 이미 곳곳에 숨겨져 있음을 발견할 수 있다.

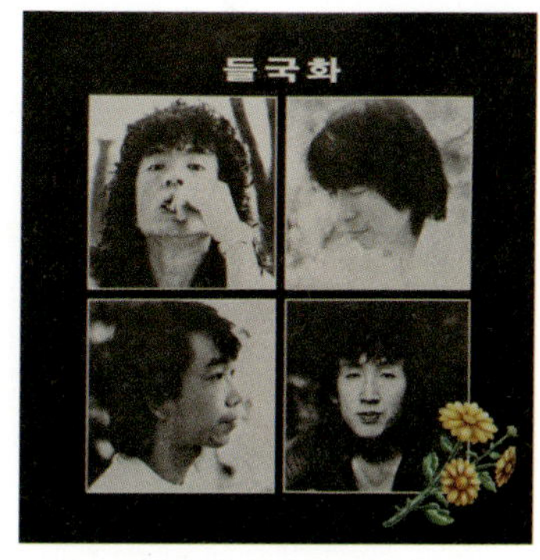

들국화 1집 《행진/사랑일 뿐이야》(1985)

《우리노래전시회 2》(1987)

《우리노래전시회 3》(1988)

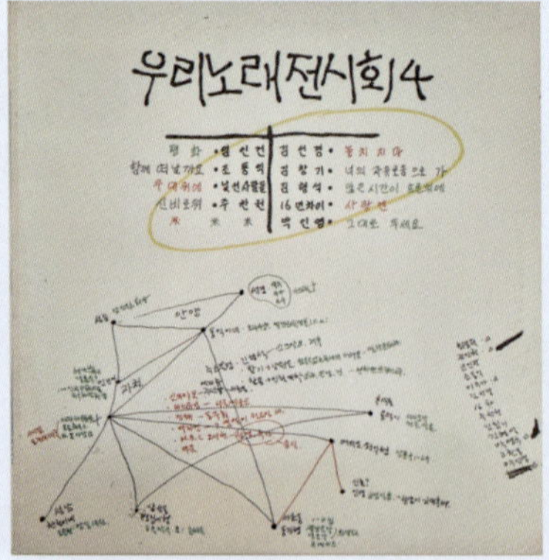

《우리노래전시회 4》(1991)

<비둘기에게>는 시인과 촌장이 함춘호를 정식 멤버로 영입하기 직전, 하덕규 1인 체제로 녹음된 변환기의 작품이다. 2집에 수록된 버전과는 확연히 다른 풋풋한 하덕규의 보컬이 소박하고 친근하다. <그댄 왠지 달라요>는 섭외 가수가 공석인 상황에서, 스튜디오에 참관 목적으로 방문한 박주연이 즉석에서 불러 완성한 곡이다.

주목할 만한 점은 들국화 결성 멤버였던 최성원과 전인권이 각각 솔로 가창자로 참여했다는 사실이다. 전인권은 <그것만이 내 세상>, 최성원은 <제발>을 불렀는데, 익숙한 정규앨범 버전과는 다른, 들국화로 완성되어 가는 두 사람의 음악적 궤적을 미리 엿볼 수 있다.

눈여겨볼 또 다른 인물은 훗날 어떤날의 베이시스트이자 하나뮤직의 프로듀서로 활약하게 될 조동익이다. 그는 자작곡 <너무 아쉬워 하지마>에서 직접 보컬을 맡는가 하면, 주 전공인 베이스 대신 기타리스트로 참여해 눈길을 끌었다.

초반 커버에는 사진 외 별다른 표기가 없었으나, 재반부터는 '8인의 옴니버스'라는 타이틀과 함께 수록곡·가수 정보가 추가되었다.

《우리노래전시회》 재반

《우리노래전시회》는 이후 동아기획을 통해 2집(1987)과 3집(1988)으로 이어졌다. 이 시리즈는 박학기, 박경(들불) 등 실력 있는 신인들이 이름을 알리는 데 중요한 발판이 되었고 기획권이 다시 최성원에게 돌아간 뒤 1991년 발표된 4집을 끝으로 그 막을 내리게 된다.

무명이란 이름의 올스타 밴드

우리 : 세상이 모두 / 가난한 맨발

1986년 10월 25일 | 성음 | SEL-RS 163

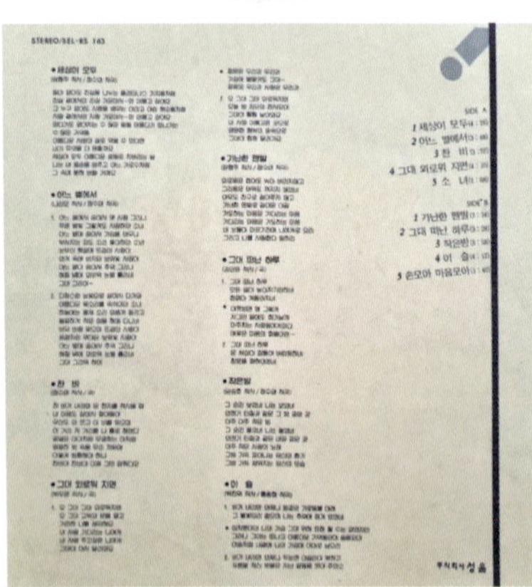

Side A
1. 세상이 모두
2. 어느 별에서
3. 찬비
4. 그대 외로워지면
5. 소녀

Side B
1. 가난한 맨발
2. 그대 떠난 하루
3. 작은 방
4. 이슬

　들국화가 대중음악의 정점을 향해 달려가던 1986년, '제2의 들국화'라는 기대 섞인 수식어를 달고 등장한 밴드 '우리(We)'는 독특하고 섬세한 사운드로 주목을 받았다. 이들은 세 명의 건반 연주자가 만들어내는 풍성하고 세련된 신시사이저 사운드를 바탕으로 <세상이 모두>, <찬비>, <작은 방> 같은 서정적인 발라드에서부터 <어느 별에서>, <그대 외로워지면> 같은 역동적인 록 넘버에 이르기까지 폭넓은 음악적 스펙트럼을 유려하게 펼쳐보였다.

　앨범 커버 또한 음악만큼이나 상징적이었다. 생텍쥐페리(Saint-Exupéry)의 《어린 왕자》를 연상케 하는 일러스트는 우리가 지닌 동화 같은 세계관과 순수한 감성의 시청각적 외연을 상징적으로 드러냈다.

　비록 신인 밴드라는 타이틀로 등장했지만, 우리는 이미 각자의 영역에서 실력을 인정받은 음악인들의 연합체였다. 보컬 권인하는 1985년, 이광조의 히트곡 <상처>와 <사랑을 잃어버린 나>를 작곡하며 이름을 알린 신예 작곡가였고, 그보다 앞선 1979년에는 청주대학교 재학 중 교내 밴드 '샐러맨더스'의 키보디스트로 활동하며

샐러맨더스 시절의 권인하

TBC '전국대학축제경연대회'와 '대학가요제' 무대에 오른 경험이 있다.

키보디스트 홍종화는 1983년 MBC 강변가요제에서 밴드 '진'의 멤버로 참가해 〈너무하잖아〉로 은상을 수상했고, 윤중서(키보드), 안기정(드럼), 김정욱(베이스)은 1980년 TBC '젊은이의 가요제'에서 〈불놀이야〉로 금상을 수상한 건국대학교 밴드 '옥슨80' 출신이었다.

밴드 내에서 작곡을 주도했던 정수연(기타, 키보드)은 1985년 엄인호의 비공식 솔로 앨범 《환상/도시의 밤》에 연주곡 〈을숙도〉를 수록하며 주목을 받은 음악계의 숨은 실력자였다. 그는 신시사이저 중심의 실험적 음악을 꾸준히 탐색해 왔으며 우리가 가진 독창적 사운드의 핵심 설계자이자 미학적 방향을 제시한 인물이었다.

특히 〈찬비〉, 〈세상이 모두〉 같은 발라드곡은 라디오 방송을 통해 서서히 대중의 귀에 파고들어 그 인기를 발판 삼아 KBS TV '젊음의 행진'에 출연도 했으나, 대외 활동이 본격화되기도 전에 '우리'는 안타깝게도 해체의 길을 걷게 된다.

이후 멤버들은 각자의 자리에서 묵묵히 음악적 커리어를 확장해 나갔다. 김정욱은 조용필의 〈바람의 노래〉, 김종찬의 〈사랑이 저만치 가네〉 등을 비롯한 다수의 히트곡을 만들며 작곡가로서 확고한 입지를 다졌고, 홍종화는 SM엔터테

《'83 MBC 강변가요제》(1983)

옥슨 80 《Oxen '80》(1981)

엄인호 《환상/도시의 밤》(1985)

인먼트의 첫 공식 음악 프로듀서로 활동을 시작해 현재는 상임고문으로 재직 중이다.

한편 권인하는 1989년 프로젝트 그룹 '마로니에'와 영화 《비 오는 날 수채화》 OST에 참여하며 <동숭로에서>, <비 오는 날 수채화> 등을 히트시키며 인기 가수 반열에 올랐고, 최근에는 특유의 폭발적인 가창력으로 젊은 세대에게도 주목받으며 '천둥호랑이'라는 애칭과 함께 활발한 활동을 이어가고 있다.

대중가요 속의 작은 실험들

구창모 : 飛

1986년 3월 20일 | 지구레코드 | JLS-1202007

Side A

1. 아픈 만큼 성숙해지고
2. 방황
3. 남남
4. 망각의 슬픔
5. 미련

Side B

1. 잎새처럼
2. 바람이라 생각하긴 너무 아쉬워
3. 그리움
4. 떠난 님
5. 꿈, 환상

한국 대중음악사에서 록 밴드가 가장 빛나던 순간을 떠올릴 때, 송골매의 전성기를 빼놓을 수 없다. 특히 구창모가 합류한 2집부터 4집까지는 송골매가 최고의 주가를 올리던 시기로, 록 밴드가 TV 음악방송에서 1위를 차지하는 모습은 당시로서 파격적인 풍경이었다.

주말 황금시간대 음악 프로그램에서 송골매는 빠짐없이 등장했고, 구창모는 대중이 선호하는 준수한 외모와 뛰어난 가창력을 겸비한 스타였다. 그러나 밴드의 성공이 절정에 이르렀을 무렵, 구창모는 예상치 못한 결단을 내린다. 바로 송골매를 떠나 새로운 길을 걷겠다고 선언한 것. 성공한 밴드의 일원이었지만 한편으로는 솔로 가수로서의 대중적 성공과 명예에 대한 갈망 또한 무시할 수 없는 요소였다.

홀로서기 이후 그는 송골매 시절과는 상반된 성인 취향 감성의 곡들을 선보였다. <희나리>, <아픈 만큼 성숙해지고> 등과 같은 곡들은 폭넓은 사랑을 받으며 그의 입지를 더욱 견고히 했으며, 송골매 시절보다 더 넓은 연령층에서 지지

구창모가 참여한 송골매 앨범

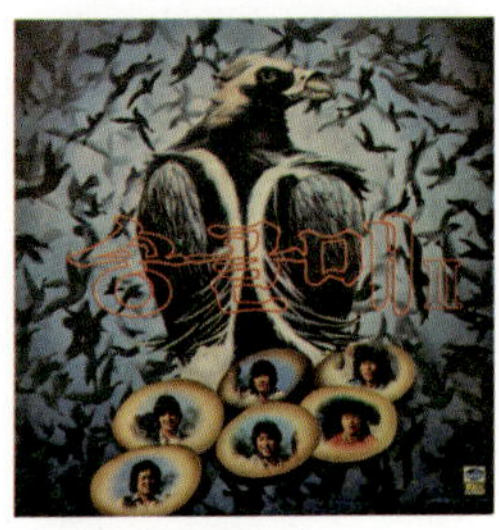

《송골매 II》(1982)

《송골매 III》(1983)

《송골매 4》(1984)

로열 앨버트 홀 공연

를 얻었다. 하지만 그의 솔로 활동을 돌아보면, 감각적인 구창모만의 작곡 능력
이 충분히 발휘되지 못했다는 점, 그리고 음악이 지나치게 성인 취향에 맞춰졌
다는 점은 아쉬움으로 남는다. 물론 김기표, 김명곤 등 최고의 작·편곡가들과 머
리를 맞대어 완성도 높은 곡들을 만들어냈지만, 시간이 흐른 뒤에도 대중이 떠
올리는 그의 대표곡이 여전히 <희나리>에 머물러 있다는 점은 그의 음악적 가
능성이 충분히 조명되지 못했음을 보여준다.

구창모의 필모그래피를 찬찬히 들여다보면, 단순한 발라드 가수로 치부하
기에는 아쉬운 음악적 실험들이 곳곳에 숨어 있다. 특히 2집 앨범의 B면에 실린
<잎새처럼>과 <꿈, 환상>은 그의 또 다른 음악적 세계관을 엿볼 수 있
는 흥미로운 작품들이다. <잎새처럼>은 1980년대의 뉴웨이
브 사운드를 연상시키는 곡으로, 당시 한국 대중가요에
서는 드물게 신시사이저의 실험적 활용이 돋보였
다. 몽환적인 사운드, 화려한 리듬, 그리고 공간
감을 강조한 편곡은 앨범 내의 다른 곡들과
는 전혀 다른 공기가 느껴졌다. 비록 타
이틀곡은 아니었기에 대중적인 주목을
받지는 못했지만, 1989년 3월 19일
구창모는 영국 로열 앨버트 홀에서

열린 왕실 주최 자선 콘서트에 초청돼 해외 청중 앞에서 이 곡을 열창하는 특별한 경험을 했다.

한편, 같은 면의 마지막 트랙 <꿈, 환상>은 미니멀한 리듬과 어두운 정서가 어우러진 곡으로 곡이 전개될수록 점층적으로 고조되는 드라마틱한 구성은 마치 프로그레시브 록을 떠올리게 했다.

성인가요가 주류를 이루던 1980년대 후반의 대중음악 흐름을 생각하면, 이런 실험이 앨범의 한편에서 조용히 시도되고 있었다는 사실이 놀랍기만 하다.

내슈빌에서 꽃피운 음악의 꿈

이정명 : Nashville Sounds

1987년 | 서울음반 | SPDR-054

Side A

1. 이 노래
2. 내 사랑 수
3. 겨울로 가는 길
4. 어느 긴 여름날
5. 지난 날

Side B

1. 다시 한번
2. 내가 사랑을 느낄 때
3. 당신은 가을인가요
4. 그때 그 이후로
5. 내일

　이정명은 대전을 근거지로 활동해온 컨트리 뮤지션으로 일찍이 세계 음악의 중심지인 미국 시장을 목표로 꾸준히 도전해 온 인물이다. 그는 1980년 4월, 미국 내슈빌에서 열린 팝 페스티벌에서 자작곡 <Mrs. Simpson's Late Love>로 작곡상을 수상하며 현지 음악계의 주목을 받았다. 국내 아티스트의 해외 진출이 흔치 않던 시대적 상황을 감안하면 이는 실로 이례적이고도 선구적인 성과였다. 국내 언론은 이정명을 미국 음악저작권협회(American Society of Composers, Authors and Publishers, ASCAP)에 정식 등록된 유일한 한국인 컨트리 가수로 소개하며 큰 관심을 보였고, 작곡상을 받은 <Mrs. Simpson's Late Love>가 수록된 데뷔 앨범은 이듬해인 1981년에 공개되었다. 그러나 당시 국내에서는 '컨트리 뮤직' 장르 자체가 여전히 낯설게 여겨졌고 그 고유한 매력을 온전히 대중들이 수용하기까지는 시간이 더 필요했다.

　작곡상 수상을 계기로 이정명은 국제 컨트리 음악 무대에 본격적으로 진출할 기회를 얻게 되었다. 내슈빌에서도 작곡가로서 인정을 받으며 '내슈빌 작곡가 협회' 준회원, 'SCL 프로덕션' 전속 작곡가, 그리고 내슈빌 국제 작곡가 협회(NSAI) 평생회원 자격을 부여받게 되었다.

　1984년 겨울, 그는 내슈빌 현지에서 두 번째 앨범 《Nashville Sounds》의 제작에 돌입했다. 기타 마크 체이셔(Mark

美協會 평생회원에
作曲家 李亭明씨

컨트리송의 작곡자 겸 가수로 활약하는 李亭明이 美國 내쉬빌 국제작곡가 협회(NSAI)로부터 평생회원 자격을 얻었다. 自作曲「심프슨夫人의 늦사랑」으로 정회원 자격을 얻은 그는 그간 컨트리 앨범을 내고 컨트리송 보급에 힘쓴 노력을 인정받아 컨트리의 본산지인 내쉬빌의 평생회원 메달을 받았다.

조선일보 1982년 9월 28일자 기사

박종호 《나를 받으옵소서》(1990)

하덕규 《쉼》(1990)

Chesshir), 베이스 게리 런(Gary Lunn), 드럼 존 하몬드(John Hammond), 피아노 게리 프라임(Gary Primme) 등 현지의 뛰어난 연주자들이 참여한 이 앨범은 팝적인 감각을 구현하는 데 초점을 맞췄다.

이정명은 데뷔 앨범의 상업적 실패를 교훈 삼아 대중 친화적인 방향으로 음악적 변화를 시도했는데, 이는 단순한 노선 수정이 아닌 미국 시장 진출을 염두에 둔 전략적 선택이었다. 그는 내슈빌과 서울을 오가며 녹음에 공을 들였고, 앨범은 두 도시에서 각각 절반씩 완성되었다.

1987년 발매된 《Nashville Sounds》에는 내슈빌에서 제작된 4곡의 신곡이 수록되었는데, 그중 마크 체이셔와의 협업으로 탄생한 <다시 한번>과 <이 노래>는 그때까지 한국 가요계에서는 접할 수 없었던 전형적인 미국 본토 지향의 사운드였다. 이정명은 언론 인터뷰를 통해 해당 곡들의 영어 버전 싱글 발매 계획을 언급하며, 미국 시장 진출에 대한 강한 포부를 드러내기도 했다.

이 앨범의 정체성을 가장 뚜렷하게 보여주는 곡인 <다시 한번>은 복잡한 장식을 덜어낸 4인조 밴드의 간결한 편성 안에서 팝 음악의 본질과 진정성을 담아낸 수작으로 평가된다. 특히 간주와 후주에 등장하는 마크 체이셔의 정제된 기

이은미《2집》(1994)

박영미《3집》(1995)

타 연주는 곡의 감성을 한층 섬세하고 풍성하게 살려주고 있다.

앨범에 참여한 내슈빌 세션팀은 이후 국내 CCM(Contemporary Christian Music) 아티스트들과도 활발히 교류했다. 베이시스트 게리 런과 드러머 존 하몬드는 박종호와 하덕규의 대표 앨범《나를 받으옵소서》,《쉼》에 참여해 명반 탄생에 큰 기여를 했다.

뿐만 아니라, 한국 대중음악을 대표하는 디바 이은미(2집)와 박영미(3·4집) 또한 내슈빌 세션의 전문성과 조우하며 완성도 높은 앨범을 선보였고, 이들 작품은 평단과 팬들 모두에게서 높은 평가를 받았다.

Friday Afternoon : Heavy Metal Omnibus Album

1988년 11월 20일 | 대도레코드 | DL-10001

Side A

1. Faith Of Rock – Black Syndrome
2. A Mouse In Museum – Shock Wave
3. Rain – Iron Rose
4. Rock – Hightone

Side B

1. Crazy World Beyond The Wall – Dash
2. King Of Rock – Cratia
3. Farewell To '99 – Avalanche

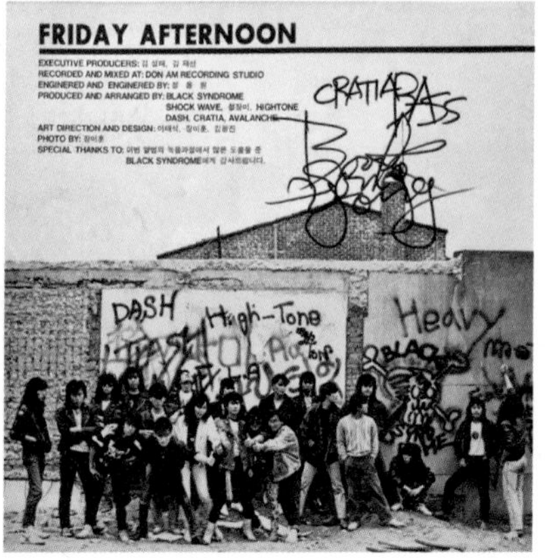

1980년대 전 세계를 휩쓴 헤비메탈 열풍은 대한민국에서도 작지만 강렬
하게 일었다. 1986년 시나위의 성공적인 데뷔를 기점으로, 백두산과 H2O 등
실력파 밴드들이 잇따라 메이저 무대에 진입하면서 국내에서도 헤비메탈의
부흥기가 시작된다. 1970년대 후반 영국에서 촉발된 'New Wave Of British
Heavy Metal(NWOBHM)'처럼, 한국 헤비메탈계의 새로운 물결 형성기에 등장
한 작품이 바로, 대도레코드 기획으로 1988년 발표된 옴니버스 앨범《Friday
Afternoon》이다.

대도레코드는 1960년대부터 오아시스레코드, 유니버살레코드, 아세아레코
드와 함께 국산 LP 제작을 선도해 온 중견 음반사였다. 그러나 1980년대 중반 이
후, 시장 변화와 기획력 부재로 인해 음반 제작보다는 녹음실 대여와 카세트테
이프 제조 중심의 소극적인 행보를 이어가고 있었다. 대도레코드가 다시 한번
도전에 나선 것은 1988년 새롭게 기획실장으로 영입된 김재선의 주도 아래 이루
어진 과감한 시도 덕분이었다.

《Friday Afternoon》은 대한민국 헤비메탈 2세대의 출발을 알린 상징적
인 작품으로 국내 최초의 헤비메탈 옴니버스 앨범이라는 점에서 특별한 의미
를 지닌다. 1980년대 후반 국내 메탈 신을 주도한 대표 집단 '메탈 프로젝트' 소

속의 대쉬(Dash)를 필두로 크라
티아(Cratia), 블랙 신드롬(Black
Syndrome), 하이톤(High-Tone), 아
발란쉬(Avalanche), 철장미(Iron
Rose) 등 언더그라운드에서 주목받
던 유망 밴드들이 대거 참여했다.

대도레코드에서 제작한 자외선 데모 테이프

총 7곡으로 구성된 이 앨범에는,
훗날 K2의 보컬로서 〈슬프도록 아름
다운〉(1995), 〈의미 없는 시간〉(1995)을 각각 히트시킨 김성면(철장미)과 최민수
(크라티아)의 초기 음악적 자취가 담겨 있어 그 의미가 더욱 깊다.

수록곡마다 각 밴드 고유의 개성이 뚜렷하게 드러나며, 미완의 연주 속에서
도 패기와 독창성이 묻어났다. 대쉬는 <Crazy World Beyond The Wall>을 통해
전성기 주다스 프리스트(Judas Priest)의 사운드를 거의 완벽히 구현하며 강렬한
존재감을 과시했다. 한편 국내 활동이 전무했던 재미교포 기타리스트 제프리 킴
(Jeffrey Kim)과 미국인 드러머 마크 도나휴(Mark Donnahue)로 구성된 쇼크웨
이브(Shock Wave)는 퓨전적 색채를 가미한 연주곡 <A Mouse In Museum>으로
차별화된 음악 세계를 제시했다.

잔잔한 어쿠스틱 기타 아르페지오로 시작해 격렬한 파워 코드 변주로 이어
지는 크라티아의 <King Of Rock>은 서정적 멜로디와 고난도 기타 테크닉이 교
차하는 드라마틱한 메탈 발라드로 단번에 팬들의 마음을 사로잡았다. 메탈리카,
메탈처치, 그림 리퍼(Grim Reaper)의 추종자였던 아발란쉬는 이태섭과 현상우
의 트윈 기타, 마경식의 폭발적인 보컬을 앞세운 <Farewell To '99>로 세기말적
감성을 농밀하게 표현하며, 크라티아와 함께 2세대 헤비메탈을 대표하는 밴드
로 떠올랐다.

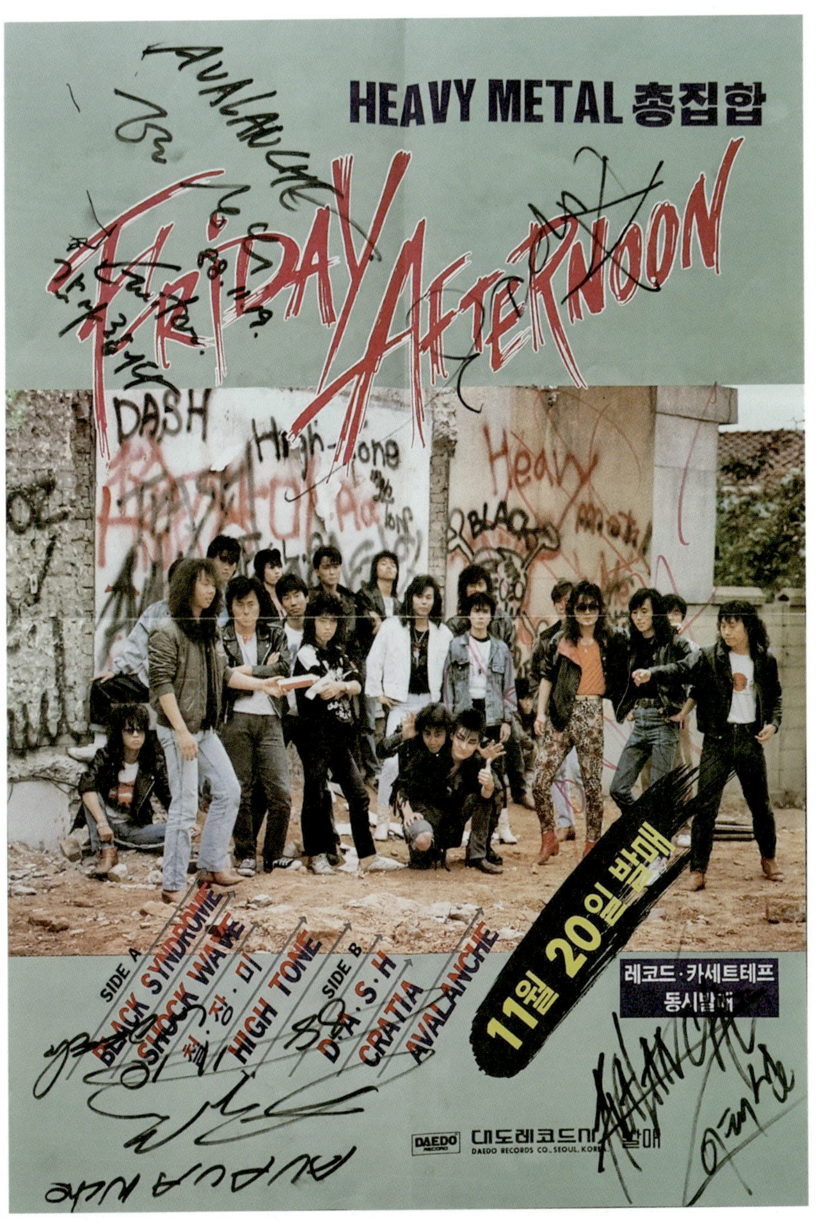

HEAVY METAL 총집합
FRIDAY AFTERNOON
DASH
High-Tone
Heavy
SIDE A
BLACK SYNDROME
SHOCK WAVE
HIGH TONE
SIDE B
D.A.S.H
GRATIA
AVALANCHE
11월 20일 발매
레코드·카세트테프
동시발매
DAEDO
RECORD
대도레코드 발매
DAEDO RECORDS CO., SEOUL, KOREA

앨범 광고 포스터

수려한 외모와 안정된 연주력으로 공연장에서 큰 인기를 얻었던 하이톤은 <나의 영웅>, <이런 기분> 등 뛰어난 자작곡을 보유하고 있었으나, 다소 평이한 구성의 <Rock>을 선택하면서 기대에 미치지 못한 반응을 얻었다.

1988년 가을, 《Friday Afternoon》의 발매를 앞두고 송파구 문정동에 위치한 신중현의 개인 작업실 겸 라이브 클럽 '우드스탁'에서는 앨범에 참여한 밴드들이 매주 토요일 저녁마다 무대에 올라 저마다의 기량을 마음껏 펼쳤다. 이내 소식은 팬들 사이에서 빠르게 퍼져나갔고, 조용하던 이곳은 어느새 2세대 헤비메탈 밴드들의 새로운 아지트이자 언더그라운드 메탈 신의 구심점으로 자리잡게 되었다.

크라티아, 하이톤, 철장미, 아발란쉬, 블랙 신드롬, 대쉬, 뮤즈에로스, 넋나래, 자외선 등 소위 잘나가는 신생 메탈 밴드들이 주말마다 우드스탁에 모습을 드러

우드스탁에서 공연하는 크라티아 [출처: 개인소장]

《Friday Afternoon II》(1989)

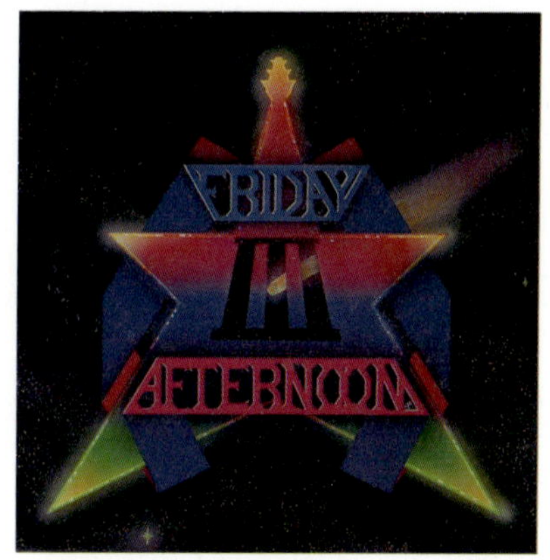

《Friday Afternoon III》(1990)

낸다는 소문이 퍼지면서, 파고다극장과 대학로 MTV를 들락거리던 젊은 메탈 팬들은 서울 외곽 문정동으로 몰려들기 시작했다. 수용 인원이 고작 20-30명에 불과했던 이 공간은 토요일 밤마다 발 디딜 틈 없이 음악 팬들로 가득 찼고 문정동은 순식간에 2세대 헤비메탈의 성지로 떠올랐다. 그러나 해가 바뀌며, 용산구 남영동에 합주실, 학원, 공연장을 겸비한 '송설라이브'가 문을 열면서 구심점은 다시 서울 중심부로 이동하게 된다.

1988년 11월 발매된 《Friday Afternoon》은 무려 50만 장이라는 경이적인 판매고를 올리며 국내 헤비메탈의 새 역사를 써 내려갔다. 성공의 탄력을 받은 대도레코드는 Lime Light(Crimson Lake)라는 서브 레이블을 출범시켜 《Friday Afternoon II》, 《Friday Afternoon III》 등 후속 시리즈를 연이어 발표하며 헤비메탈 전문 레이블로서의 정체성을 더욱 공고히 했다.

또한, 당시로서는 파격적인 방식으로 회원제를 운영하며 자체 매거진을 발간하고 소속 아티스트의 데모 테이프를 우편으로 배포하는 등 독창적인 홍보 전략을 구사했다. 팬들과의 접점을 확대하려 했던 이러한 시도는 훗날 국내 레이블 마케팅의 선구적인 사례로 남게 된다.

크라티아 보컬 최민수의 데모테이프

대도레코드사 정기 간행물 'Road Out'

Friday Afternoon 공연 홍보 유인물

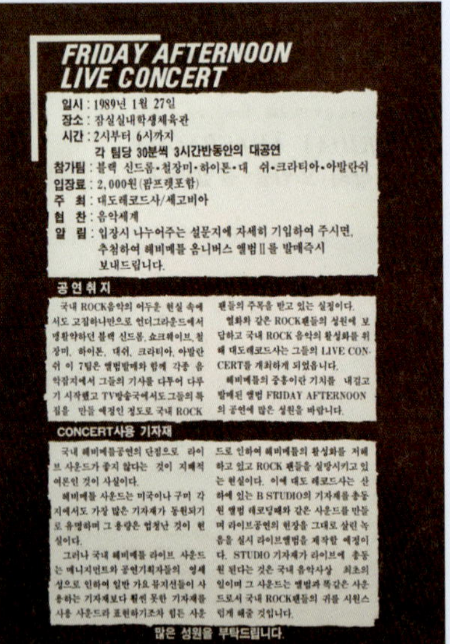

Friday
Afternoon
34.55 min.

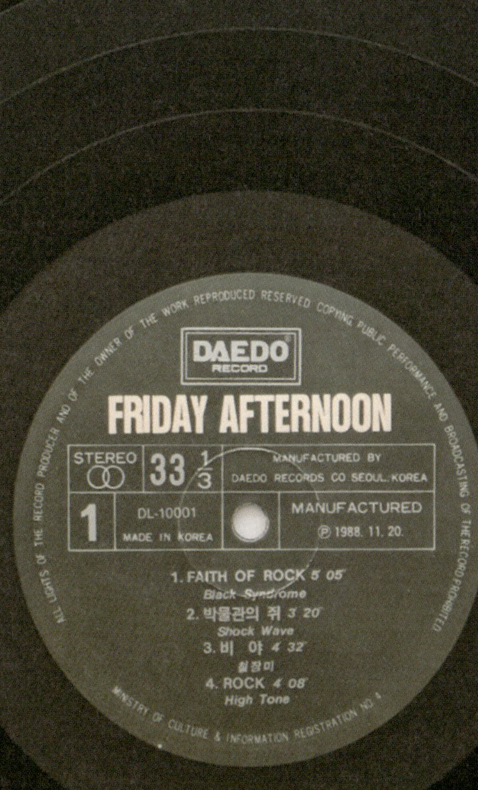

DAEDO
RECORD
FRIDAY AFTERNOON
STEREO
33 1/3
MANUFACTURED BY
DAEDO RECORDS CO SEOUL. KOREA
1
DL-10001
MADE IN KOREA
MANUFACTURED
P 1988. 11. 20.
1. FAITH OF ROCK 5 05'
Black Syndrome
2. 박물관의 쥐 3 20'
Shock Wave
3. 비 야 4 32'
칠잠미
4. ROCK 4 08'
High Tone
ALL LIGHTS OF THE RECORD PRODUCER AND OF THE OWNER OF THE WORK, REPRODUCED RESERVED COPYING PUBLIC PERFORMANCE AND BROADCASTING OF THE RECORD PROHIBITED
MINISTRY OF CULTURE & INFORMATION REGISTRATION NO 4

하늘바다 : 하늘바다

1989년 7월 | 성음 | SEL-RS 213

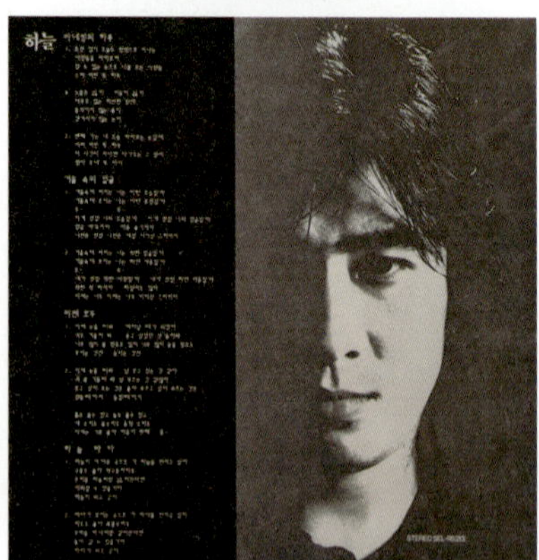

Side A
1. 마네킹의 하루
2. 거울 속의 얼굴
3. 이젠 모두
4. 하늘바다

Side B
1. 오늘은 아마 꽃이 필거야
2. 생각 좀 해봐
3. 어떻하나
4. 꿈속에서

1989년 데뷔한 2인조 록 밴드 하늘바다는 단 한 장의 앨범만을 남기고 짧게 스쳐간 이름이다. 실험적인 곡 전개와 완성도 높은 사운드를 선보였던 그들의 등장은 국내 록 음악의 또 다른 가능성을 예고한 순간이었다.

하늘바다를 처음 만난 건 1989년 봄, 히식스(He6)의 리더 김홍탁이 설립한 '소리기획(사운드 엔터프라이즈)' 소속 3인조 보이그룹 '제3세대'의 단독 공연에 서였다. 1부 공연이 끝나고 같은 소속사의 신인 그룹 코스모스, 키리키리 등이 차례로 무대에 올랐는데, 하늘바다는 등장부터 그들과는 전혀 다른 기운을 내뿜고 있었다.

사전 정보도 별다른 기대도 없이 마주한 무대였지만, 그들이 전하는 음악은 단숨에 모든 시선을 집중시켰다. 깁슨 레스폴 특유의 두터운 기타 톤, 화려하게 펼쳐지는 신시사이저 스트링, 드라마틱하게 맞물리는 세션의 앙상블. 그 모든 것이 완성도 높은 '프로그레시브 록'의 문법을 그대로 따르고 있었다. <오늘은 아마 꽃이 필거야>, <생각 좀 해봐>, <마네킹의 하루>. 단 세 곡의 연주였지만, 남긴 충격과 여운은 한동안 마음을 떠나지 않았다.

그리고 같은 해 7월, 기다리던 하늘바다의 데뷔 앨범이 마침내 세상에 모습을 드러냈다. 당시 공중파 TV에서 유일하게 가요 뮤직비디오를 제작·방영하던 MBC '가요비디오'를 통해 <오늘은 아마 꽃이 필 거야>의 영상이 전파를 탔고 몇몇 라디오 프로그램에서도 <마네킹의 하루>가 함께 소개되며 음악 팬들 사이에서 '하늘바다'라는 이름이 서서히 입소문을 타기 시작했다.

특히 성시완 씨가 진행하던 라디오 프로그램 '성시완의 디스크 쇼'에 출연한

앨범 발매 홍보물 앞면   앨범 발매 홍보물 뒷면

앞면에는 앨범 커버 이미지가, 뒷면에는 밴드 소개와 참여 뮤지션 정보, 그리고 수록곡의 가사가 실려 있다. 특히 인쇄 품질은 이후 발매된 공식 앨범 인서트보다 한층 고급스럽다.

멤버 장재환과 김영태는 신인답지 않게 담담하면서도 진지한 어조로 음악적 지향과 포부를 밝혔다. 이 자리에서 성시완은 '프로그레시브 록의 대부'다운 깊은 애정과 날카로운 통찰로 이들의 음악 세계를 조명해주었다.

그러나 안타깝게도 앨범은 대중적인 성공을 거두지 못했고, 이후 장재환(기타·보컬), 김영태(베이스·보컬)는 하늘바다의 녹음 세션에 참여했던 김효국(키보드), 배수연(드럼), 그룹 '믿음 소망 사랑' 출신의 조준형(기타·보컬)을 영입해 '11월'이라는 이름으로 다시 활동을 재개했다.

하지만 완전체 11월의 활동도 그리 길지 않았다. 장재환이 팀을 이탈하며 결속에 균열이 생겼던 것. 핑크 플로이드에 가까운 진보적인 록 사운드를 지향하던 그의 음악적 이상은 대중적인 감성을 중시하던 김효국, 조준형과 끝내 접점을 찾지 못했다.

현재 이정선 밴드의 기타리스트로 활동 중인 장재환은, 2005년 한 매체와의 인터뷰에서 세상의 빛을 보지 못한 채 사장된 '하늘바다 2집'의 미공개 녹음에

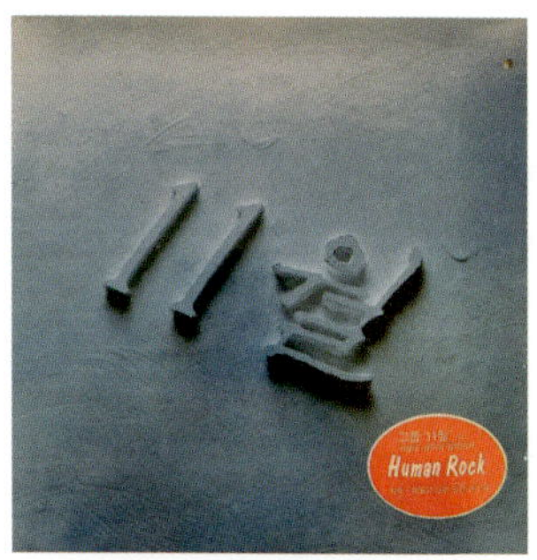

11월 1집 《11월》(1990) 프로모션 앨범

레이블

프로모션 인서트

대해 처음으로 입을 열었다.

어떠한 잔향도 남기지 못한 채 주류 음악 시장에서 자취를 감춘 비운의 밴드, 하늘바다.

그 미완으로 남겨진 2집의 복원 그리고 장재환의 음악적 자아인 하늘바다의 재탄생을 한 사람의 팬으로서 간절히 기대해 본다.

봄여름가을겨울 : 농담, 거짓말 그리고 진실

1992년 | 동아기획 | VIP-20135

Side A

1. 멀리서 보내는 편지
2. 농담, 거짓말 그리고 진실
3. 그대 향한 그리움을 이젠 내게
4. 10년 전의 일기를 꺼내어
5. 길고도 말하기 힘든 얘기
6. 내 마음에 비친 내 모습
7. 나 모르는 한적한 곳에서

Side B

1. 그대 사진에 입맞춤
2. Don't Do That, Burt!
3. 아웃사이더
4. 혼자라고 느낄때
5. 내게 만약...
6. 외로운 사람들
7. 오랜 시간이 흘러

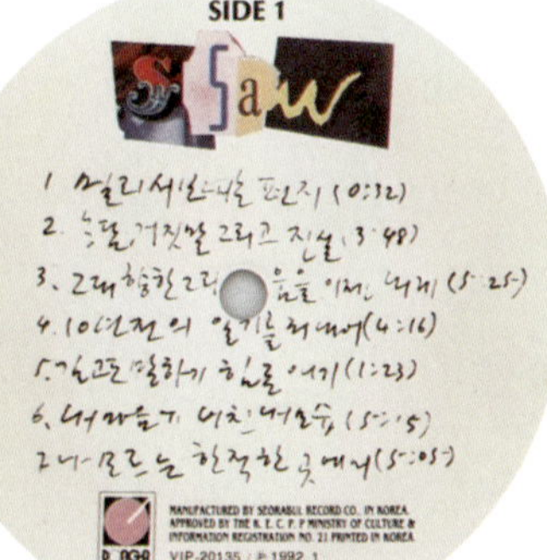

1980년대 중반, 가수 김현식은 젊고 감각적인 네 명의 연주자, 김종진(기타), 전태관(드럼), 장기호(베이스기타), 유재하(키보드)와 함께 '봄여름가을겨울'을 결성했다. 이들은 팝·록과 퓨전 재즈를 절묘하게 결합한 새로운 스타일의 음악을 시도했는데 이는 당시 한국 대중음악계에서는 보기 드문 실험적 접근이었다. 그러나 앨범 제작을 앞두고 유재하가 팀을 떠나면서 그의 자리는 박성식이 대신하게 되었다.

1987년, 김현식의 개인적 사정으로 팀은 해체되고, 김종진과 전태관은 잠시 '조용필과 위대한 탄생'에서 짧은 활동을 거친 뒤, '봄여름가을겨울'이라는 이름을 지켜내며 새로운 출발을 준비했다. 이듬해인 1988년, 동아기획을 통해 공개된 이들의 데뷔 앨범은 총 10곡 중 3곡이 연주곡으로 구성된 퓨전 재즈 기반의 사운드를 전면에 내세워 주목을 받았다. TV 출연 없이도

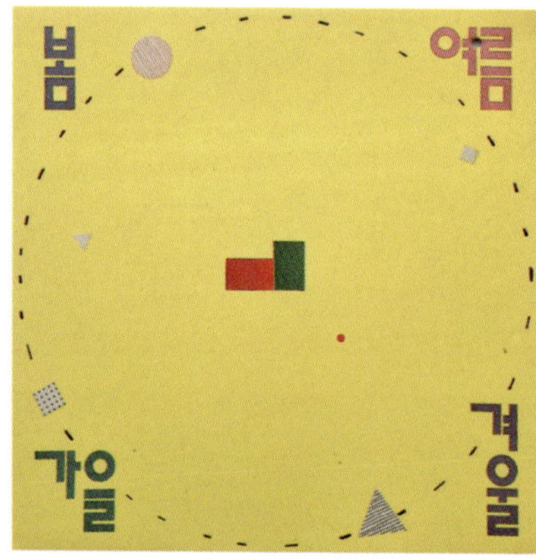

1집 《봄여름가을겨울》(1988)

2집 《봄여름가을겨울 2》(1989)

<사람들은 모두 변하나 봐>, <거리의 악사>가 라디오를 중심으로 인기를 얻었고, 이어 발표된 2집에서는 펑키한 감각의 <어떤이의 꿈>이 공전의 히트를 기록했다.

데뷔 앨범과 2집의 연이은 성공으로 자신감을 얻은 이들은 3번째 앨범을 미국에서 제작하기로 한다. 지인의 소개로 낙점된 곳은 뉴욕에 위치한 애크미(ACME) 스튜디오였다. 기대를 안고 현지에 도착한 김종진과 전태관은 최신 장비와 대형 콘솔로 가득한 최첨단 스튜디오를 상상했지만, 현실은 예상과는 달리 작고 소박한 공간이었다. 잠시 실망했지만 곧 알게 되었다.

"좋은 녹음은 장비보다 사람과 감각에서 나온다"는 것을…

이들은 제한된 시간 속에서 현지 뮤지션들과 베테랑 엔지니어의 도움을 받아 미리 준비해 간 곡들에 하나씩 새 옷을 입혀가기 시작했다.

이렇게 완성된 3집 《농담, 거짓말 그리고 진실》에는 <그대 향한 그리움을 이젠 내게>, <내게 만약...>, <아웃사이더> 등 세련된 팝 발라드를 비롯해 라틴, 퓨전 재즈, 하드록 등 장르를 넘나드는 다채로운 음악으로 채워졌다. 타이틀곡

1992년 1월 31일 공연 포스터

<10년 전의 일기를 꺼내어>는 <사람들은 모두 변하나봐>의 인기를 잇는 감성 발라드로 곡의 절반 이상이 내레이션으로 구성된 독특한 구성임에도 많은 사랑을 받았다.

음악성과 상업적 성과를 모두 거머쥔 이들은 다음 앨범을 위해 다시 뉴욕 애크미 스튜디오로 향했다. 1993년에 발표된 4집 《I Photograph To Remember》에서는 선이 굵은 펑크(Funk)와 라틴 리듬을 전면에 내세우며 한층 과감한 음악적 전환을 시도했다. 브라스 혼 섹션을 도입한 <말없는 인사>, <알 수 없는 질문들>, <잃어버린 자전거에 얽힌 지난 이야기> 등은 대중적인 코드에서 다소 비켜난 곡들이었지만 봄여름가을겨울만의 독자적 색채를 분명히 보여주는 수작들이다.

3집 《I Photograph To Remember》(1993)

데드왁스(Dead Wax)에 각인된 'STERLING' 표기

3집과 4집은 한국 대중음악사에서 해외 녹음의 대표적인 성공 사례로 꼽히며, 동시에 고음질 앨범 제작의 선구적 작업으로 평가받는다. 앨범 제작의 최종 단계인 마스터링은 명문 스튜디오 스털링 사운드(Sterling Sound)의 테드 젠슨(Ted Jensen)이 맡았다.

빌리 조엘(Billy Joel), 이글스(Eagles), 마돈나(Madonna), 데이브 그루신(Dave Grusin), 노라 존스(Norah Jones) 등 수많은 글로벌 아티스트와의 작업으로 명성을 쌓아온 테드 젠슨은 특유의 섬세하고 정밀한 터치로 봄여름가을겨울의 사운드를 더욱 풍성하고 입체감 있게 완성시켰다.

하니(Honey) : Paradise

1997년 / Honeyworld / HPSD-0013

Side A

1. 꿈
2. Tiny Heaven

Side B

1. 세가지 소원
2. Keep Our Love Alive

　1997년 3월, 한국 대중음악계는 한 신인 여성 아티스트의 등장으로 술렁이기 시작했다. '파라다이스'를 테마로 한 콘셉트 앨범을 미국에서 세계적인 뮤지션들과 함께 완성한 여성 록 아티스트 하니(본명 허은주)가 바로 그 주인공이었다.

　판소리부터 록, 재즈에 이르기까지 장르를 넘나들며 어린 시절부터 폭넓은 음악적 감수성을 길러온 하니는 고등학교 졸업 후 도심의 라이브 클럽에서 무대 경험을 쌓아갔다. 그리고 1995년, 자작곡이 담긴 데모 테이프를 손에 쥐고 홀로 미국행 비행기에 몸을 실었다. 낯선 땅에서 수차례 좌절을 겪던 그녀는 마침내 프로듀서 팻 리건(Pat Regan)과 운명처럼 만나게 된다. 동양에서 온 무명 신인을 처음엔 반신반의했던 리건은 하니의 음악에서 진정성과 가능성을 발견하고 자신의 음악적 네트워크를 총동원해 앨범 제작에 돌입한다.

　그렇게 완성된 데뷔 앨범은 한 소녀가 마법의 힘을 얻게 되면서 자신만의 파라다이스를 찾아가는 여정을 테마로 한 록 기반의 동화 같은 서사로 구성되어 있다. 헤비메탈부터 포크, 발라드, 프로그레시브 록까지 다양한 장르가 융합된 이 앨범은 <병 속의 요정>, <세 가지 소원>, <아름다운 세상> 등 총 11곡을 통해 '꿈'과 '마법'이라는 테마를 입체적으로 그려내고 있다.

　앨범 발매 직후, 국내 음악 팬들은 곡의 완성도와 더불어 세션 명단에 오른 28명의 올스타급 뮤지션들에 놀라움을 감추지 못했다. 미스터 빅(Mr. Big)의 팻 토피(Pat Torpey, 드럼)와 빌리 시언(Billy Sheehan, 베이스), 메가데스(Megadeth)의 마티 프리드먼(Marty Friedman, 기타), 토토(Toto)의 스티브 루카서(Steve Lukather, 기타), 예스(Yes)와 레퓨지(Refugee) 출신의 패트릭 모라즈(Patrick Moraz, 키보드), 건스 앤 로지스(Guns N'

CD 커버

Roses)의 길비 클락(Gilby Clarke, 기타) 그리고 마이클 랜도(Michael Landau, 기타)까지...

이렇듯 내로라하는 뮤지션들 사이에서 하니는 압도적인 가창력과 노련한 송라이팅으로 자신의 비범함을 입증해 보였다. 특히 어떤 기획사의 도움 없이 모든 과정을 스스로 일궈냈다는 점에서 그 성취는 더욱 놀랍다. 참고로 '하니'라는 예명은 만화 '달려라 하니'에서 따온 것이라고 한다.

이후 그녀는 〈Keep Our Love Alive〉에서 듀엣 호흡을 맞춘 프로듀서 존 퍼델(John Purdell)과 부부의 연을 맺는다. 콰이어트 라이엇 (Quiet Riot)의 《III》(1986), 드림 시어터(Dream Theater)의 《Awake》(1994), 오지 오스본(Ozzy Osbourne)의 《No More Tears》(1991) 등 수많은 숱한 록 명반을 탄생시킨 베테랑 프로듀서였던 존 퍼델은 결혼 이후 하니와 함께 쓰리 위시스(Three Wishes Inc.)라는 음반 제작사를 설립한다. 그러나 그는 2003년, 포리너(Foreigner)의 보컬 루 그램(Lou Gramm)과의 투어 중 전립선암이 발견되어 투병 끝에 세상을 떠났다. 그의 유해는 나이아가라 폭포에 뿌려졌고, 이후 하니는 캐나다에 머물고 있다는 소문만을 남기고 대중의 시야에서 사라졌다.

1997년, 하니의 데뷔 앨범은 CD로 제작, M-People(현대음향주식회사)을 통해 유통되었다. 세계적인 세션 뮤지션들의 참여로 이미 업계의 이목을 집중시

존 퍼델이 프로듀싱한 앨범들

Quiet Riot 《III》(1986)

Ozzy Osbourne 《No More Tears》(1991)

Dream Theater 《Awake》(1994)

인서트 소책자

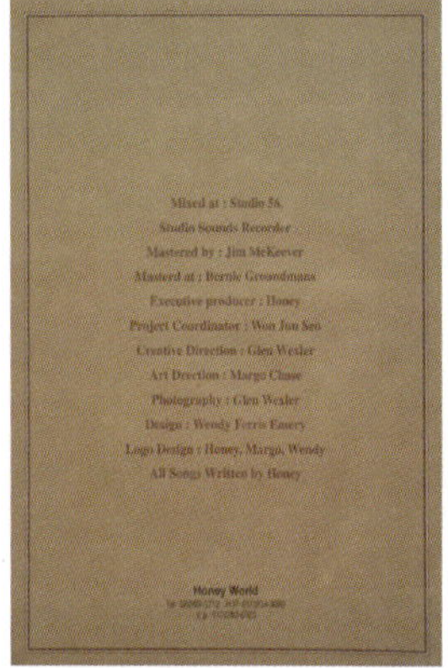
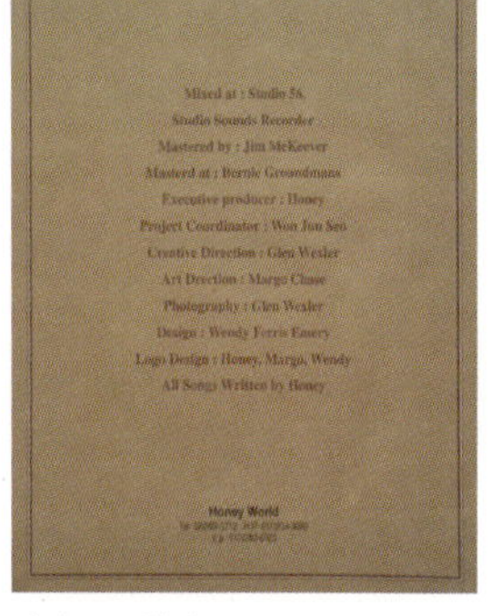

소책자 내부 사진

켰던 이 앨범에서 마스터링 엔지니어링의 살아 있는 전설 버니 그런드만(Bernie Grundman)의 이름도 확인할 수 있다.

이 앨범은 CD 외에도 소량의 프로모션용 LP가 존재한다. 1997년 당시 국내 유일의 LP 프레스 공장이던 서라벌레코드에서 생산된 이 음반에는 <꿈>, <Tiny Heaven>, <세 가지 소원>, <Keep Our Love Alive> 등 네 곡이 선별 수록되었다. 또한 CD 부클릿에 기재되지 않았던 뮤지션들과의 작업 현장을 담은 28컷의 사진과 곡 해설이 실린 8쪽 분량의 소책자가 함께 포함되어 있다.

21세기 일렉트로니카의 청사진

Kraftwerk : Autobahn

1977년 11월 28일 | 성음 | SEL-100352

Side A

1. Autobahn

Side B

1. Kometenmelodie 1
2. Kometenmelodie 2
3. Mitternacht
4. Morgenspaziergang

1970년, 독일 뒤셀도르프에서 결성된 전자음악 그룹 크라프트베르크
(Kraftwerk)는 신시사이저와 컴퓨터 기술을 작곡에 도입하며, 실험성과 전위적
인 사운드가 공존하는 독자적인 음악 세계를 구축했다. 특히 이들의 네 번째 앨
범《Autobahn》(1974)은 이들의 음악적 방향 전환을 알리는 첫 이정표이자, 대중
성과 예술성을 모두 끌어안은 기념비적인 작품이다.

22분이 넘는 대곡 <Autobahn>은 자동차 엔진의 점화음, 경적, 라디오 다이
얼 조작음 등 현실의 사운드 이펙트를 활용해 고속도로를 질주하는 풍경을 입체
적으로 구현했다.

> "Wir fahren, fahren, fahren auf der Autobahn (우리는 달린다, 달린다, 달린다,
> 아우토반 위에서)"

<Autobahn>은 크라프트베르크가 처음으로 가사를 삽입한 작품으로 짧게
등장하는 보컬 파트는 훅(Hook)처럼 반복되며 청자에게 곡의 핵심 이미지를 직
관적으로 전달한다. 이 곡의 3분 편집 싱글 버전은 미국 빌보드 싱글 차트 25위
에 오르며 독일 출신 아티스트로는 이례적인 성과를 거두었다. 이후 크라프트베
르크는 전자음악의 선구자로서 기계적이면서도 미래지향적인 요소를 음악에 융
합한 혁신적인 작품들을 연이어 발표했다. 이들의 실험은 훗날 EDM, 신스팝, 테
크노 등 다양한 전자음악 장르로 자연스
럽게 계승되었다.

크라프트베르크의《Autobahn》은
오리지널 발매 3년 뒤인 1977년, 성음을
통해 국내에 정식 발매되었다. 디스코
열풍이 한창이던 시기였기에 독일 출신
의 낯선 밴드가 들려주는 전자 사운드는
대중의 주목을 크게 받지는 못했지만,
문화 변방국이었던 당시 대한민국에서

<Autobahn> 싱글

'일렉트로니카'라는 장르가 처음으로 공식 소개된 작은 사건이었다. 참고로 이보다 약 4개월 앞선 7월, 오아시스레코드를 통해 《Radio-Activity》가 출시되었다.

라이선스 음반에 대한 대중의 오랜 선입견 중 하나는 "오리지널보다 음질이 현저히 떨어진다"는 것이다. 그러나 성음이 제작한 《Autobahn》은 이러한 통념을 보기 좋게 깨뜨린 예외적인 사례이다. 1971년, 최초의 국산 라이선스 LP를 제작한 성음은, 비교적 짧은 시간 안에 경쟁사들과 비교할 수 없는 기술적 우위를 확보했다.

라이선스 초창기에는 성음뿐 아니라 오아시스레코드, 지구레코드 등 주요 레코드사들이 대부분 오리지널 본국에서 스탬퍼를 직접 수입해 음반을 제작했다. 특히 성음은 음질 저하를 막기 위해 스탬퍼 한 개당 500장만 찍고 교체하는 엄격한 기준을 고수하며, 무리한 양산보다 음질 보존을 우선시 했다. 그러나 1975년부터 사전심의제가 강화되면서 금지곡이 급증하자, 클래식을 제외한 대부분의 팝 음반은 한국 자사에서 제작된 스탬퍼를 사용하기 시작했다. 이 무렵부터 라이선스 음질에 대한 논란이 본격화되며, '국산 음반=저음질'이라는 인식이 퍼지게 된다.

하지만 1980년대 초반까지도 금지곡이 없는 일부 레퍼토리에서 여전히 수

1970년대 오아시스레코드에서 발매된 크라프트베르크의 라이선스반

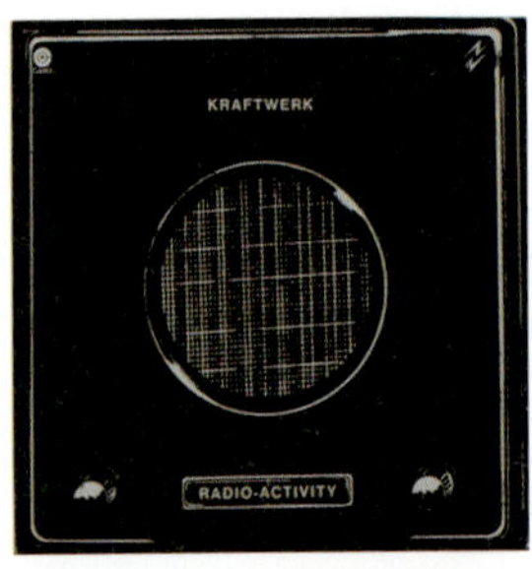

《Radio-Activity》(라이선스 발매 1977)

《Trans Europe Express》(라이선스 발매 1977)

《The Man·Machine》(라이선스 발매 1978)

매트릭스 넘버

입 스탬퍼가 사용되었다. 《Autobahn》 역시 그러한 예외 가운데 하나로, 독일산 스탬퍼(매트릭스 넘버: 10 AA 630 5231 1Y//2 320 / 10 AA 630 5231 2Y//2 320) 로 제작되었다.

Madonna : The Immaculate Collection

1990년 12월 30일　|　워너뮤직코리아　|　1-26440

HOLIDAY*
(CURTIS HUDSON/LISA STEVENS)

Holiday Celebrate
Holiday Celebrate

Chorus:

If we took a holiday, yeah
Took some time to celebrate
Just one day out of life
If wyould be
It would be so nice
Everybody spread the word
We're gonna have a celebration
All across the world
In every nation
It's time for the good times
Forget about the bad times
One day to come together
To release the pressure
We need a holiday

Chorus:

You can turn this world around
And bring back all of those happy days
Put your trouble down
It's time to celebrate
Let love shine
And we will find
A way to come together
And make things better
We need a holiday

Chorus:

Holiday Celebrate
Holiday Celebrate

LUCKY STAR
(MADONNA)

You must be my Lucky Star
'Cause you shine on me wherever you are
I just think of you and I start to glow
And I nedd your light
And baby you know

Chorus:

Starlight, starbright first star I see tonight
Starlight, starbright make everything all right
Starlight, starbright first star I see toonight
Starlight, starbright make everything all right

You must be my Lucky Star
'Cause you make the darkness seem so far
When I'm lost you'll be my guide
I just turn around and you're by my side

Chorus:

Starlight, starbright first star I see tonight
Starlight, starbright make everything all right
Starlight, starbright first star I see tonight
Starlight, starbright make everything all right

Come on shine your heavenly body tonight
'Cause I know you're gonna make
Everything all right

You may be my lucky star
But I'm the luckiest by far

Starlight, starbright first star I see tonight
Starlight, starbright make everything all right....

BORDERLINE
(REGGIE LUCAS)

Something in the way you love me won't let me be
I don't want to be your prisoner
So baby won't you set me free
Stop playing with my heart
Finish what you start
When you make my love come down
If you want me let me know
Baby let it show
Honey don't you fool around

Just try to understand, I've given all I can,
'Cause you got the best of me
Borderline feel like I'm going to lose my mind
You just keep on pushing my love over the borderline
Borderline feel like I'm going to lose my mind
You just keep on pushing my love over the borderline
Keep on pushing me baby
Don't you know you drive me crazy
YOu just keep on pushing my love over the borderline
Something in your eyes is makin such a fool of me
When you hold me in your arms you love me hill I just
    can't see
Then you let me down, when I look around, baby you
    just can't be found
Stop driving me away, I just wanna stay, but there's
    something I've just got to say
Just try to understand, I've given all Iean, 'cause
    you got the best of me

LIKE A VIRGIN
(BILLY STEINBERG/TOM KELLY)

I made it through the wilderness
Somehow I made it through
Didn't know how lost I was
Until I found you

I was beat
Incomplete
I'd been had, I was sad and blue
But you made me feel
Yeah, you made me feel
Shiny and new
Like a virgin
Touched for the very first time
Like a virgin
When your heart beats next to mine
Gonna give you all my love, boy
My fear is fading fast
Been saving it all for you
'Cause only love can last
You're so fine and you're mine
Make me strong
Yeah, you make me bold
Oh your love thawed out
Yeah, your love thawed out
What was scared and cold
Like a virgin, hey
Touched for the very first time
Like a virgin
With your heartbeat next to mine
Oooh, Oooh, Oooh
You're so fine and you're mine
I'll be yours 'till the end of time
'Cause you made me feel
Yeah, you made me feel
I've nothing to hide
Like a virgin, hey
Like a virgin
Touched for the very first time
Like a virgin
With your heartbeat next to mine
Like a virgin, ooh, ooh
Like a virgin
Feels so good inside
When you hold me
And your heart beats
And you love me
Oh, oh, oh, oh
Ooh baby
Can't you hear my heartbeat
For the very first time?

MATERIAL GIRL
(PETER BROWN/ROBERT RANS)

Some boys kiss me, some boys hug me
I think they're o.k.
If they don't give me proper credit
I just walk away

They can eg and they can plead
But they can't see the light, that's right
'Cause the boy with the cold hard cash
Is always Mister Right

'Cause we're living in a material world
And I am a material girl
You know that we are living in a material world
And I am a material girl

Some boys rumumos, some boys slow dance
That's all right with me
If they can't raise my interest then I
Have to let them be

Some boys try and some boys lie but
I don't let them play
Only boys that save their pennies
Make my rainy day

Boys may come and boys may go

And that's all right you see
Experience has made me rich
And now they're after me

'Cause everybody's...

CRAZE FOR YOU
(JOHN BETTIS/JON LIND)

Waiting room as the music start strangers making
    the most of a dark
Two by two their bodies become one
I see you through the smokey air
Can't you feel the weight of my spare
You are so close but still a world away
What I'm dieing to say is that I'm craze for you
Touch me once and you know it's truth
I never wanted any one like this it's all brand new
You feel it, I can, I'm craze for you
Craze for you Trying hard to control my heart
I walked over to where you are eye to eye
We need no words at all
Slowly now let me in to more every breath

I am deeper into you
Soon we two are standing still in time
If you read my mind you see I craze for you

Touch me once and you know it's truth
I never wanted any one like this it's all brand new
You feel it in your kiss you feel it in my kiss
Because I'm craze for you

Repeat

INTO THE GROOVE
(MADONNA/STEPHEN BRAY)

And you can dance for inspiration
Come on, I'm waiting

Come, come, come, come, come on...

For inspiration, and you can dance, dance....

Music can be such a revelation
Dancing around you feel the sweet sensation
We migh be lovers if the rhythm's right
I hope this feeling never ends tonight

'Only when I'm dancin'
Can I feel this free
At night I lock the door
Where no one else can see
I'm tired of dancin here
All by myself
Tonight I wanna dance
With someone else

'Get into the groove
Boy, you've got to prove
Your love to me, yeah
Get up on your feet
Yeah, step to the beat
Boy, what will it be
Wanna get to know you in a special way
This doesn't happen to me every day
Don't try to hide it, love wears no disguise
I see the fire burning in your eyes

Repeat
Repeat

'Live out your fantasy here with me
Just let the music set you free
Touch my body and move in time
Now I know you're mine

Repeat

Step to the, step to the, step to the beat
Step to the, step to the, step to the beat
Step to the, step to the, step to the beat
Step to the, step to the, step to the beat

Come on, come on, come on...

'Repeat

'Repeat
'Repeat
Now I know you're mine
Now I know you're mine
Now I know you're mine
Now I know you're mine

Dance, dance, dance...

For inspiration, for inspiration...
Dance, dance, dance...

LIVE TO TELL
(MADONNA/PATRICK LEONARD)

I have a tale to tell
Sometimes it gets so hard
To hide it well
I was not ready for the fall
Too blind to see the writing on the wall

Chorus:
A man can tell a thousand lies
I've learned my lesson well
Hope I live to tell
The secret I have learned
'Til then
It will burn inside of me

I know where beauty lives
I've seen it once
I know the warm she gives
The light that you could never see
It shines inside
    you can't take that from me

Chorus

The truth is never far behind
You kept it hidden well
If I live to tell
The secret I knew then
Will I ever have the chance again

If I ran away, I'd never have the strength
To go very far
How beating of my heart

Will it grow cold
The secret that I hide, will I grow old
How will they hear
When will they learn
How will they know

Chorus

The truth is never far behind
You kept it hidden well
If I live to tell
The secret I knew then
Will I ever have the chance again

PAPA DON'T PREACH
(BRIAN ELLIOT, ADDITIONAL LYRICS BY MADONNA)

Papa I know you're going to be upset
'Cause I was always your little girl
But you should know by now
I'm not a baby

You always taught me right from wrong
I need your help, daddy please be strong
I may be young at heart
But I know what I'm saying

The one you warned me all about
The one you said I could do without
We're in an awful mess
And I don't mean maybe-please

Chorus:
Papa don't preach, I'm in trouble deep
Papa don't preach, I've been losing sleep
But I made up my mind, I'm keeping
    my baby
I'm gonna keep my baby, mmm....

He says that he's going to marry me
We can raise a little family
Maybe we'll be all right
It's a sacrifice

But my friends keep telling me to give it up
Saying I'm too young, I ought to live it up
What I need right now is some good advice, please

Chorus

Daddy, daddy if you could only see
Just how good he's been treating me
You'd give us your blessing right now
'Cause we are in love
We are in love, so please

Chorus

OPEN YOUR HEART
(MADONNA/GARDNER COLE/PETER RAFELSON)

I see you on the street and you walk on by
You make me wanna hang my head
Down and cry
If you gave me half a chance you'd see
My desire burning inside of me
But you choose to look the other way
Well, I've got something to say
I've had to work much harder than this
For something I want
Don't try to resist me

Chorus:
Open your heart to me baby
I hold the lock and you hold the key
Open your heart to me darlin'
I'll give you love if you, you turn the key
I think that you're afraid to look in my eyes
You look a little sad boy, I wonder why
I follow you around but you can't see
You're too wrapped up in yourself to notice
So you choose to look the other way
Well, I've got something to say
Don't try to run I can keep up with you
Nothing can stop me from trying
You've got to

Chorus

Open your heart with the key
One is such a lonely number

Chorus

Don't try to run I can keep up with you
Nothing can stop me from trying
You've got to

Chorus

Open your heart
I'll make you love me
It's not that hard...
If you just turn the key

LA ISLA BONITA
(MADONNA/PAT LEONARD/BRUCE GAITSCH)

Last night I dreamt of San Pedro
Just like I'd never gone, I knew the song

Side A

1. Holiday
2. Lucky Star
3. Borderline
4. Like A Virgin

Side B

1. Material Girl
2. Crazy For You
3. Into The Groove
4. Live To Tell

Side C

1. Papa Don't Preach
2. Open Your Heart
3. La Isla Bonita
4. Like A Prayer

Side D

1. Express Yourself
2. Cherish
3. Vogue
4. Justify My Love
5. Rescue Me

마돈나를 좋아하든 싫어하든, 그녀가 대중음악사에 끼친 영향력만큼은 부정할 수 없을 것이다. 데뷔 초 마돈나는 종종 신디 로퍼와 비교되며 일종의 라이벌 구도로 언급되었지만, 두 사람의 음악적 지향점은 분명히 달랐다. 펑크(Punk)와 뉴웨이브를 근간으로 자의식 강한 메시지를 담아내고자 했던 신디 로퍼와 달리, 마돈나는 트렌디한 댄스 팝을 추구하며 끊임없이 변화를 모색했다.

마돈나의 초기 싱글 <Lucky Star>와 <Holiday>는 대중의 눈길을 끌었으나, 무난한 팝 넘버로 치부되며 그녀의 가능성을 제대로 드러내지는 못했다. 하지만 1984년, 세상을 뒤흔든 싱글 <Like A Virgin>이 등장하면서 모든 것이 달라졌다.

'낭중지추(囊中之錐)'라는 말처럼 탁월한 재능은 결국 드러나는 법. 이 곡을 계기로 마돈나는 단숨에 세계적인 팝 아이콘으로 부상했고, 탁월한 퍼포먼스와 기민한 비즈니스 감각을 앞세워 자신만의 브랜드와 이미지를 차근히 구축해 나갔다. 특히 여성 뮤지션으로서는 드물게 과감하고 도발적인 퍼포먼스를 선보이며 끊임없이 스스로를 논란의 장에 올려세웠다.

1990년 발매된 《The Immaculate Collection》은 마돈나의 첫 공식 베스트 앨범으로 1983년 데뷔 이후 7년간 발표한 대표 싱글들을 아우르는 결정판이라 할 수 있다. 지금까지 가장 많이 팔린 컴필레이션 앨범 중 하나로, 수록곡 대부분이 기존 앨범 버전과 달리 리믹스를 거쳐 새롭게 재구성된 점이 주목할 만하다. 특히 <Material Girl>, <Into The Groove>, <Like A Prayer>는 원곡과 비교했을 때

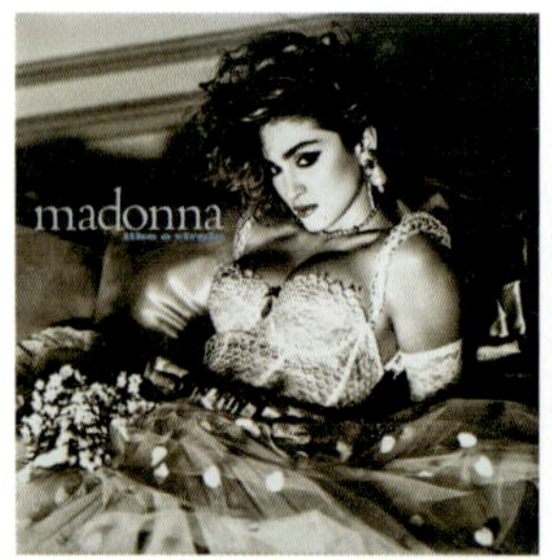

Madonna 《Like A Virgin》 라이선스반

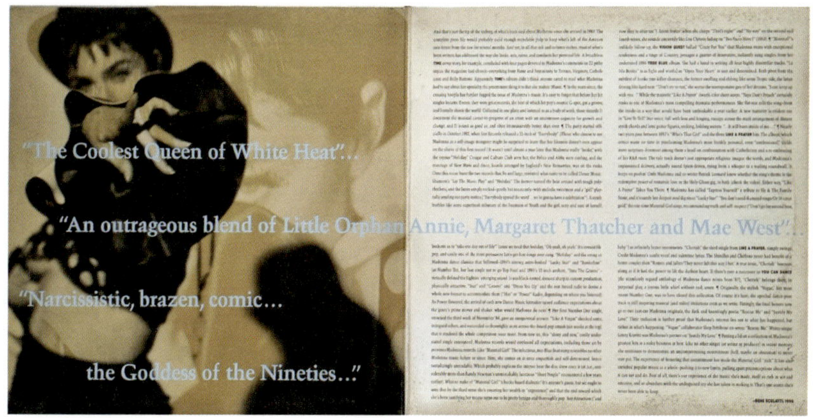

게이트폴드 커버 안쪽 이미지

편곡이나 믹싱에 뚜렷한 차이를 보이며, 과거 믹스다운 과정에서 생략됐던 코러스나 악기 애드리브가 불쑥 등장해 감상의 즐거움을 더한다.

<Holiday>(1983)부터 <Vogue>(1990)까지, 히트 싱글 15곡이 연대순으로 수록되었고, 여기에 신곡 <Justify My Love>와 <Rescue Me>가 포함되어 마돈나의 음악적 진화를 한눈에 조망할 수 있다.

워너뮤직 본사로부터 공수한 스탬퍼를 사용해 제작된 이 앨범은 1990년대 발매된 라이선스 LP 가운데 음질 면에서 매우 높은 평가를 받고 있다.

(A면 매트릭스 넘버: 1-26440-A SET1-DMM-INT'L STERLING-2 SP a-5 SP-KOR)

매트릭스 표기, 'SP-KOR'은 해당 음반이 한국 시장 전용 스탬퍼로 제작되었음을 뜻한다. 참고로 같은 앨범의 이탈리아반에는 'SP-ITL', 영국반에는 'SP-ENG'라는 표기가 확인되며, 이를 통해 워너 브라더스 본사가 단일 마스터 소스를 기반으로 각국용 인터내셔널 스탬퍼를 별도로 제작·배포했음을 짐작할 수 있다.

Michael Franks : Sleeping Gypsy

1987년 6월 30일 | 오아시스레코드 | OLW-464

Side A

1. The Lady Wants To Know
2. I Really Hope It's You
3. In The Eye Of The Storm
4. B'wana - He No Home

Side B

1. Don't Be Blue
2. Antonio's Song
3. Chain Reaction
4. Down In Brazil

1977년에 발표된 마이클 프랭크스(Michael Franks. 이하 프랭크스)의 세 번째 정규 앨범 《Sleeping Gypsy》는 재즈와 팝, 그리고 보사노바가 유려하게 어우러진 사운드로 도시적 세련미를 구현한 대표작이다.

1944년 캘리포니아 태생의 프랭크스는 어릴 적부터 음악과 문학, 예술 전반에 걸쳐 깊은 애정을 갖고 성장했으며, UCLA에서 교편을 잡던 시기를 거쳐 결국 1968년 작곡가로서의 활동을 본격화하게 된다. 1973년, 가수로 본격 데뷔한 그는 감각적인 서정성과 재즈적인 감수성으로 주목받기 시작했다.

1976년작 《The Art Of Tea》의 호평을 바탕으로 자신만의 음악 세계를 확립한 프랭크스는 이 앨범을 통해 브라질 음악의 감성과 리듬을 한층 깊이 있게 자신의 언어로 흡수해냈다.

《Sleeping Gypsy》는 프랑스 화가 앙리 루소(Henri Rousseau)의 작품 《The Sleeping Gypsy(잠자는 집시)》(1897)에서 영감을 받

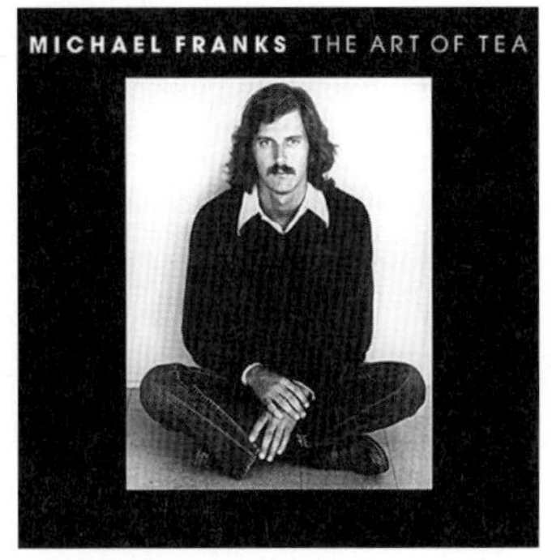

《The Art Of Tea》(1976)

아 완성된 앨범으로 프랭크스가 브라질 음악에 품고 있던 깊은 애정이 고스란히 녹아 있다.

이 앨범은 브라질 음악의 거장 안토니오 카를로스 조빔(Antonio Carlos Jobim. 이하 조빔)과 주앙 도나투(João Donato)를 향한 헌정의 의미를 담고 있으며, 그 정점에 놓인 곡이 바로 <Antonio's Song>이다. <Antonio's Song>은 조빔에 대한 깊은 존경을 섬세한 멜로디 라인과 감각적인 편곡으로 풀어낸 곡으로, 우아한 보사노바의 향취와 프랭크스의 감성적 필치가 절묘하게 어우러진다. 중독성 있는 멜로디와 속삭이듯 부드러운 후렴은 많은 이들의 사랑을 받았으며, 1987년 국내에 라이선스반으로 소개되면서 보사노바라는 장르를 한국 대중에게 인지시키는 데 주요한 역할을 하기도 했다.

Henri Rousseau 《The Sleeping Gypsy》

국내 LP의 황금기 시절, 각 라이선스 음반사들은 저마다 고유한 음질의 특성을 갖고 있었다. 다시 말해, 음반사마다 일정 수준의 음질 '기본값'이 존재했고, 이는 애호가들 사이에서 "어느 음반사는 음질이 더 낫다"거나 "어디는 다소 거칠다"는 식의 논의로 이어지곤 했다.

대표적인 4대 라이선스 음반사였던 성음, 오아시스, 지구, 서울음반 가운데, 특히 오아시스레코드는 음질 문제로 자주 도마에 올랐다. 일부 타이틀에서는 소리의 생동감이 떨어지거나 밸런스가 무너지는 사례도 있어, 까다로운 음악 애호가들에게는 늘 아쉬움의 대상이었다.

하지만 앞서 언급한 각 음반사의 음질 특성과는 별개로 그 기준을 훌쩍 뛰어넘는 수준의 라이선스반도 분명히 존재했다. 특히 오아시스레코드는 1987년 전후로 음반 제작 기술면에서 괄목할 만한 발전을 이루었고, 이후 라이선스권이 회수된 이후에도 워너뮤직의 OEM 제작사로서 기술적 혁신을 꾸준히 이어갔다.

1980년대 중후반, 일부 팝 타이틀의 경우 미국 본사에서 직접 오리지널 스탬

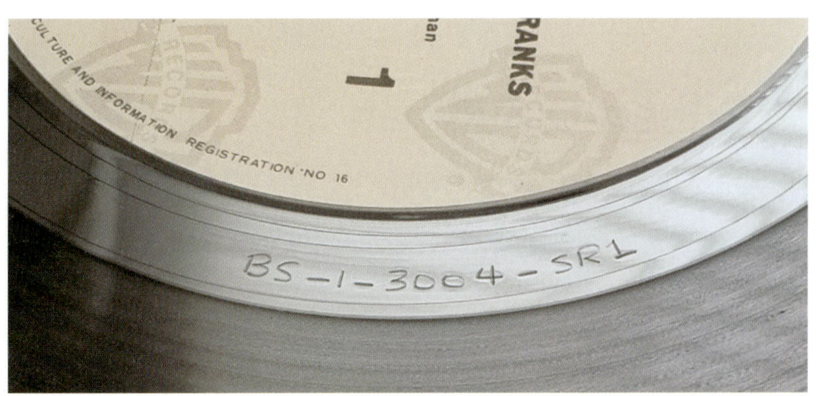

매트릭스 넘버

퍼를 공수해 제작된 음반도 있었으며, 음질 면에서 오리지널에 버금가는 평가를 받고 있다.

해당 음반의 매트릭스 넘버(BS-1-3004-SR1 1-2 SP-KOR W 464 A / BS-2-3004-SR3 1-2 SP-KOR W 464 B)를 살펴보면, 고유 넘버에 'SP-KOR'라는 국가 표기와 함께 오아시스레코드의 제조 코드(W 464)가 병기되어 있음을 확인할 수 있다. 이는 미국 워너뮤직 본사로부터 정식 스탬퍼를 공수받아 제작했음을 입증하는 기술적 증거이기도 하다.

Gilbert O'Sullivan : Back To Front

1973년 5월 | 성음제작소 | SEL-0138

Side A

1. Intro / Hope You'll Stay
2. In My Hole
3. Alone Again (Naturally)
4. That's Love
5. Can I Go With You
6. But I'm Not / Outro

Side B

1. I'm In Love With You
2. Who Was It
3. What Could Be Nicer
4. Out Of The Question
5. The Golden Rule
6. I'm Leaving / Outro

명곡이란 무엇일까.

그저 한 시대에만 반짝 빛나는 노래가 아닌, 세월과 유행의 파도를 넘어 청자의 마음을 울리는 노래. 창작자의 깊은 내면에서 길어 올린 선율과 단어들이 듣는 이의 가슴속에 오래 머물고, 그 울림이 세대를 건너 이어질 때 우리는 비로소 그것을 '명곡'이라 부른다.

길버트 오 설리번(Gilbert O'Sullivan, 이하 길버트)이 1972년에 발표한 <Alone Again (Naturally)>은 그런 노래다. 반세기가 지난 지금도 변치 않는 감동으로 남아 있는 이 곡은 '명곡'이라는 말의 의미를 스스로 증명하고 있다.

1946년 아일랜드 워터퍼드(Waterford)에서 태어난 길버트는 청년 시절을 영국에서 보내며 비틀스가 이끈 대중음악의 혁명을 몸소 체험했다. 자연스럽게 그는 음악에 대한 열망을 키워갔고 1967년에는 싱글 <Disappear>를 발표하며 가수로서 첫 데뷔를 장식했다. 그리고 같은 해, 록 밴드 트레멜로스(The Tremeloes)에게 <Come On Home>과 <You> 두 곡을 제공하며 작곡가로서도 가능성을 드러냈다.

1970년 <Nothing Rhymed>로 영국 싱글 차트 Top 10에 오르며 가수로서 본격 주목을 받기 시작한 길버트는 1972년 <Alone Again (Naturally)>, <Clair>, <Get Down>을 잇달아 히트시키며 국제적인 명성을 얻었다.

하지만 스타로서의 삶은 그에게 결코 편안한 자리가 아니었다. 동시대 많은 뮤지션들과는 달리, 그는 명성과 화려함보다는 내밀한 창작의 고요를 더 소중히 여겼고 음악에만 몰두할 수 있는 조용한 안식처를 갈망했다. 그러나 창작에 집중해야 할 가장 중요한 시기에 그는 매니저이자 프로듀서였던 고든 밀스(Gordon Mills)와의 저작권 분쟁에 휘말려 15년에 이르는 긴 법

<Come On Home>이 수록된 The Tremeloes 《Suddenly You Love Me》(1968)

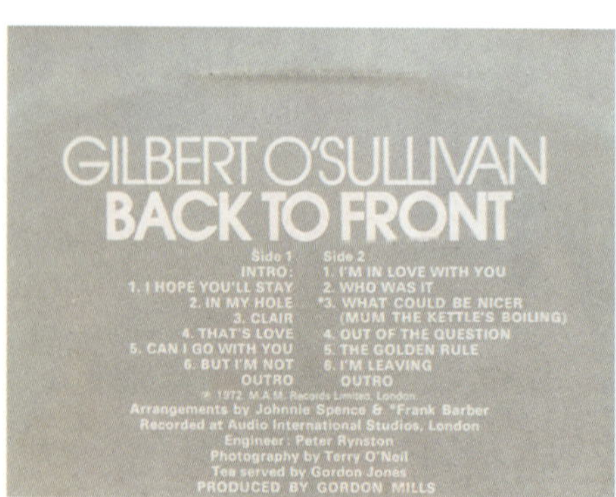

영국 초반 레이블/수록곡

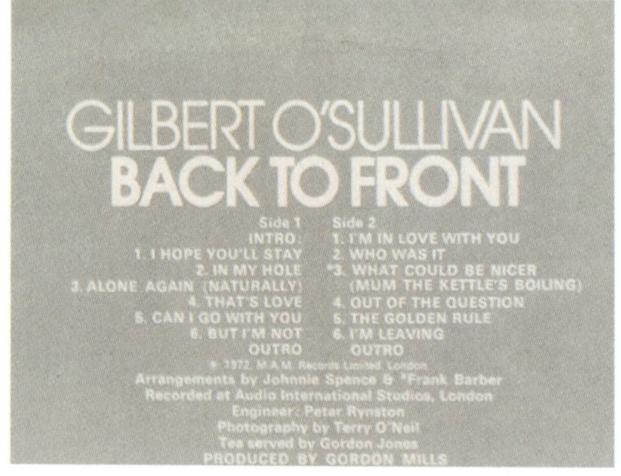

영국 재반 레이블/수록곡

정 싸움을 치러야 했다. 그 지난한 과정은 그의 음악 활동에 깊은 상처를 남겼고, 그 사이 그의 이름은 대중의 기억 속에서 서서히 희미해졌다. 그럼에도 〈Alone Again (Naturally)〉의 서정적인 선율만큼은 시간이 흘러도 수많은 아티스트들의 목소리와 다양한 매체를 통해 여전히 생명력을 이어갔다.

　〈Alone Again (Naturally)〉의 가사를 자세히 들여다보면, 화사한 멜로디와 정반대의 어둡고 날카로운 내면이 숨어 있다. 약혼녀의 배신, 가족의 죽음 그리고 자살을 암시하는 고백적 심상은 듣는 이로 하여금 음악 뒤에 깃든 상처와 고통을 마주하게 했다.

　마치 어린 시절 매일 끌어안고 놀던 애착 인형의 뱃속에서 저주의 쪽지를 발견한 것 같은 기분이라고 할까. 아름다운 멜로디와 대비된 어두운 정서가 공존

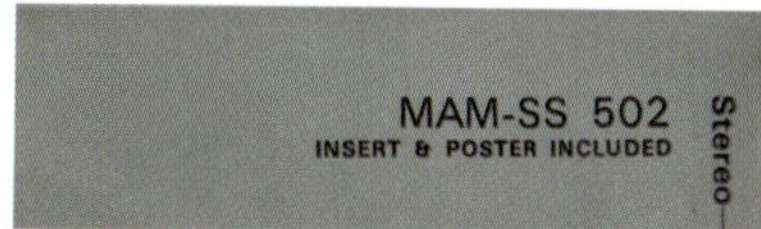

초반 카탈로그 넘버

재반 카탈로그 넘버

라이선스반 매트릭스 넘버

하는 이 모순은 대중음악에서 좀처럼 마주하기 힘든 유난한 경험이다.

1972년, 영국과 스웨덴 차트 정상에 오른 길버트의 앨범 《Back To Front》는 수록곡 구성에 따라 각기 다른 두 가지 버전이 존재한다. 하나는 히트곡 <Clair>가 실린 초반이고, 다른 하나는 대표곡 <Alone Again (Naturally)>이 수록된 재반이다. 공식 디스코그래피에는 <Clair> 수록 버전이 표준으로 명시되어 있지만, <Alone Again (Naturally)>이 담긴 또 다른 버전이 존재한다는 사실은 팬으로서 흥미로운 발견이 아닐 수 없다.

두 버전은 수록곡뿐 아니라 커버에 표기된 카탈로그 넘버로도 구분이 가능하며, 국가별로 선호 곡의 차이에 따라 발매 버전 또한 다르다. (초반: MAM-SS 502, 재반: MAM-22 503)

1973년, 한국 성음에서 제작된 라이선스반은 <Alone Again (Naturally)>이 포함된 재반 버전을 채택했으며, 영국 본사로부터 공급받은 오리지널 스탬퍼로 제작되었다. (매트릭스 넘버: XZAL-11763 P-1W / XZAL-11746 P-4W)

해외에서는 비교적 흔하게 볼 수 있는 음반이지만, 당시 국내에서는 판매량이 많지 않았던 탓에 오늘날 중고 시장에서 라이선스반 실물을 찾기란 쉽지 않다.

특히 필자가 소장한 이 음반은 같은 시기 발매된 동일한 라이선스반들 가운데서도 커버 인쇄의 명암 대비가 유독 과도하게 강조되어 있는 것이 특징이다.

Led Zeppelin : Coda

1983년 3월 7일 | 오아시스레코드 | OLW-239

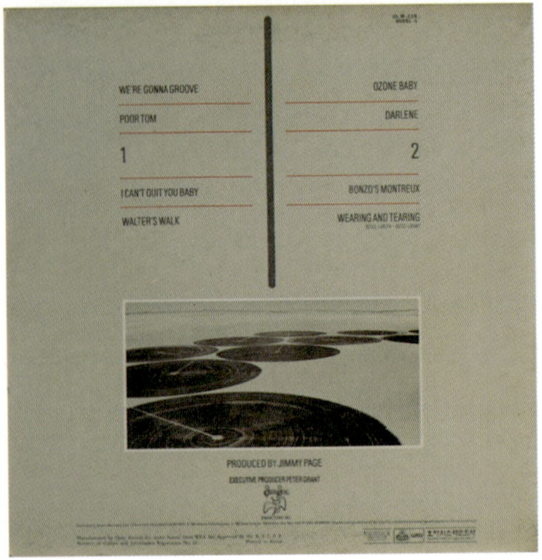

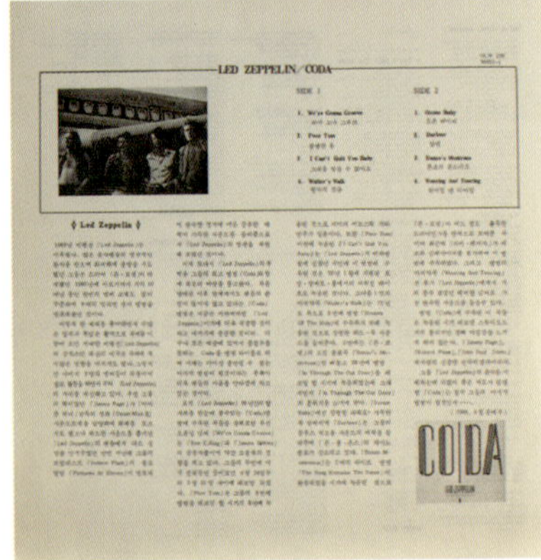

Side A
1. We're Gonna Groove
2. Poor Tom
3. I Can't Quit You Baby
4. Walter's Walk

Side B
1. Ozone Baby
2. Darlene
3. Bonzo's Montreux
4. Wearing And Tearing

1980년 9월 25일, 하드록의 제왕 레드 제플린에게 충격적인 비보가 전해졌다. 밴드의 드러머 존 본햄(John Bonham, 이하 본햄)이 갑작스럽게 세상을 떠난 것이다. 이는 그해 7월 7일 베를린 공연 이후 불과 두 달여 만에 벌어진 일이었다.

며칠 뒤, 지미 페이지(Jimmy Page. 기타), 로버트 플랜트(Rober Plant. 보컬), 존 폴 존스(John Paul Jones. 베이스)는 "존 본햄 없이 레드 제플린은 존재할 수 없다"는 짧고 단호한 성명과 함께 공식 해체를 선언했다. 그러나 1년 뒤, 레드 제플린이 새 앨범과 함께 활동을 재개한다는 소문이 퍼지기 시작한다. 실제로 멤버들이 스튜디오에 모였지만, 그들의 만남은 새로운 창작을 위한 것이 아니었다. 애틀랜틱 레코드와 체결한 정규 앨범 계약을 마무리 짓기 위해, 미공개 곡과 잔여 트랙들을 모아 오버더빙 방식으로 마지막 앨범을 구성하기로 한 것이다.

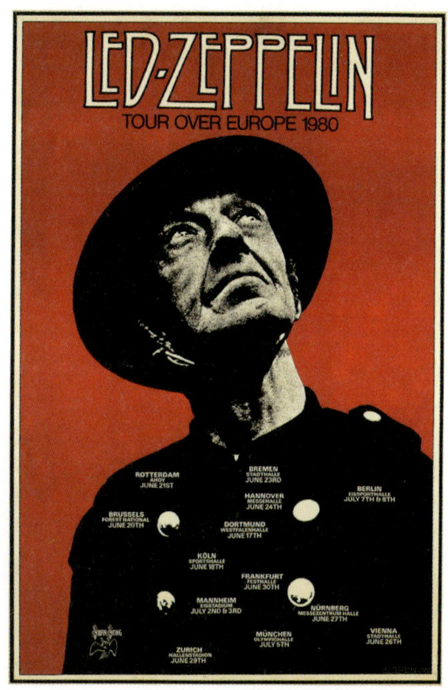

Led Zeppelin 마지막 투어 포스터(1980)

그렇게 탄생한 《Coda》(1982)는 본햄 사후 밴드가 남긴 유산의 마지막 페이지이자, 공식 디스코그래피를 정리하는 종결점이었다. 비록 일부 곡에서 일관성과 완성도 면에서 아쉬움을 남겼지만, 앨범 전체에 흐르는 레드 제플린 특유의 음악적 DNA는 여전히 선명하게 살아 숨쉬고 있었다.

1970년 1월 로열 앨버트 홀에서 녹음된 <We're Gonna Groove>는 《Led Zeppelin II》에 실렸어도 어울릴 만한 역동적인 곡이었고, <I Can't Quit You Baby>의 라이브 버전은 스튜디오 테이크 못지않은, 어쩌면 그것을 능가하는 생생한 감흥을 전한다. 업템포 로큰롤 넘버인 <Ozone Baby>와 <Wearing And Tearing> 역시 레드 제플린 특유의 폭발적인 에너지가 유감없이 발휘되고 있지만, 이 앨범에서 단연 압도적인 존재감을 드러내고 있는 것은 <Bonzo's Montreux>였다. 본햄의 드럼 솔로에 지미 페이지의 신시사이저 오버더빙이 더해져 완성된 이 곡은 또 다른 드럼 명곡 <Moby Dick>의 연장선이라 할 만하며 연주자이자 퍼포머로서 본햄의 탁월한 감각과 창의성이 응축된 걸작이다.

> "진정한 팝 뮤직은 비틀스로 시작해서 레드 제플린으로 끝났다."
> – 전영혁 (《레드 제플린 포토에세이》(1983) 中)

대중음악 평론가 전영혁이 남긴 이 인상적인 한마디는 레드 제플린이 현대 대중음악사에서 차지하는 위상을 단적으로 보여준다. 딥 퍼플과 함께 하드록의 쌍두마차로 불리며 국내에서도 절대적인 지지를 받아온 이들은, 모든 정규 앨범이 라이선스를 통해 정식 발매되었다는 사실만으로도 당시의 인기를 짐작하게 한다.

1980년대 중반, 해외 오리지널 음반을 접하기 어려웠던 국내 시장에서 레드 제플린의 《Coda》 라이선스반은 일종의 '대안적 오리지널'이었다. 미국 애틀랜틱 레코드의 오리지널 스탬퍼를 사용해 제작되었다는 점

매트릭스 넘버

라이선스 초반 게이트폴드 내부

이 결정적이었다. 실제로 당시 출시된 다수의 라이선스반이 음질 저하나 고음역 왜곡 등으로 비판을 받았던 것과 달리, 《Coda》는 미국반과 비교해도 손색없는 사운드를 구현하고 있다.

특히 음반 제작 기술이 정점에 달했던 1980년대 말 오아시스레코드사를 통해 생산된 마지막 프레스 버전은, 그 가운데 음질 면에서 최고 수준의 결과물이다. 이 마지막 프레스반은 게이트폴드 커버 대신 싱글 커버로 제작되어, 외형만으로도 쉽게 구별이 가능하다.

(매트릭스 넘버: STSS-825101-B / STSS-825102-B)

제13부

앨범 뒤에 숨겨진 이야기들

우연이 낳은 희대의 명곡

빽판의 배신

일본산 디스코 프로젝트의 한국 진출기

퀸은 왜 거기에 없었을까?

뜻밖의 변화와 커버에 감춰진 진실

Iron Butterfly : In-A-Gadda-Da-Vida

1980년대 중반 / 제작사 미상 / 604

Side A

1. Most Anything You Want
2. Flowers And Beads
3. My Mirage
4. Termination
5. Are You Happy

Side B

1. In-A-Gadda-Da-Vida

1968년 5월 27일, 미국 롱아일랜드 헴프스테드에 위치한 울트라소닉 스튜디오(Ultrasonic Studio). 예정된 녹음 시간이 되었지만 프로듀서는 모습을 드러내지 않았다. 엔지니어 돈 카살레(Don Casale)가 리허설 시작을 알리는 신호를 보내자 곧 밴드의 워밍업 연주가 시작되었다. 자유로운 분위기에 도취된 멤버들은 예정에 없던 드럼 솔로까지 곁들인 즉흥 연주를 이어갔고, 리허설은 무려 17분이 지나서야 끝이 났다.

예상치 못한 상황이었지만, 혹시 모를 경우를 대비해 연주를 처음부터 끝까지 녹음해두었던 돈 카살레는 재빨리 플레이백 버튼을 눌러 결과물을 확인했다. 약간의 미흡한 부분은 있었지만 이보다 더 나은 연주는 다시 나오기 어렵다고 판단한 그는 멤버들의 동의를 얻어 보컬과 기타 솔로를 오버더빙하고 그대로 녹음을 마쳤다. 아이언 버터플라이(Iron Butterfly)의 전설적인 명곡 <In-A-Gadda-Da-Vida>는 이렇게 탄생했다.

원래 이 곡의 제목은 <In The Garden Of Eden>이었지만, 작곡자인 더그 잉글(Doug Ingle, 보컬·키보드)이 사전 미팅 자리에서 술에 취해 'In-A-Gadda-Da-Vida'라고 발음한 것이 그대로 곡명으로 채택되었다. 제작사였던 애틀랜틱 레

Iron Butterfly《In-A-Gadda-Da-Vida》(1968) 오리지널 커버

<In-A-Gadda-Da-Vida> 싱글

코드는 한 면에 최소 다섯 곡을 수록하길 원하며 이 곡에 강한 거부감을 드러냈다. 그러나 멤버들의 완강한 의지가 이를 꺾었고, 결국 <In-A-Gadda-Da-Vida>는 완전한 형태로 음반에 담기게 되었다. 2분 50초짜리 싱글 버전도 따로 제작되었지만, 라디오 방송국들은 대부분 17분짜리 원곡을 선호했고, 이로 인해 '3분 이내의 상업 음악'이라는 당시 방송 기준이 깨지는 이례적인 현상이 벌어지기도 했다.

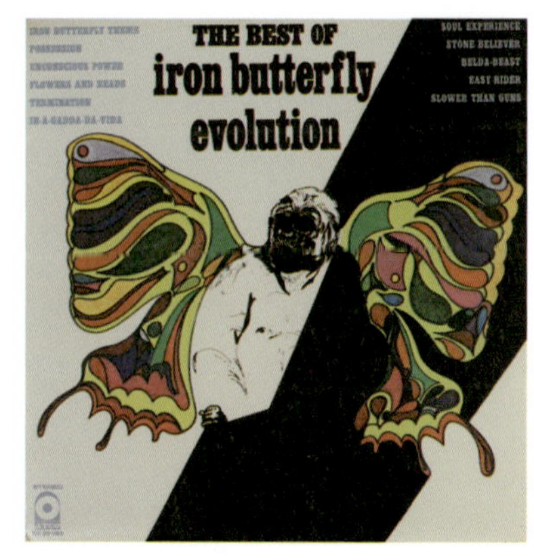

Iron Butterfly《The Best Of Iron Butterfly Evolution》라이선스반

아이언 버터플라이의 《In-A-Gadda-Da-Vida》 오리지널 앨범은 발매 당시 국내에서 정식 라이선스로 출시된 적은 없다. 다만 싱글 버전이 포함된 편집반이 1983년 오아시스레코드를 통해 정식 발매된 바 있다.

정식 발매반의 부재로 1960년대 말부터 1980년대까지 다양한 형태의 빽판이 우후죽순 쏟아져 나왔다. 오리지널 앨범의 재킷과 수록곡 구성을 그대로 복제한 버전이 있는가 하면, <In-A-Gadda-Da-Vida>와 함께 사이키델릭 시대를 대표하는 레어 어스(Rare Earth)의 또 다른 대곡 <Get Ready>를 양면에 나란히 담은 편집반도 등장했다.

한 장의 음반에 단 두 곡만이 앞·뒷면으로 수록된 경우는 드물지만, 두 곡 모

<Get Ready>가 함께 수록된 빽판

He 6 《히식스와 함께 고고를!!》
(1971)

신중현 《신중현의 In-A-Gadda-
Da-Vida》(1970)

펄 시스터즈 《마음은 짚시》(1970)

두 17분을 넘는 러닝타임 덕분에 1970-80년대 음악 다방 DJ들이 잠시 자리를 비울 때 반드시 선곡하는 필수 레퍼토리로 사용되었다.

<In-A-Gadda-Da-Vida>는 수많은 아티스트들의 손끝에서 다양한 해석으로 되살아났다. 인크레더블 봉고 밴드(Incredible Bongo Band, 1973), 보니 엠(Boney M, 1980), 슬레이어(Slayer, 1987) 등이 주로 언급되지만, 개인적으로는 1971년 히식스(He6)의 연주가 가장 인상적이었다.

김홍탁(기타), 조용남(베이스), 유상윤(플루트), 권용남(드럼), 네 멤버의 활약이 돋보이는 이 버전은 각 악기가 쉼 없이 이어지는 마라톤 애드리브 속에서 긴장감 넘치는 호흡이 일품이다. 특히 기타리스트 김홍탁이 고복수의 <타향살이> 멜로디를 애드리브 속에 절묘하게 녹여낸 창의적인 해석은 감탄을 자아내게 한다. 비슷한 시기에 발표된 신중현과 퀘션스의 시민회관 라이브 버전(1970) 그리고 펄 시스터즈의 앨범 《마음의 짚시》(1970) A면 마지막 트랙에 담긴 비스(Bees)의 경음악 버전과 함께 비교해 보면, 각 연주자 간 해석의 미세한 결이 얼마나 다채로운지 새삼 실감하게 된다.

Led Zeppelin : IV

1980년대 초 | KA Stereo | KA 606

Side A

1. Black Dog
2. Rock And Roll
3. The Battle Of Evermore
4. Stairway To Heaven

Side B

1. ~~Misty Mountain Hop~~
2. Four Sticks
3. Going To California
4. When The Levee Breaks

1971년에 발매된 레드 제플린의 네 번째 정규 앨범은 전 세계적으로 3,700만 장 이상이 팔린 초대형 히트작이자, 록의 정전(正典)으로 불리는 <Stairway To Heaven>을 수록한 밴드의 대표작이다.

앨범 커버에 밴드명이나 앨범 제목이 일절 표기되지 않아, 'IV' 또는 '무제(Untitled)'라는 별칭으로 불린다. 무엇보다도 주목을 끈 것은 앨범 커버에 등장하는 등을 굽힌 채 짐을 멘 한 남성의 모습으로, 그의 정체를 두고 오랜 시간 팬들 사이에서 수많은 추측이 오갔다.

해당 이미지는 보컬 로버트 플랜트가 골동품 가게에서 구입한 낡은 액자 속 사진에서 가져온 것으로, 사진의 배경과 인물에 대한 정보는 앨범 발매 이후 50년 넘게 베일에 싸여 있었다.

그리고 그 비밀은 2021년에야 비로소 밝혀졌다. 영국 웨스트 대학의 지역 역사센터 소속 연구원 브라이언 에드워즈(Brian Edwards)가 사진의 원본을 추적해낸 것이다. 촬영자는 빅토리아 시대 후기에 활동한 화학자 어니스트 하워드

파머(Ernest Howard Farmer)였으며, 해당 사진은 'Reminiscence Of A Shaftesbury'라는 제목의 흑백 사진첩에 숨겨져 있었다. 사진 속 인물은 1823년 미어(Mere)에서 태어나 1893년 사망한 랏 롱(Lot Long)이라는 남성이었다. 다만, 이 흑백 사진이 어떤 과정을 거쳐 컬러 복사본으로 만들어지고, 다시 윌트셔(Wiltshire)의 골동품 가게로 흘러 들어갔는지는 여전히 미스터리로 남아 있다.

이 앨범은 어쿠스틱 중심의 전작과는 다른, 레드 제플린 특유의 에너지로 하드록의 본질에 더욱 가까이 다가가고 있다.

서곡처럼 앨범의 문을 여는 두 곡, 강렬한 기타 리프와 변칙적인 구성으로 청자를 압도하는 하드록 넘버 <Black Dog>, 그리고 정통 로큰롤을 현대적으로 재해석한 <Rock And Roll>은 훗날 밴드의 대표적인 라이브 레퍼토리로 자리 잡으며 팬들의 열광적인 지지를 받았다.

이어지는 <The Battle Of Evermore>는 켈틱 포크의 색채가 뚜렷한 곡으로 페어포트 컨벤션(Fairport Convention)의 보컬리스트 샌디 데니(Sandy Denny)와의 협연을 통해 완성되었다. 레드 제플린으로서는 드물게 선보인 듀엣 구성으로 신화적 상상력과 중세적 정서가 어우러진 독창적인 음악 세계를 펼쳐 보였다.

그리고 마침내 등장하는 <Stairway To Heaven>은 1970년대 대중음악을 대표하는 고전이자 레드 제플린을 상징하는 명곡이다. 어쿠스틱 기타의 잔잔한 아르페지오로 시작해 점차 하드록의 정점으로 치닫는 서사적 전개, 지미 페이지의 격정적인 기타 솔로와 이를 고조시키는 로버트 플랜트의 열창은 마치 야수의 몸부림을 연상케 하며 절절하고도 강렬한 감동을 안긴다.

이 앨범의 국내 공식 라이선스반은 1978년 오아시스레코드사를 통해 발매되었다. 대표곡 <Stairway To Heaven>이 수록되어 레드 제플린의 음반 가운데 국내에서 가장 높은 판매고를 기록했지만, <Misty Mountain Hop>이 금지곡으로 지정되면서 라이선스반에서는 제외되었다. 이로 인해 '온전한 수록곡'을 원했던

Led Zeppelin 《IV》(1971) 오리지널 커버

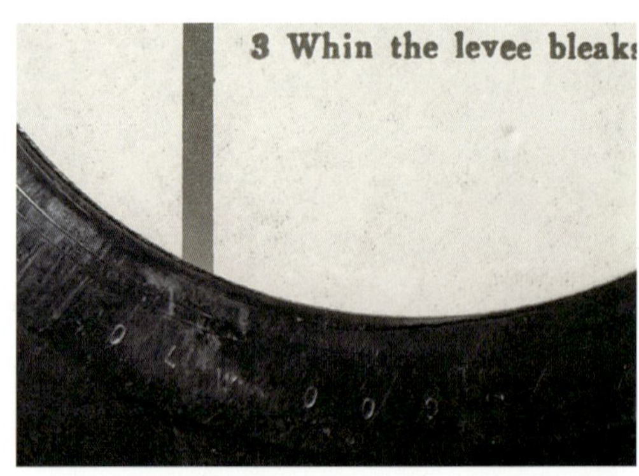

오아시스레코드 라이선스반(OLW-009)과 동일한 빽판 매트릭스 넘버

오리지널반을 기반으로 제작한 빽판

오아시스레코드 라이선스반

애호가들은 자연스럽게 빽판으로 눈을 돌리게 되었다.

비록 불법이긴 했지만, 당시 빽판은 수입 원판을 마스터로 삼아 제작하는 나름의 '관행'이 있었고 이것이 오히려 라이선스반보다 더 완전한 형태로 여겨지기도 했다. 그러나 일부 업자들은 제작 비용을 줄이기 위해 국내 라이선스반을 그대로 복제하는 편법을 쓰기도 했고, 그 결과 금지곡까지 포함된 완전반을 기대하며 빽판을 구입한 팬들은 실망과 함께 정서적 배신감마저 맛봐야 했다.

본문에서 소개한 이 빽판은 오아시스 발 라이선스반을 복제한 것으로, 커버는 미국 오리지널반의 이미지를 차용하고 있다. 데드왁스에 새겨진 매트릭스 넘버 'OLW-009'를 통해 이 음반이 라이선스반을 모체로 제작되었음을 확인할 수 있다. 물론 금지곡 <Misty Mountain Hop>은 빠져 있다.

다만 이러한 경우는 일부에 불과하며, 대다수의 빽판은 수입 오리지널반을 기반으로 제작되었다는 점도 함께 짚고 넘어갈 필요가 있다.

참고로, 레드 제플린 4집의 국내 라이선스반은 오아시스레코드에서 발매한 초반을 포함해, 이후 워너뮤직코리아가 제작한 판본까지 총 6종 이상의 다양한 에디션이 존재하고 있다.

Shoody : Chased The Blue

1980년 12월 5일　|　서울음반　|　BD-6002

Side A

1. Ecstasy
2. Don't Say Hello, Don't Say Goodbye
3. Tomorrow's Child

Side B

1. Chased The Blue
2. A.M. Lonely
3. Melodies Of Love
4. Corvigla

1980년 11월 23일, TBC 세계가요제 무대에 모잠비크 대표로 오른 슈디는 <Ecstasy>로 대상을 거머쥐며 단숨에 한국 대중음악계 화제의 중심에 섰다. 아이린 카라(Irene Cara) <Fame>, 키스(Kiss) <I Was Made For Lovin' You>의 분위기가 느껴지는 이 곡은 전형적인 디스코 문법 위에 에너지 넘치는 퍼포먼스를 더해, 그해 연말 대중의 시선을 압도했다. 이듬해 민해경이 〈사랑의 절정〉으로 리메이크하면서 그 열기는 대회 무대를 넘어 가요계 전반으로 확산되었다.

<사랑의 절정>이 수록된 민해경 《누구의 노래일까》(1981)

슈디는 1958년 미국에서 태어난 모잠비크계 미국인으로, 한국 무대에 등장했을 당시 '전직 모잠비크 대통령의 딸'이라는 이색적인 수식어와 함께 큰 화제를 모았다. 그러나 이후 밝혀진 바에 따르면 그녀의 부친은 대통령이 아닌, 포르투갈 식민통치에 맞서 모잠비크 해방전선(Frelimo)을 창립하고 중앙위원회 의장을 역임했던 '에두아르두 치밤부 몬들라느(Eduardo Chivambo Mondlane)'였다. 그는 1969년, 정적이 보낸 소포 폭탄에 의해 암살당했다.

<真夜中のドア〜Stay With Me> 싱글

<Ecstasy>와 앨범 《Tomorrow's Child》

를 본격적으로 살펴보기 전에, 이 곡의 작곡가이자 제작자인 하야시 테츠지(林哲司. 이하 하야시)에 주목할 필요가 있다. 그는 오늘날 글로벌 시티 팝 열풍의 선두에 서 있는 인물로, 마츠바라 미키(松原みき)의 대표곡 〈真夜中のドア〜 Stay With Me〉의 작곡가로 알려져 있다. 1980년 전후, 그는 이스턴 갱(Eastern Gang)이라는 유닛을 결성해 독창적인 색채의 댄스 팝을 선보이며 일본 음악계에 신선한 바람을 일으켰다.

1970년대 후반, 징기스칸(Dschinghis Khan), 보니 엠, 아라베스크(Arabesque) 등으로 대표되는 '뮌헨 디스코(Munich Disco)'가 유럽과 아시아 대중음악을 장악하던 시기, 하야시는 이스턴 갱의 프로듀서 혼다 사토시(本多 慧)와 함께 서구 시장에서도 통할 수 있는 새로운 댄스 음악의 가능성을 실험하고 있었다.

그 결실은 1980년, 신인 보컬리스트 슈디와 함께 탄생한 <Ecstasy>였다. 정교하게 설계된 하야시의 송라이팅에 일본 최정상의 세션 연주자들이 총동원된 이 프로젝트는 해외 진출을 겨냥한 야심작이었다. 앨범《Tomorrow's Child》는 <Ecstasy>와 <A.M. Lonely>를 통해 디스코의 여운을 남기는 동시에, 소울 발라드 <Tomorrow's Child>에서는 70년대 북미 팝의 감수성을 담아냈다. 또한 <Don't Say Hello, Don't Say Goodbye>, <Tokyo Melody>와 같은 멜로우 팝 넘버들은 당시 서구 음악계의 흐름을 유연하면서도 충실히 수용하고 있었다.

그러나 기대와 달리, 이 앨범은 일본과 한국 등 일부 아시아 지역에서만 반응을 얻었을 뿐, 그들이 노렸던 미국과 유럽 시장에서는 큰 주목을 받지 못했다.

이 앨범의 국내 라이선스 발매가 시도된 1980년은 일본 대중문화의 수입이 전면 금지되어 있던 시기로, 일본인 작곡가의 실명

<Ecstasy> 싱글

Shoody 《Tomorrow's Child》 2023년 재발매 LP

이 표기된 음반은 공식 제조·유통이 불가했다. 이에 음반사는 하야시의 본명을 대신해 'T. Forest'라는 가명을 사용했고, 심의 제도는 수록곡 구성에도 영향을 미쳤다. 타이틀 곡에 해당하는 <Tokyo Melody>가 금지곡으로 삭제되면서 트랙 순서가 재편되고, 앨범 제목 또한 《Tomorrow's Child》에서 《Chased The Blue》로 변경되었다.

국내 라이선스반은 비교적 손쉽게 중고 시장에서 찾아볼 수 있지만, 일본 오리지널 초반은 희소성과 상징성 면에서 높은 가치를 지닌 컬렉터 아이템으로 꼽힌다. 한동안 잊혀졌던 이 앨범은 2023년 12월, 일본 HMV의 기획으로 정식 재발매되어 젊은 J-Pop 애호가들 사이에서 다시금 주목을 받고 있다.

퀸은 왜 거기에 없었을까?

Band Aid : Do They Know It's Christmas

1985년 2월 16일 | 성음 | SEL-RP 653

Side A

1. Do They Know It's Christmas
2. Feed The World

Side B

1. You And I – Eddie Rabbitt with Crystal Gale
2. Blue Eyes – Elton John

1984년 말, 전 세계 팝 음악계를 뜨겁게 달군 <Do They Know It's Christmas?>를 40-50대 음악 애호가들은 지금도 생생히 기억할 것이다.

<Do They Know It's Christmas?>는 영국 펑크 록 밴드 붐타운 래츠(Boomtown Rats)의 리더 밥 겔도프(Bob Geldof)가 주도한 자선 프로젝트의 산물이다. 1984년 10월 23일, 에티오피아 기근의 참상을 다룬 BBC 뉴스 보도에 깊은 충격을 받은 밥 겔도프는 음악으로 현실 문제에 응답하고자 하는 열망을 품게 된다. 그는 즉시 뉴웨이브 밴드 울트라복스(Ultravox)의 멤버 미지 우레(Midge Ure)에게 공동 작업을 제안하며, 곡의 창작과 프로젝트는 본격적으로 윤곽을 갖추기 시작한다.

밥 겔도프와 미지 우레는 단기간에 곡을 완성하고 영국 음악계를 대표하는 아티스트들을 집결시킨다. 프로젝트에 동참한 스타들은 '밴드 에이드(Band Aid)'라는 이름 아래 전례 없는 대규모 자선 싱글 제작에 나섰고, 영국 음악계는 그 어느 때보다 뜨거운 연대의 에너지를 발산하기 시작했다. 1984년 11월 25일, 런던의 사름 웨스트 스튜디오(Sarm West Studios)에는 폴 영(Paul Young), 조

Band Aid 프로젝트에 참여했던 뮤지션들

지 마이클(George Michael), 보이 조지(Boy George), 필 콜린스(Phil Collins), 스팅(Sting), 사이먼 르 본(Simon Le Bon), 보노(Bono) 등 정상의 아티스트들이 모여 단 하루만에 역사적인 녹음을 완수했다.

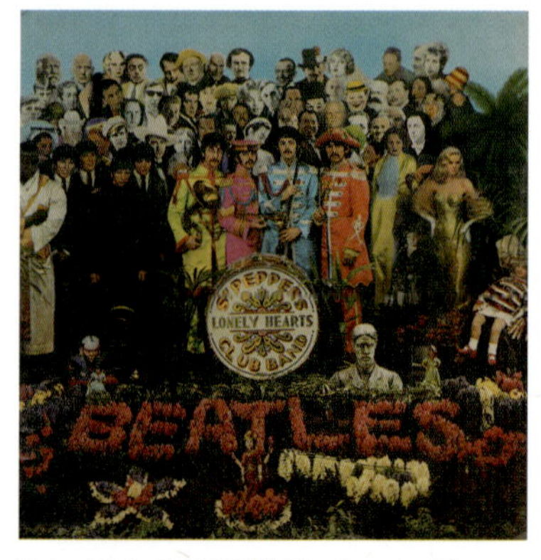

Peter Blake가 디자인한 The Beatles《Sgt. Pepper's Lonely Hearts Club Band》커버

여기에 더해, 비틀스의 전설적인 앨범 《Sgt. Pepper's Lonely Hearts Club Band》의 커버를 제작한 피터 블레이크(Peter Blake)가 디자이너로 참여하면서, 이 프로젝트는 음악을 넘어 하나의 예술적 성취로 확장되었다.

크리스마스 시즌을 겨냥해 발매된 이 싱글은 전 세계적인 성공을 거두며 자선 음악 프로젝트의 새로운 전범이 되었다. 이후 미국의 'USA For Africa' 프로젝트와 '라이브 에이드(Live Aid)' 콘서트로 이어지는 국제적 연대 운동의 불씨가 되었고, 그 출발점에는 단연 <Do They Know It's Christmas?>가 있었다.

밥 겔도프는 밴드 에이드 프로젝트에 보다 폭넓은 아티스트의 참여를 원했지만, 당시 《The Works》(1984) 앨범 활동 중이던 퀸은 그 명단에 이름을 올리지 못했다. 그 배경에는 남아프리카 공화국 내 보푸타츠와나의 선 시티(Sun City) 공연이 있었다.

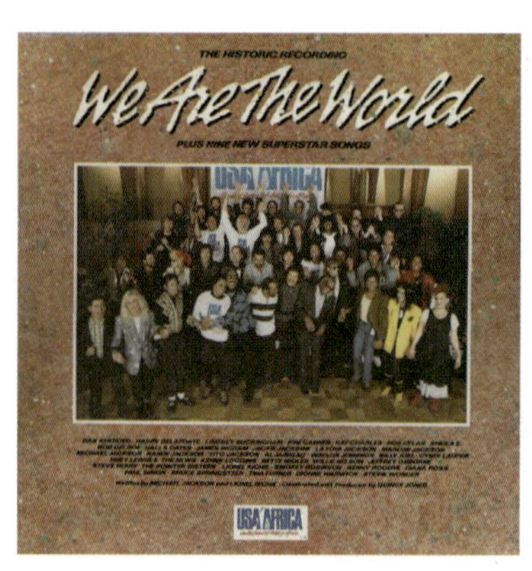

USA For Africa 《We Are The World》(1985)

인종차별정책(Apartheid)에 맞서 유엔(UN)이 내린 문화 보이콧을 거스른 대가였다. 그 결과 퀸은 영국 음악가 연합의 비판에 직면했고, 유엔의 문화 블랙리스트에 오르는 불명예까지 감수해야 했다. 이러한 외교적·정치적 논란으로 인해 퀸의 밴드 에이드 참여가 무산됐지만,

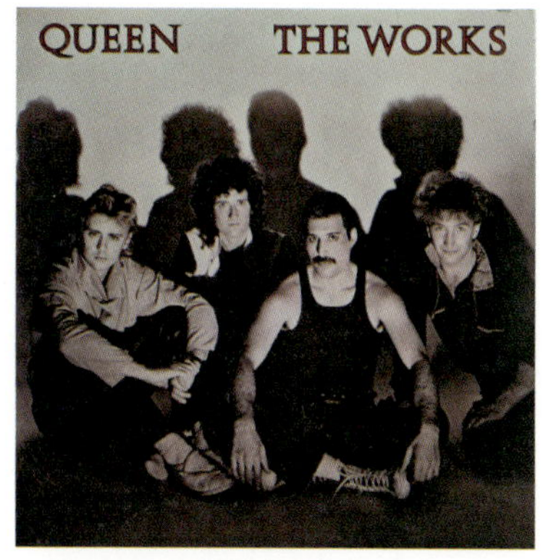

Queen 《The Works》(1984)

<Do They Know It's Christmas?> 오리지널
커버 뒷면

훗날 밥 겔도프의 요청으로 '라이브 에이드' 무대에 올라 대중음악사에 길이 남을 전설적인 퍼포먼스를 선보였다.

퀸의 열혈 팬으로서 잠시 상상해 보았다. 만약 당시 문화 보이콧 논란이 없이, 프레디 머큐리가 밴드 에이드에 참여해 보노의 파트였던 "Well Tonight Thank God It's Them Instead Of You"를 불렀더라면…

1984년 12월 3일 발매된 오리지널 12인치 싱글은 <Do They Know It's Christmas? (12" Mix)>, <Do They Know It's Christmas? (Standard Mix)>, <Feed The World> 세 곡으로 구성되어 있다.

이후 1985년 2월 6일 출시된 국내 라이선스반은 <Do They Know It's Christmas? (Standard Mix)>와 <Feed The World>에 더해, 에디 래빗(Eddie Rabbitt)의 <You And I>, 엘튼 존(Elton John)의 <Blue Eyes> 두 곡이 추가된 미니앨범 형태였다.

비록 오리지널 구성과는 다소 차이가 있는 변칙 발매였지만, 당시 국내 시장에서는 생소했던 12인치 싱글 발매를 앞두고, 제작사가 고심 끝에 내린 결정이었음을 짐작하게 하는 대목이다.

미니앨범임에도 불구하고 일반 LP와 동일한 가격이 책정되었으며, 초반에 한해 오비(Obi)가 부착되었다.

시나위 : 두 그림자 / 빛이 되어줘

1988년 6월 20일 | 서라벌레코드 | SBK-0108

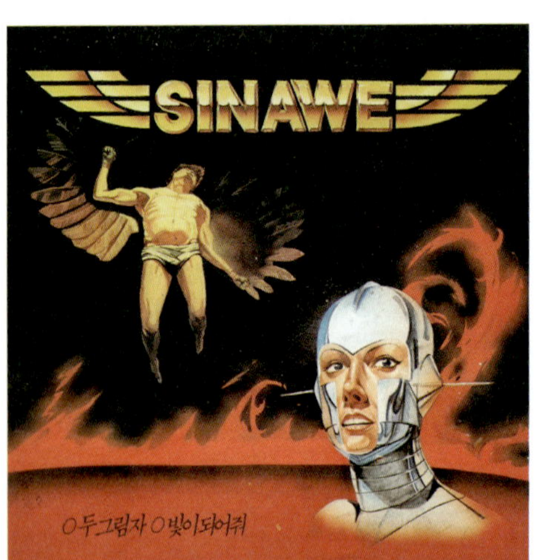

Side A
1. 두 그림자
2. 하하 소리내
3. 들려줘요 부르스
4. 아무래도

Side B
1. 빛이 되어줘
2. 잊혀지지 않는 여인아
3. 내가 쏜 위성
4. 방황 (연주곡)

성공적인 데뷔 이후, 시나위는 몇 차례 멤버 교체를 겪는다. 먼저 키보드 파트가 빠지고 베이스와 드럼은 각각 강기영과 김민기로 대체된다. 이어 2집 작업을 앞두고 보컬 임재범이 탈퇴하면서 김종서가 새롭게 합류한다.

이 시기에 시나위는 오아시스레코드로 이적해 두 번째 정규 앨범 《Down And Up》(1987)을 발표한다. 묵직한 하드록 색채가 강했던 1집과 달리, 이 작품은 당시 유행하던 메탈 사운드를 적극적으로 흡수하며 한층 확장된 진보를 보여주었다. 정통 헤비메탈은 물론, LA 메탈, 스피드 메탈, 발라드, 연주곡까지 포괄하는 구성이었으나, 이러한 다채로움은 동시에 시나위만의 색을 희석시켰다는 평가도 따랐다. 그럼에도 불구하고 신대철과 김종서가 만들어낸 인상적인 멜로디 라인, 그리고 베이시스트 강기영의 작사 참여는 앨범의 완성도를 지탱하는 중요한 축이 되었다.

하지만 김종서의 탈퇴는 시나위의 전성기가 오래 지속되지 못하게 만든 결정적인 변수였다. 3집 작업이 본격화되는 과정에서 보컬은 김성균을 거쳐, 결국 작은하늘 출신의 김성헌으로 낙점된다.

그러나 3집 발매를 앞두고 전혀 뜻밖의 음반이 서라벌레코드(킹 프로덕션)를 통해 먼저 공개된다. 신대철(기타), 김종서(보컬), 김영진(베이스), 김민기(드럼) 라인업으로 구성된 이 녹음은 수록곡 대부분이 신대철의 부친 신중현의 작품으로 채워져 있었다. 이 앨범은 오아시스레코드로 이적하면서 남아 있던 기존 소속사와의 계약을 정리하기 위해 급히 제작된 것으로 알려져 있다.

강렬한 헤비메탈 사운드를 기대했던 팬들 사이에서는 당혹스러운 반응도 적지 않았지만, 다른 한편으로는 뮤지션 신대철의 새로운 음악적 지향성을 엿볼 수 있는 앨범으로 재조명되기도 했다.

시나위 《Down And Up》(1987)

특히 신중현과 뮤직파워 2집에 수록되었던 <내가 쏜 위성>의 커버는 원곡의 보컬 김동환과 김종서의 개성적인 음색을 비교해 들을 수 있는 독특한 감상 포인트를 제공했다. 가장 인상적인 트랙으로 손꼽히는 <들려줘요 부르스>에서는 신대철의 농밀하면서도 감각적인 블루스 기타 연주가 단연 빛을 발했다. 메탈 기타리스트로 알려져 있던 그가 선보인 또 다른 음악적 면모이자, 연주자로서의 탄탄한 기본기를 유감없이 드러낸 명연으로 평가된다.

아쉬운 점은 LP 수록 시간의 제약으로 인해 곡 후반부 애드리브의 절반 이상이 페이드아웃 처리되었다는 것이다. 이후 1988년 예전미디어에서 발매된 《시나위 베스트》 앨범을 통해 무편집 버전이 공개되면서, 비로소 숨겨져 있던 연주의 전모가 드러나게 되었다.

<내가 쏜 위성>이 수록된 신중현과 뮤직파워 《2집》(1982)

신대철이 작곡한 <아무래도>와 <방황> 역시 앨범의 또 다른 하이라이트로 꼽힌다. <아무래도>는 김종서의 폭발적인 보컬과 묵직한 기타 리프, 강력한 리듬 파트가 어우러진 하드록 넘버로 멤버들의 긴밀한 호흡이 돋보인다. <방황>은 신대철의 섬세하면서도 대담한 기타 플레이를 중심으로, 키보드 사운드가 적절히 가미되어 감각적인 연주곡의 면모를 보여준다. 특히 눈여겨볼 점은, 이 앨범에 수록된 신대철의 자작곡들과 신중현의 작품들이 전혀 이질감 없이 자연스럽게 어우러진다는 것이다. 신중현, 신대철 두 부자(父子)가 음악적 감성과 지향점을 자연스럽게 접점을 이룬 매우 상징적이고 유의미한 결과물이라 할 수 있다.

앨범 커버 역시 눈길을 사로잡는다. 불길 속으로 추락하는 타락 천사와 그 옆에서 무심하게 전방을 응시하는 사이보그의 모습은 언뜻 시나위 1집의 커버 콘

Aerosmith 《Just Push Play》(2001)

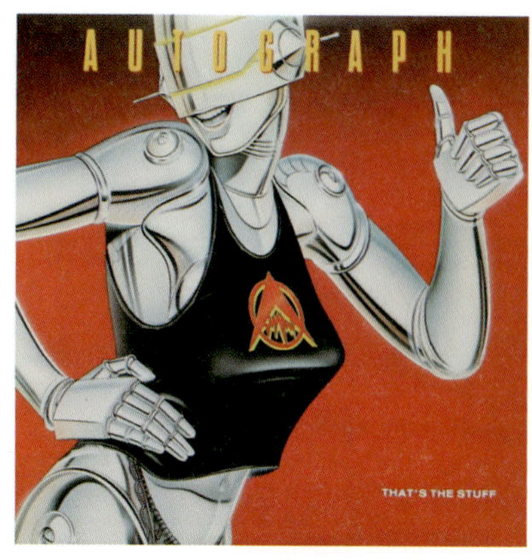

Autograph 《That's The Stuff》(1985)

셉트를 떠올리게 하지만, 실은 일본인 아티스트 소라야마 하지메(空山 基)의 작품을 오마주한 것이다. '섹시 로봇' 시리즈로 대표되는 소라야마 하지메의 에로틱하면서도 기계적인 미학은 당대 록 밴드들에게도 큰 영감을 주었으며, 에어로스미스(Aerosmith)와 오토그래프(Autograph) 등 여러 그룹의 커버 아트로 이어지기도 했다.

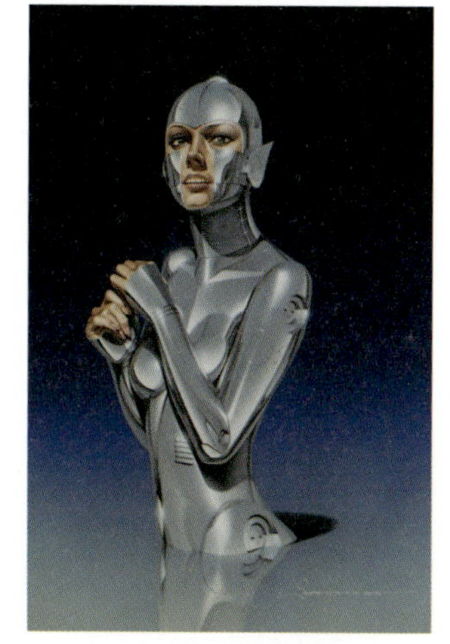

소라야마 하지메(空山 基)의 원작

　그의 캐릭터가 국내 록 음반 표지에 사용된 것은 당시로서는 이례적이고 파격적인 시도로 평가할 만하다. 그러나 크레디트 어디에도 이름이 표기되지 않은 점을 감안하면 원작자의 동의 없이 무단 사용되었을 가능성이 높다. 커버의 비주얼은 강렬하고 눈길을 끌었지만, 한편으로는 저작권 개념이 충분히 정착하지 못한 당시 음반 산업의 현실을 보여주는 씁쓸한 장면이기도 하다.

에필로그

기록은 단순한 행위에 머물지 않는다. 그것은 자신과의 약속이며, 마음속 깊은 곳에 차곡차곡 쌓여 있던 기억과 시간을 꺼내어 세상과 나누는 일이다.

이 책은 거창한 포부에서 비롯된 결과물이 아니다.

오랫동안 마음속에 남아 있던 소박한 바람, 좋아하는 음반에 담긴 이야기를 나만의 언어로 기록하고 싶다는 작은 열망에서 시작되었다. 출발은 순조로워 보였지만, 과정은 결코 만만하지 않았다. 기록하고 정리하는 일은 예상보다 더 많은 고민과 선택을 요구했고, 수많은 음반 가운데 어떤 것을 중심에 두어야 할지 끊임없이 스스로에게 되물어야 했다.

그렇게 가려낸 음반이 모두 80장. 각각은 개인적으로 특별한 의미를 지니는 동시에, 그 시대의 공기와 감성을 품은 작은 기록물이라 할 수 있다. 물론 아직 다루지 못한 음반과 전하지 못한 이야기가 남아 있지만, 이쯤에서 잠시 숨을 고르려 한다.

'국산 LP', 혹은 '한국 바이닐'을 둘러싼 체계적인 논의와 기록은 여전히 부족하다. 이 책은 그 공백을 조금이나마 메우려는 작은 시도다.

부족한 자료를 찾아 인근 도시의 헌책방과 음반점을 기웃거리기도 했고, 때로는 가게 주인과 죽이 맞아 시간 가는 줄 모르고 음악 이야기를 나누던 일도 작은 추억이 되었다.

사람마다 삶의 방식과 취향은 제각각이다. 나는 아마도 유행에는 다소 무심한 편일지 모른다. 하지만 오래된 음반 속에서 잊히거나 스쳐 지나간 가치를 발견하는 과정은 내게 무엇과도 바꿀 수 없는 조용한 기쁨이었다.

동시에 여러 가지를 능숙하게 해내는 재질은 아니어서, 무언가 하나에 깊이 몰입하는 일을 좋아한다. 일도 취미도 한번 빠지면 시간 가는 줄 모른다. 매번 전환의 순간마다 원위치로 돌아오는 훈련이 필요하다는 걸 느낀다. 이번에도 마찬가지였다. 작업은 끝났지만, 마음 한 켠에 남은 여운이 쉽게 사라지지 않는다.

물론 모든 과정이 완벽했다고 말할 수는 없지만, 고민과 집중을 담아 작업에 임했다. 미처 다 풀어내지 못한 이야기들은 언젠가 '속편'이라는 이름으로 다시 꺼내 볼 수 있기를 조심스레 기대해 본다. 혹여 이 책에 부족한 점이나 오류가 있다면, 독자 여러분의 지적을 겸허히 받아들이겠다.

끝까지 읽어주신 모든 분들께 진심으로 감사드리며, 이 한 권의 책이 누군가에게 작지만 깊은 공감과 기쁨으로 남기를 바란다.

2025년 12월 윤준호

참고자료

단행본

김대규, 《보건세계》, 대한결핵협회, 1996.

김수철, 《작은 거인 김수철의 음악 이야기》, 까치, 2017.

김형준 외, 《경기도의 대중음악·음반문화관련 아카이브》, 보고사. 2023.

신문기사

경향신문, "뮤직·살롱 마련 韓國演藝 재즈·팬 즐겁게", 1964. 4. 4.

경향신문, "歌謠街", 1975. 2. 28.

경향신문, "보컬 '십자가' 리더 함중아 가수로 데뷔", 1975. 3. 8.

경향신문, "신중현의 엽전들, 거지차림을 벗기로", 1975. 8. 27.

경향신문, "3인조 보컬 그룹 산울림 가요계 돌풍", 1978. 4. 1.

경향신문, "나의 젊음, 나의 사랑, 작곡가 김희갑", 1997. 11. 25.

동아일보, "비틀즈盤 登場", 1964. 2. 27.

동아일보, "活動 마치고 月末歸國", 1968. 7. 13.

동아일보, "칸초네의 여왕 밀바 來韓", 1972. 4. 27.

동아일보, "현재까지 모두 180여種 나와 軌道 잡힌 國産 라이센스 音盤", 1972. 12. 21.

동아일보, "DJ 마이크 잡은 기타 명장 "포크의 전설 모두 풀겠다"", 2020. 10. 12.

매일경제, "不法複寫로 큰 타격", 1975. 5. 13.

매일경제, "나의 베스트", 1997. 6. 28.

부산일보, "대중음악가 열전 '시인과 촌장' 하덕규", 2016. 4. 28.

스포티비뉴스, "김현철 '포크송대백과' 프로젝트 시작 ..어떤날 명곡 '그날' 공개", 2022. 1. 20.

조선일보, "흘러간 노래 復古붐", 1975. 4. 25.

조선일보, "美協會 평생회원에 작곡가 李亨明씨", 1975. 9. 28.

중앙일보, "라이선스 음반 믿고 살만하다", 1984. 8. 8.

조선일보, "아름다운 세상을 노래해요", 1997. 6. 16.

인터넷사이트

네이버 뉴스 라이브러리 https://newslibrary.naver.com/

대한민국 정책브리핑 https://www.korea.kr/news/policyNewsView.do?newsId=70082443

법제처 국가법령정보센터 https://www.law.go.kr/

인터넷사이트

네이버 뉴스 라이브러리 https://newslibrary.naver.com/

대한민국 정책브리핑 https://www.korea.kr/news/policyNewsView.do?newsId=70082443

마력의 한국 바이닐

국산 LP 이야기와 대중음악의 자취

발행일 2026년 1월 15일

지은이 윤준호
발행인 최우진
편집 왕세은

발행처 그래서음악(somusic)
출판등록 2020년 6월 11일 제 2020-000060호
주소 (본사) 경기도 성남시 분당구 정자일로 177
　　　(연구소) 서울시 서초구 방배4동 1426
이메일 book@somusic.co.kr

ISBN 979-11-24047-09-5 (03670)

이 책의 본문은 '을유1945' 서체를 사용했습니다.
이 도서는 2025년 문화체육관광부의 '중소출판사 성장부문 제작지원' 사업의 지원을 받아 제작되었습니다.